KB139475

통합가치와 배려의 리더십

통합가치와 배려의 리더십

초판 1쇄 인쇄일 2022년 8월 16일
초판 1쇄 발행일 2022년 8월 22일

지은이 장윤선
펴낸이 장윤선
디자인 표지혜 송다희
교 정 금영재 조준경

펴낸곳 완성출판사
출판등록 제2021-000037호
주소 서울시 용산구 장문로141 102동 #503
대표전화 02.790.3338
ISBN 979-11-975391-9-0 (03300)

통합가치와 배려의 리더십

CIV를 중심으로

장윤선 지음

CREATING
INTEGRATED
VALUE

완성출판사

유토피아 또는 디스토피아

2019년 MBC는 다큐멘터리 〈I Met You〉를 방영했다. 3년 전 불치병으로 떠난 일곱 살짜리 딸아이를 엄마와 만나게 하는 프로그램이었다. 제작진은 아이가 살아 있을 때 찍었던 VTR 녹화 파일을 모두 모아 AI에게 반복 학습시켰다. 가상공간을 디자인하고 아역 배우를 모션캡처 기법으로 촬영해 아이의 이미지를 입혔다. 그렇게 가상공간에 아이를 부활시켰다.

아이 엄마는 VR을 착용하고 아이를 만났다. 아이의 손을 잡고 놀이터와 숲을 거닐고 아이의 생일 파티를 해 주었다. 아이의 행복한 미소를 본 엄마는 눈물을 감추지 못했다. VR을 벗은 엄마는 꿈결에서 빠져나온 것이 못내 아쉬운 듯 말했다. "아마도 천국이 있다면, 진정한 천국이었어요. 저를 웃으며 부르는 나연이를 만났어요. 아주 짧은 시간이었지만, 너무나 행복한 시간이었습니다. 제가 항상 원했던 꿈을 꾸었다고 생각해요."

필자가 보기에 인공지능이 재현한 음성은 생전 아이의 것과 거의 똑같았고, 아이의 이미지는 약간은 부자연스러워 보였다. 제작진은 인공지능에 입력할 수 있는 VTR 자료가 많지 않았기 때문이라고 설명했다. 제작팀은 8개월이라는 시간을 단 한 번의 재회를 위해 쏟았다. 다큐멘터리를 본 시청자 다수는 크게 호응했다. 아이를 생전의 모습 그대로 부활시켜 볼 수 있게 한 것이 가족에겐 큰 선물이라는 것이었다. 하지만 논란도 있었다. 실제가 아닌 가상으로 죽은 이를 부활시켜 만나게 하는 것은 일시적 위로가 될 수 있지만, VR을 벗고 마주해야 할 현실의 상실감이 엄연히 존재한다. 그래서 그런 가상에서의 만남이 과연 현명한 작업이었느냐 하는 것이었다.

이 가상현실(Virtual Reality)은 이제는 더 확장된 개념, 메타버스라는 것으로 미래를 바꾸고 있다. 메타버스(Metaverse)는 현실세계를 의미하는 'Universe(유니버스)'와 '가공, 추상'을 의미하는 'Meta(메타)'의 합성어로 3차원 가상세계를 뜻한다. 미국의 로블록스(ROBLOX)는 대표적인 가상현실 앱 아바타 서비스다. 2020년 기준 월 이용자가 1억 6천만 명, 시가총액만 43조 원이 넘는다. 미국의 10대들은 유튜브를 보며 지내는 시간보다 이 로블록스에서 더 많은 시간을 보내는 것으로 조사되었다.

글로벌 시장 조사업체 스트래티지애널리틱스(SA)는 메타버스 시장이 2021년 기준 460억 달러(약 52조 원)에서 2025년 2,800억 달러(약 315조 원)까지 성장할 것으로 전망했다. 2021년 페이스북(facebook.com)이 사명을 메타(Meta Platforms Inc)로 변경하고 주력 분야를 설정한 것도 이와 무관치 않다. 4차 산업시대의 핵심이라 할 수 있는 IT 기술의 진보가 완벽히 새로운 시장을 창출했다.

한국 사회는 새것에 민감하다. 변화를 읽고 받아들이는 데 주저하지 않고, 실행력 또한 둘째가라면 서러울 정도다. 이것을 지구상에서 가장 빠른 산업화를 성취했던 한국인이 가진 생명력, 즉 생존본능이라고 읽는 전문가들이 많다. 1 · 2차 산업혁명에서 소외되었던 한국이 3차 정보혁명시대에 들어서야 철강, 조선, 자동차, 반도체, 화학 분야를 필두로 추격에 성공했던 경험 또한 사회 전반에 자리 잡았으리라. 흔히 한국의 성공 요인을 '빠른 추격자(fast follower) 전략'으로 설명하기도 한다. 자동차, 반도체, 화학 산업의 시작은 모두 30년 뒤처졌었지만 기술을 배우고 추격해서 글로벌 시장에서 성공한 경우다.

우리는 '4차 산업혁명' 역시 새로운 먹거리, 즉 시장의 관점에서 접근한다. 4차 산업혁명이 말이 유행어가 되다시피 했던 2018년. 한국은 예의 그 빠른 반응을 보여 주었다. 서점의 평대에선 4차 산업혁명이 빠져선 안 될 키워드로 자리 잡았고, 취업 시장에선 메타버스, 증강현실, 블록체인, NTF, 게임 소프트웨어, 클라우딩, 정보처리 기술과 같은 것들이 대세를 점했다. 대선주자와 국회의원 후보자들의 공보물엔 4차 산업혁명이라는 말이 빠지지 않았다.

4차 산업혁명에 대한 강의를 들은 학부모는 백이면 백 '미래 유망직종'을 묻는다. 4차 산업혁명이 가져올 변화를 설명하는 연구자 대부분은 학부모들에게 비슷한 권고를 한다. 미래에는 사람, 즉 인재가 자본이 되는 시대이므로 칸막이를 넘어 여러 분야를 두루 통섭하고 융합해 새로운 가치를 창출할 줄 아는 인재가 필요하다고 말한다. 그럼 학부모들은 그게 도대체 뭐냐고 묻는다. 집에 돌아와 아이들과 인터넷을 검색해 취업이 잘되는 분야를 찾아본다. 이 과정을 통해 학부모들은 막연히 IT 관련 분야를 유망직종으로 생각하게 된다.

이 장면엔 중요한 역설이 숨어 있다. 우선 여전히 많은 이들이 4차 산업혁명을 ICT(Information Communication Technology) 관련 시장의 확대 정도로 생각하고 있다는 것이다. 월 500만 원이 넘는 수강료를 내고서라도 강남의 기술학원에서 실전 코딩을 배우려는 청년들이 넘쳐나는 이유다. 흥미로운 점은 과거 명문입시 학원처럼 돈만 낸다고 학원에 들어갈 수 있는 것이 아니라 일정한 수준이 되는 지망생들만을 뽑아 훈련시킨다는 점이다. 실제로 2021년 글로벌 모바일 게임 시장의 규모는 896억 달러(약 106조 6,688억 원)로 추산된다.

2016년 구로디지털단지에선 한 청년이 스스로 생을 마감했다. 그는 4차 산업혁명 유망 업종이라는 게임 애플리케이션 회사의 개발자였다. 한류 콘텐츠 수출액에서 게임 산업이 차지하는 비중이 60%를 넘어섰고, 무엇보다 리니지(LINEAGE)와 같이 똘똘한 게임 하나로 몇 천억 대의 수익을 올려 글로벌 기업으로 성장한 사례가 많았기에 충격적이었다.

수만 명의 청년이 수년 동안 매일 13시간 이상 일하며 영혼을 갈아 넣어 게임을 개발한다. 한 해 2만 개가 넘는 게임이 출시되지만, 대형 유통사의 선택을 받지 못한 게임 개발업체들은 사라진다. 시장의 수익구조 또한 역피라미드 형식이다. 넷마블과 같이 마케팅을 책임지는 퍼블리셔가 수익의 60%를 가져가고 구글 플레이와 같은 오픈 마켓이 수수료의 30%를 가져간다. 개발사가 얻는 이익은 결과적으로 매출의 28% 정도다. 부가세 10%와 법인세, 소득세를 제외하면 밀린 대출금 갚기에도 빠듯하다. 이것조차도 퍼블리셔(Publisher)[1]와의 계약에 성공했을 경우다.

4차 산업시대는 이전의 시대와 달리 변화의 속도와 폭을 가늠할 수 없을 정도로 빠르다. 그래서 사람들은 새로운 기술에 주목하고 그것이 미래엔 노동 수요를 담보할 것이라고 예상한다. 문제는 숙련된 그

• • •

1 정해진 일정에 따라 인터넷상에서 정보나 콘텐츠를 수집하고 이용자에게 정보를 제공하는 서비스를 수행하는 프로그램. 게임회사의 경우 자사의 플랫폼에 더 많은 게임을 등록하길 원하는데, 중소 업체의 게임을 등록하면서 유통과 마케팅을 담당하는 경우다. 특히 웹 모바일 게임에서 퍼블리셔의 위치는 시장 지배자의 위치에 있다.

들이 노동시장에 진출했을 때 이미 그들의 기술은 낡은 것이 되어 저임금 노동시장에 포섭된다는 점이다. 그리고 얼마 안 가 프로그래밍된 기계가 그 일을 대체한다. 여기에서 '숙련'은 전통적인 제조업에서 말하는 노동의 의미가 아닌, 경제학 용어로 평균적 정규교육 수준의 정도를 의미한다.

《사피엔스》의 저자이자 미래학자인 유발 하라리가 지적한 것처럼 "우리가 역사를 더 잘 이해할수록 역사는 그 경로를 빠르게 변경하고, 우리의 지식은 더 빨리 낡은 것이 된다". 우리는 결국 미래에 일어날 일을 아무것도 모르게 된다. 4차 산업혁명 시대의 변화 특징을 일명 'VUCA'라고도 한다. 변동성(Volatility), 불확실성(Uncertainty), 복잡성(Complexity), 모호성(Ambiguity)의 약자로 다가올 미래상이 모호하고 변동이 크며 복잡한 데에다 그것마저 불확실하다는 뜻이다.

4차 산업혁명을 예측하는 콘텐츠들이 쏟아지고 있지만, 1년이 지나기 전 상당수 예측은 낡은 것이 되거나 틀린 것이 된다. 우리가 4차 산업시대의 정점을 맞이하기 전에 기술 자체보다는 그 특성과 사회적 변화에 집중해야 하는 이유이기도 하다. 나무가 아닌 숲을 보고, 지표가 아닌 거시적 흐름을 보아야 한다.

얼마 전 타개한 문화비평가 이어령 선생은 1960년, 《흙 속에 저 바람 속에》라는 산문집을 통해 한국인의 원형에 대해 말했다. 포장되지 않은 시골 황톳길에서 지프가 경적을 울리자 한 노부부는 고무신까지 벗겨지며 뛰어간다. 그들은 길가가 아닌 지프 앞으로 허겁지겁 도망

쳤기에 운전기사가 헛웃음을 짓고야 말았다는 이야기다. 이어령 선생은 도망치던 노부부의 뒷모습에서 1천 년 이상 이어졌던 우리 조상의 모습을 보았다고 했다. 불행과 악운으로 고난당했던 사람들에겐 우아하게 옆으로 비켜날 여유 따윈 없었다고 말이다.

물론 지금의 청년 세대들은 이런 진단이 아직도 유효하다고 보지 않을 것이다. 한국의 소프트 파워는 지난 팬데믹 동안 세계적인 석학들의 연구 대상이었고, 국격은 과거에 비해 더없이 높아졌으니까. 따라서 한국적 특질이란, 개방적이고 빠르며 다양한 요소를 비빔밥같이 섞어 더 멋진 것으로 만들 줄 아는 DNA라고 할지도 모른다.

2016년 다보스 포럼에서 '4차 산업혁명'이라는 개념을 처음으로 제기했던 클라우스 슈바프 회장은 여러 번 방한했다. 4차 산업혁명이 가져올 문제에 질문하는 청중들의 질문에 그는 늘 2가지를 강조했다.

"앞으론 4차 산업혁명이 드리우는 그늘이 중요한 사회적 갈등을 불러올 것이다. 즉 장기 저성장 속의 양극화와 저임금 노동, 실업 문제로 인해 소외되는 이들을 포용할 수 있는 리더십이 중요하다. 그리고 4차 산업혁명이 몰고 올 변화의 폭은 우리의 예상보다 훨씬 클 것이며 그 속도 또한 지금까지와는 비교도 할 수 없을 정도로 빠를 것이다. 중요한 점은 누구도 이 거대한 변화의 물결을 비껴날 수 없다는 사실. 그래서 더 열린 마음으로 미래를 준비해야 한다."는 것이다.

4차 산업시대는 비단 산업 분야에만 변화를 가져오지 않는다. 정치, 사회, 문화, 대외관계, 지구의 생태와 외교관계 모두에 강력한 변화를 추동할 것이다. 그리고 중요한 질문이 있다. 인류는 그 시기 인간다운 환경에서 인간다운 일을 하며 살 수 있을까? 이 질문에 우리는 얼마나 준비되어 있을까. 이 책을 쓴 이유가 여기에 있다. 4차 산업시대를 바라보는 시장 중심의 관점을 넘어 새로운 가치관과 패러다임으로 만드는 '인간의 시대'를 함께 구상하고 싶었다.

미래는 아직 오지 않았다. 다만 준비하지 않은 미래를 맞은 우리는 앞서 이어령 선생이 회고한 대로 허둥지둥 쫓겨 무조건 달려야만 하는 처지가 될지도 모른다. 다가올 10년, 우리가 진정 고민해야 할 것을 담아 독자들과 나누고 싶다. 4차 산업혁명이 판도라의 상자처럼 유토피아가 될지, 디스토피아가 될지는 누구도 모른다.

기술의 진전을 찬양하는 이들은 미래의 단면을 보며 유토피아로 그리고, 4차 산업혁명의 시장에서 소외되는, 교육 수준이 낮은 노동자와 여성을 중심으로 보는 이들은 미래를 디스토피아로 그린다. 데이터를 독점한 구글, 아마존과 같은 회사들이 시장지배력을 이용해 강력한 정치세력으로 등장할 것을 우려하는 사람들이 있고, 환경의 파괴로 인해 6번째 대멸종의 주인공이 바로 현생인류가 될 것이라고 우려하는 이들이 있다.

국제관계 전문가들은 국가적 갈등이 2차 세계대전 이전의 수준으로 퇴보할 것이라고 보고 있으며, 사회학자들은 부의 양극화와 데이터 독점으로 인해 사회적 갈등이 더욱 첨예해질 것으로 예상한다. 이들 모두 동의하는 지점이 하나 있다면 현재의 시스템이 지속가능하지 않다는 것이다.

필자는 다가올 시대를 '인간의 시대'로 만드는 열쇠가 '통합가치'에 있다고 생각한다. 그래서 이 책의 전반부에선 4차 산업시대 그 변화의 요체를 살핀다. 그리고 새 시대가 요구하는 가치관과 그것의 영향력을 살피고, 기업과 노동자, 생산자와 소비자 모두가 공생할 수 있는 모델에 대해서 제안할 것이다.

필자는 이 책을 경제학에 문외한이거나 4차 산업혁명이라는 개념이 낯선 이들도 쉽게 이해할 수 있는 대중서로 쓰고자 했다. 특히 '가치론'과 '인간의 경제 모델'과 관련해선 독자들의 이해를 위해 행동주의 경제학과 관련한 실험 사례를 실어 이해를 돕고자 했다. 참고 문헌과 인용은 뒤에 모두 표기했지만, 논문에서 요구하는 엄정한 서술 방법을 채택하진 않았다. 독자들의 양해를 바란다.

CONTENTS

CHAPTER

01

무엇이 바뀌고 있는가

CIV

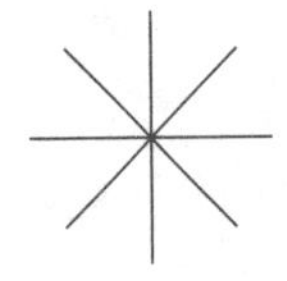

4차 산업혁명의 실체

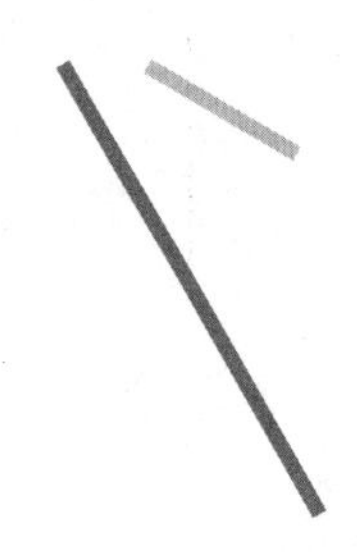

2019년 홍콩시립대학 바이오메디컬공학부 위 싱거(Xinge Yu) 연구팀은 그해 11월 네이처(Nature)에 〈촉각을 송수신할 수 있는 기술〉이라는 제목의 논문을 발표했다. 산모의 팔에 디바이스를 부착하고 떨어져 있는 아기가 스크린을 터치하면 그 감촉이 엄마에게 그대로 전달된다. 단조로운 자극이 아니다. 1초에 200사이클(Cycle)을 가동하는 정밀센서로 전달된다.

하지만 더욱 정밀한 감각을 전달하기 위해선 디바이스가 아니라 실제 뇌에 연결하는 기술이 필요하다. 인간 뇌의 뉴런에 신호를 주고받는 컴퓨터나 인공로봇과 연결하는 기술 역시 상용화를 앞두고 있다. 전문가들은 이 기술이 상용화되었을 때의 보안성을 우려하고 있다.

뇌 신호를 해킹했을 때 타인에 의해 조정되는 인간 아바타와 좀비가 출현할 수 있다는 것이다. 이 기술이 메타버스와 결합하면 인류의 환상을 실현하는 매트릭스가 완성될 것이다.

많은 경제학자가 우려하듯 인간의 일을 기계가 대체하고, 기계가 대체할 필요가 없는 영역에 저임금 파트 노동이 집중되었을 때, 노동에서 분리된 인간은 남는 시간을 어떻게 사용할까? 소득이 충분하지 않기에 여행을 즐기거나 식도락을 즐기진 못할 것이다. 그때 인간들은 현실보다 더 실감 나는 메타버스를 통해 쾌락을 얻으려 하지 않을까.

우린 흔히 4차 산업혁명의 특성을 '초연결성(Hyper-Connected)', '초지능화(Hyper-Intelligent)'라고 표현한다. '초연결'이라는 개념은 캐나다의 사회과학자인 아나벨 콴하스와 배리 웰먼이 고안한 용어로 사람과 사람, 사람과 사물, 사물과 사물이 연결되어 상호 커뮤니케이션하는 현상을 말한다. 이 연결성이라는 개념을 당시까지는 데이터를 통한 커뮤니케이션으로 받아들였었다. 자율 주행하는 자동차에 앉아 남미의 지사와 영상회의를 하고, 아이패드로 공장의 로봇 생산라인을 조정하고 퇴근할 무렵 집의 가전제품을 작동시키는 것 말이다.

하지만 바이오 공학자들은 이 연결성이라는 개념을 사람이 생각하고 느끼는 뇌파에까지 확장시켰다. 이러한 연구 결과는 앞으로 우리에게 이미지와 소리를 넘어 실제 뇌파를 이용해 촉감을 연결할 수 있는 단계가 그리 멀지 않았다는 것을 보여 준다. 타인이 느끼는 것을 모두 느낄 수 있고, 내가 전달하고자 하는 촉감과 감정, 이미지를 타인에게 전달할 수 있다는 것을 의미한다. 대양을 사이에 두고 떨어진 연인의 손길을 느낄 수 있고, 다리에 장애를 지닌 사람이 파도를 헤치며 질주하는 프로 서퍼의 눈과 촉감을 실시간 느낄 수 있을 것이다.

그렇다면 4차 산업혁명은 ICT 기술의 진보를 의미할까? 2016년 다보스 포럼에서 클라우스 슈바프(Klaus Schwab)에 의해 4차 산업혁명(The Fourth Industrial Revolution)이라는 용어가 정식화되었을 때만 해도 이 개념을 정보통신을 활용한 제조업 생산 시스템의 혁신 정도로 받아들이는 경향이 있었다. 그해 다보스 포럼이 바이오산업, 3D 프린터, 로봇, 인공지능, 스마트폰을 '제4의 물결' 후보군으로 선정했기에 더욱 그랬다.

그런데 이것들은 어느 순간 발명되어 '혁명적인' 변화를 추동한 것이 아니었다. 지속적인 기술의 진보로 인한 것들이었기 때문이다. 더욱이 혁명의 분기점, 그 시점이 불명료했다. 1 · 2 · 3차 산업혁명은 그 시원이 분명했다. 증기기관과 수력 활용 기계의 도입(1784)으로 인한 1차 산업혁명, 전기장치와 원동기, 컨베이어 벨트의 발명(1865~1900)으로 인한 2차 산업혁명(사실상 석유 혁명이다), 인터넷을 이용한 첫 메시지의 발송(1969)으로 인한 3차 정보화 혁명 등.

하지만 클라우스 슈바프는 4차 산업혁명의 시기를 "이미 와 있고 곧 닥쳐올 미래"라고 말해 왔다. "4차 산업혁명은 이미 우리 곁에 와 있다."라는 다소 은유적 표현으로 설명했을 따름이다.

한국에선 4차 산업혁명이라는 개념을 매우 적극적으로 받아들였다. 많은 지식인의 입에 올랐고, 무엇보다 급변하는 미래에 대비해 먹거리를 준비해야 한다는 경고가 서점가를 휩쓸었다. 하지만 4차 산업혁명의 시점을 두고 학계에선 논란이 지속되고 있다. 우선 '4차'라는 개념부터 논쟁거리였다.

4차 산업혁명이 3차 산업혁명과 비교했을 때 그 차이가 혁명적인가에 대한 의문이 있다. 4차 산업혁명이라는 말이 당시 독일 정부가 야심 차게 추진했던 인더스트리 4.0을 달리 풀어 사용한 것이라는 주장도 제기되었다. 2013년, 독일은 전통 제조업의 생산 시스템을 일대 혁신하겠다는 인더스트리 4.0(Industry 4.0)을 국가정책으로 공표했는데, '4.0'의 핵심은 가상 물리시스템을 활용한 완전 자동화와 최적화된 생산관리를 뜻한다.

'인더스트리 4.0'이라는 용어는 독일 인공지능연구소(DFKI)가 국가 미래 전략으로 제안한 것으로서, 그들은 기술 진보로 시대를 구분했다. 인더스트리 1.0은 증기기관의 발명으로 기계가 사람의 노동력을 대체하기 시작한 시점을 뜻했고, 2.0은 전기를 이용한 대량생산(컨베이어) 시스템으로의 변모, 인더스트리 3.0은 인터넷의 등장으로 생산과 유통, 소비의 시스템이 변한 정보통신혁명이라 규정했다.

기술적 관점으로 보면 3.0과 4.0의 차이를 명확히 구분하기 어렵다. 인공지능과 크라우딩 컴퓨터, 빅 데이터 역시 3차 혁명이라 부르는 정보통신혁명의 산물이기 때문이다. 이런 이유로 세계적인 미래학자인 제러미 리프킨은 4차 산업혁명의 그 실체가 분명하지 않다면서, 3차 산업혁명인 정보통신혁명의 연장선으로 봐야 한다고 주장했다.

1차 산업혁명은 인쇄술과 석탄 동력이 결합한 것이고, 2차 산업혁명은 전기 커뮤니케이션과 석유 동력이 결합한 것이며, 인터넷과 재생 가능 에너지가 결합한 3차 산업혁명은 이제야 시작되고 있다는 것이다. 4차 산업혁명의 특성이라고 하는 '초연결성(Hyper-Connected)', '초지능화(Hyper-Intelligent)'로 인해 물리적 영역과 디지털 영역, 생물 영역의 경계가 모호해진다는 주장에 대해서도 이런 기술 융합은 디지털화가 지닌 본원적 속성일 뿐이라고 주장했다.

4차 산업혁명의 특징이라고 할 수 있는 변화의 폭과 속도에 대해서도 마찬가지 반론이 존재한다. 1억 명의 사용자가 전화를 이용하는 데까지 걸린 시간이 75년, 하지만 인스타그램은 2년 만에 그 수치를 따라잡았고, 포켓몬 고는 한 달 만에 따라잡을 만큼 변화의 속도가 기존과는 다르다는 주장 역시 반박당했다. 그것은 오직 디지털의 본질적 특성이며 필연적 결과라는 것이다.

경제학자 로버트 고든의 비판은 더욱 신랄하다. 기술 진보로 인한 생산성 향상이 3차 산업혁명 이후로는 급격하지 않을뿐더러 4차 산업혁명 시점만을 떼어서 보면 3차 산업혁명 시기보다도 그 성과가 제한적이라는 것이다. 그 역시 1960년대 이후 3차 산업혁명이 지속되고 있다고 주장한다. 하지만 오랜 세월 불가능하다고 여겨졌던 범용 AI(universal artificial intelligence AI)의 등장이 가능할 것이라고 보는 학자들은 이 AI의 등장 시점부터 생산성이 비약적으로 높아질 것으로 추정한다.

일본 고마자와대학 경제학부 이노우에 도모히로 교수는 4차 산업혁명은 아직 시작되지 않았으며, 2030년 무렵 범용 AI가 등장할 때 4차 산업혁명이 시작되어 2060년경에는 순수 기계화 경제가 시작될 것으로 전망한다.[2] 그래서 2030년까지는 불완전한 기계의 성능을 촉진하거나 경제 현장에 적용하기 위해 인간의 두뇌노동과 육체노동이 필수적이겠지만, 범용 AI가 거의 모든 현장에 배치될 수 있는 대부분의 로봇을 생산하는 때엔 저임금의 일자리를 두고도 많은 노동자가 경쟁해야 한다고 경고한다.

인류학자들은 더 보수적인 시각에서 접근한다. 인류학적 관점에서 보면 여태까지 진정한 산업혁명은 단 한 차례밖에 없었다고 본다. 인류학에선 생산수단의 혁명성(생산력의 비약적 상승)과 생산관계의 근본적 변화를 근거로 인류사를 구분한다. 영국의 산업혁명, 즉 1차 산업혁명만을 진정한 산업혁명으로 인정한다. 이 혁명으로 증기를 이용한 기계 생산방식이 출현했고 자본(가)와 노동(자)라는 새로운 생산관계가 탄생했다. 이 생산양식은 아직까지 바뀌지 않았다고 보기 때문이다.

대만의 팍스콘(Foxconn)은 애플, 삼성, 모토로라 등에서 스마트폰

• • •

2 이노우에 도모히로 저. 김정환 역. 《2030 고용절벽 시대가 온다》(2017). 디온북스.

을 위탁 생산하기 위해 120만 명이 넘는 저임금 노동자를 고용해 왔는데, 이후 더 높은 생산성을 위해 공정 대부분을 자동화 기계로 대체했다. 세밀하게 보면 ICT 기술을 활용해 공정을 전자동화한 것이 새로운 변화라고 볼 수 있겠지만, 생산관계에서 보면 18세기 영국의 자본가들이 석탄과 증기를 활용한 방직기계를 도입하면서 노동자를 해고하고 생산성을 높였던 과정과 본질상으로 차이가 없다는 것이다. 물론 이것은 인류의 생산양식을 중심으로 인류사를 구분하는 인류학의 시각이다.

이런 이유로 최근의 주류 경제학에서는 4차 산업혁명이라는 표현보다는 4차 산업시대, 즉 인더스트리 4.0(Industry 4.0)이라는 표현을 더 선호하는 것 같다. 혁명은 기존 생산수단이 붕괴하거나 사장된 터전 위에 새로운 것이 탄생하는 것인데, 4차 산업혁명은 3차 산업혁명의 터전에서 발전하고 있는 것이기 때문이다.

그렇다면 4차 산업혁명의 실체는 없는 것일까? 필자는 용어의 적절성과 상관없이 지금의 시대는 분명 과거와 뚜렷하게 대비되는 특이점(Singularity)에 가까워지고 있다고 본다. '특이점'이란 인공지능(AI)이 모든 인간의 지능을 합친 것보다 강력해지는 지점이며, 인공지능이 만들어 낸 연구 결과를 인간이 이해하지 못하게 되어 인공지능을 통제할 수 없는 지점을 말한다. 인공지능이 인류 전체의 지적 능력을 능가하는 세상이며, 기계기술의 진보로 인류가 신성(divinity)을 획득하는 세상이다.

《사피엔스》로 잘 알려진 인류학자 유발 하라리는 《호모데우스 미래의 역사》를 통해 인간은 이미 신이 되어 가고 있다고 진단한다. 초고속으로 움직이며 만물을 연결하는가 하면, 생명체를 설계하고 사람의 마음을 읽고 의사소통한다. 타인이 느끼는 것을 똑같이 느끼며 죽음을 피하고 환경과 날씨를 통제하는, 고대에 신의 영역이라 불리던 것을 인류가 손에 쥔 세상이다.

문제는 이러한 혜택이 상위 1%의 부자들에게만 돌아갈 수도 있다는 것이다. 이것은 인류에게 매우 특별한 지점이다. 현생인류를 잉태했던 지구라는 자원이 소멸할 수 있는 시기이며, 경제적으로는 2차 산업혁명 이후 가장 극단적인 부의 양극화가 가속화되는 시점이다. 다수의 인류가 기계생산 시스템의 '잉여'로 전락해 기술혁신이 생산한 상품을 소비하지 못할 때 지금의 시스템은 정지한다.

이후에 더 자세히 서술하겠지만, 정보화혁명이 본격적으로 진행되었다는 최근 30년간의 동향을 보면 과거의 경제학 모델이 현실을 해석하는 데 한계에 봉착했음을 확인할 수 있다. 과거엔 기술 혁신이 만성적인 실업을 가져올 것이라는 암울한 전망을 반박하는 현실적 근거가 많았다.

기술 혁신이 ① 생산성을 높여 더 많은 수요를 창출하거나, ② 소득증가 효과로 인한 시장 전체 규모를 확대(파이pie 확대효과)해, ③ 새로운 산업의 창출(파이 탈바꿈 효과)로 이어진다는 것이었다. 대표적으로 기계 도입으로 인한 생산성 향상은 상품 가격 인하로 이어지고, 상품 수요가 늘어나면 더 많은 노동자를 고용할 수 있다는 것이었다.

이러한 위의 3가지 효과는 "기계가 할 수 없는 인간의 노동이 여전히 상대적 다수"라는 현실에서 출발했다. 하지만 지금은 생산성 향상으로 인한 새로운 수요를 더 많은 기계가 대체하고 사람은 기계를 잘 작동시키거나 굳이 기계가 할 필요가 없는 부가가치가 낮은 노동에 투입된다.

가까운 미래엔 인간을 인간답게 해 주는 일자리와 인간을 존엄하게 유지해 주는 사회시스템이 최고의 화두가 될 것이다. 이에 대해 많은 경제학자가 이 문제를 독점 규제나 세금정책, 기본소득과 같은 정치적 보완책으로 해결하려 한다. 하지만 생산과 소비에 대한 인류의 관점과 종래의 패러다임이 전환되지 않고 '보완책'만으로도 미래는 잘 작동할까. 필자는 그렇지 않다고 본다.

신이 된 인간 (1)
초지능(Superintelligence) 사회

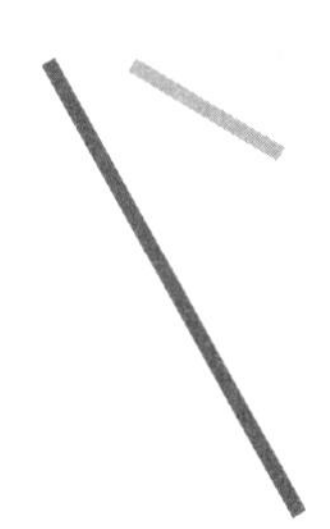

고대의 인류도 자신과 동물의 차이점을 불에서 찾았던 것 같다. 그리스 신화에서의 프로메테우스는 제우스의 명령으로 물로 흙을 빚어 자신의 형상처럼 인간을 창조했다. 다른 동물은 땅을 보도록 만들었다면, 인간만은 두 발로 직립하여 하늘을 우러러 별을 볼 수 있도록 했다. 그리고 인간을 가엽게 여긴 프로메테우스는 불을 훔쳐다 주었다. 아프리카의 도곤족의 신화도 이와 비슷한데, 천상의 대장장이가 태양 조각을 훔쳐 불이 시작되었다고 한다.

우리나라 함경도의 민담 중 천지창조를 다룬 내용이 있다는데 매우 아름답다. 태초의 세상은 솥뚜껑을 엎어 놓은 것처럼 맞붙어 있어 암흑만이 가득했는데, 미륵이라는 거인이 이 사이를 벌려 하늘과 땅을 분리했단다. 그리고 동서남북에 4개의 구리 기둥을 세웠는데, 낮엔 두 개의 해가 뜨고 밤엔 두개의 달이 떠서 너무 뜨겁고 밝기만 했다. 미륵은 달과 해 하나씩을 따서 부순 다음 하늘에 뿌렸다. 그것들은 별이 되었다. 그리고 금은 쟁반과 금은 벌레를 합쳐 사람을 만들었다. 사람들이 불의 근원을 묻자 산에 들어가 한 손엔 차돌, 다른 손엔 쇠를 들고 부닥치라고 일러 불을 주었다.

그런데 프로메테우스 신화엔 현생 인류가 어느 지점에서 다른 종들과는 다르게 진화했는가에 대한 통찰력이 녹아 있다. 인간을 두 발로 서게 만들어 ① 하늘을 보게 만든 후, ② 불을 주었다는 것이다. 100만 전 불을 사용하면서 인류는 화식을 시작했다. 화식은 음식물의 소화를 도왔고, 기생충이나 바이러스에 의한 위험도 제거했다.

과거 인간은 맹수와 비슷하게 소화를 위해선 오랜 시간 누워 있거나 활동에 제약받았지만, 이제 활동 시간이 길어졌고 그 반경도 넓어졌다. 그리고 맹수로부터 자신을 방어할 수 있게 된 인간의 활동 시간은 밤까지 이어졌다. 뇌에 고칼로리가 안정적으로 공급되자 뇌가 팽창하기 시작했고, 화식(火食)으로 인해 구강구조가 바뀌면서 점차 복잡한 언어도 사용할 수 있게 되었다. 언어로 이야기를 만들기 시작한 인간은 부족 설화와 허구의 상징을 만들어 공동체를 결집했다.

프로테우스 신화에서처럼, 인류 최초의 과학은 하늘을 우러러보는 것이었을 것이다. 빈터에 작대기 하나를 꽂아 그림자의 변화를 관찰했을 것이고, 나무 꼭대기에서부터 달과 별의 거리 변화를 가늠해 천체의 운행을 파악했을 것이다. 조선 시대 세종 4년(1422)엔 일식 시각을 15분가량 틀렸다는 이유로 책임자 이천봉에게 곤장을 쳤다는 기록이 있다. 태양은 임금이고, 달은 신하를 상징하는데, 달이 해를 가리면 사직이 위태롭다고 믿었다.

임금은 만조백관들과 함께 달이 해를 가리면 건물 안에서 몸을 낮추었고, 태양이 다시 모습을 드러내면 밖으로 나가 해를 향해 4번 절했다. 하늘의 움직임이 인간의 운명을 보여 주거나 행실에 조응한다는 '천인상관(天人相關) 사상'은 조선뿐 아니라 당시 인류의 보편적 세계관이었다. 지금으로부터 600년 전의 세계였다.

과학과 주술이 엄격히 분리된 건 얼마 되지 않았다. 요하네스 케플러가 태양을 도는 행성의 궤도를 밝혀낸 것이 1609년, 뉴턴이 만유인력의 법칙을 발표한 때가 1686년이다. 근대과학의 시원이 열리던 그 시절에도 뉴턴은 연금술에 온통 마음을 빼앗겨 몇 날이고 작업실에서 나오지 않았다. 불과 336년 전의 일이다.

그로부터 100년 후 산업혁명(1784)이 시작되었고 다시 100년 후 2차 산업혁명(1865~1900)이 시작되었다. 그리고 다시 100년 후 3차 산업혁명(1969), 그로부터 불과 28년이 지난 1997년에 IBM의 딥 블루(Deep Blue)라는 인공지능 컴퓨터가 세계 체스 챔피언이던 가리 카스파로프(Garry Kasparov)를 물리쳤다.

30만 년 전에 사피엔스가 출현했고 근대과학이 시작된 지 300년이 지났다. 인류 전체의 역사를 24시간으로 놓고 보면 과학의 역사는

0.08초에 지나지 않는다. 찰나, 그러니까 우리가 흔히 말하는 눈 깜박할 사이보다 짧은 시간이다. 이 찰나에 인류는 수만 년간 이어져 온 인류의 환상을 실현했다. 하늘을 날고 바다 깊이 잠수하며 우주 공간에 위성을 띄워 지리상의 한계를 뛰어넘었다. 북미 대륙에서 현시(現示)된 것은 동일 시각 대한민국에서도 볼 수 있으며, 민족마다 다른 언어와 문자는 실시간으로 번역할 수 있다.

인공지능이 수리와 데이터 분석, 복잡한 기계에 대한 명령, 이미지 판단과 같은 분야에선 인류라는 종을 모두 총합한 지식 역량을 추월한 지 오래다. 그리고 이 모든 인류의 지식과 세계의 삼라만상은 구글의 대륙별 데이터 센터에 저장되고 있다. 전지전능(全知全能). 모든 것을 알고 무엇이든 할 수 있는 존재가 탄생한 것이다.

인류는 이 짧은 기간, 기존과는 전혀 다른 방향으로 진화하기 시작했다. 주목할 점은 기술혁명의 주기가 점점 짧아지고 있다는 것이다. 레이 커즈와일(Ray Kurzweil)은 2005년, 자신의 저서 《특이점이 온다》를 통해 2045년이면 인공지능이 모든 인간의 지능을 합친 것보다 강력할 것이라며, 결국 인공지능이 낸 값이나 인공지능이 설계한 새로운 알고리즘을 인간이 이해하지 못하는 시점이 온다고 전망했다. 이 시점을 그는 특이점(singularity)이라 명명했다.

커즈와일은 이세돌과의 대국에서 4:1로 압승한 인공지능 알파고(AlphaGo)의 개발자다. 앞서 전지전능한 존재가 탄생했다고 했는데, 중요한 것은 누가 전지전능해졌냐는 문제다. 인간이 만들었지만 인간의 능력을 초월한 인공지능은 인간을 소외시킬 것이라는 예측이 어렵지 않게 되었다.

1947년 앨런 튜링이 '지능을 가진 계산 기계'에 대한 아이디어를 냈을 때만 하더라도 대부분의 과학자가 코웃음을 쳤다. 당시만 해도 인간의 뇌를 연구하는 뇌 과학 분야는 걸음마 단계였고, 무엇보다 '지능'과 '계산'은 엄연히 다른 범주의 것이었기 때문이다. 1950년 뇌에 신경세포체 뉴런을 밝혀내 의식의 작동 메커니즘에 대한 단서를 얻긴 했지만 뇌의 부위별 기능에 대한 지도조차 그리지 못하고 있던 시절이었다. 그때까지만 해도 인간 정신은 미지의 영역이었다.

1956년, 미국의 존 매카시, 마빈 민스키, 너새니얼 로체스터, 클로드 섀넌과 같은 공학자들이 모여 인공지능을 연구할 때만 하더라도 인공지능은 인간의 학습능력을 모방하는 것이 목표였다. 인공지능이 따라가야 할 표준은 인간이었다. 일부 과학자는 인간 뇌의 신경망을 그대로 베껴 인공지능을 만들거나 인간이 학습하는 방법을 기계에게 반복 주입하려 했다. 인간 두뇌 활동을 모방해 ① 두뇌의 실제 구조를 복제한 인공 신경망을 구축하고 ② 사고와 추론에 이르는 과정을 학습시키고 ③ 인간이 수행하는 활동 규칙을 파악한 후, ④ 그 규칙들을 바탕으로 기계에 내릴 명령을 수립하는 것으로 요약된다.

미국 최고의 공학자들이 모여 연구했지만, 1980년까지 특별한 진전이 없었다. 기계는 인간의 학습 능력을 따라가지 못했고, 조건을 조금만 다르게 주어도 5살 이하 수준의 적응력으로 떨어졌다. 한마디로 그것들은 인간답지 못했다. 상당수 과학자는 연구를 포기했고, 일부 과학자들은 인간에게 누구도 모방할 수 없는 고차원적 정신을 선사한 절대자를 찬양했다.

신은 자신의 형상을 닮은 인간을 창조하는 데 성공했지만, 인간은 자신을 닮은 피조물, 인공지능을 창조하는 데 실패했다는 경험은 신학자들을 고무시켰다. '틈새의 신(God of the gaps)'[3]이라는 용어가 다시 소환되기 시작했다. 인간이 설명할 수 없는 영역은 이렇듯 명백하게 존재하기에, 인간이라는 존재는 지적 존재(신)가 설계했음이 틀림없다는 창조과학 신봉자들의 목소리가 높아진 시기이기도 했다.

'인간을 닮은 인공지능'을 만들겠다는 구상은 모두 실패했다. 하지만 컴퓨터가 가장 잘하는 영역, 즉 인공지능을 '계산을 빨리 잘하는 기계'로 보고 접근한 시도에서 새로운 출로가 열렸다. 1996년 IBM의 딥 블루(Deep Blue)가 세계 체스 챔피언 게리 가스파로프(Garry Kasparov)를 물리쳤다. 딥 블루 시스템은 1초에 3억 3천 수를 계산했다. 과학자들은 키 2m, 몸무게 1.5t의 컴퓨터에 지난 100년간의 체스 경기 기보와 유명 선수들의 스타일, 승패 규칙의 알고리즘을 입력했다.

• • •

3 현대 과학기술을 모두 동원해도 설명할 수 없는 자연의 영역. 19세기의 전도사인 헨리 드러먼드는 자신의 저서에서 "gaps which they will fill up with God(틈새는 신에 의해 채워질 것이다)."라고 표현했다. 모든 세상의 이치는 진화하는 신의 업적이며 신은 인간이 인지하지 못하는 영역을 설계한다고 주장했다.

이후 대국에선 1승 3패 2무로 딥 블루가 졌지만, 이후 딥 블루를 업그레이드한 디퍼블루(Deeper Blue)는 1997년 2승 3무 1패로 카스파로프를 꺾었다. 하지만 당시 디퍼블루에 대한 시각은 단순히 계산하는 기계 그 이상도 이하도 아니었다. 심지어 가스파로프조차 디퍼블루는 "1천만 달러짜리 자명종"이라고 폄하했다.

하지만 2016년 알파고(AlphaGo)가 이세돌 9단을 4승 1패로 꺾어버리자 분위기는 완전히 달라졌다. 바둑은 체스와 비교할 수 없을 정도로 많은 경우의 수를 가진 천재들의 게임이다. 바둑에서 돌이 던져지는 경우의 수를 모두 따지면 10의 170[2]인데, 이는 인간이 관측한 전체 우주의 원자보다 많은 숫자다. 알파고는 흑을 5선에 두고 시작했는데, 이는 수천 년간 바둑 마스터들이 후대에게 '두어선 안 되는 수'라고 교육했던 것이었다.

특히 알파고의 2국 37수는 세계의 바둑 마스터들을 경악시켰다. 이는 알파고의 분석에 의하면 인간이 둘 가능성은 만분의 1에 지나지 않는 수였다. 이 수를 지켜보던 김성룡 9단은 "가장 놀라운 수"라며 "프로라면 절대 두지 않을 수"라 했고, 이희성 9단과 송태곤 9단 역시 "보통 둬선 안 되는 수"라며 탄성을 뱉었다. 인공지능의 역량에 대해 반신반의하던 사람들은 놀라움과 두려움 섞인 시선으로 이 대국을 지켜보았다. 알파고가 두었던 결정적 수가 "인간이 둘 수 없는 수"였기 때문이다.

이듬해 개발한 알파고 제로는 기존에 3개월 걸리던 학습 시간을 사흘로 단축했고 기존의 알파고를 완벽히 꺾는 기염을 토했다. 알파고 제로는 초기에 알파고가 바둑 천재들의 기보를 학습했던 것과는 달리 자신과의 대국을 통해 학습한 끝에 알파고를 이겼기에 놀라움은 더욱 컸다. 지금까지는 아무리 똑똑한 기계도 창조자의 지적 능력을 넘어설 수 없었다. 이것이 기술 진보 역사였다. 기계를 창조하는 것도, 기계의 능력을 업그레이드하는 것도 인간의 영역이었기 때문이다. 이제 상황이 달라졌다.

같은 해 스탠퍼드 대학에선 피부암을 진단하기 위해 13만 건에 달하는 사진과 임상 자료를 입력해 진단 시스템을 구축했다. 환부의 사진을 입력하면 미국 최고의 임상 경험을 가진 전문의 수준으로 병변을 분류했다. 비전문가들은 이미지 딥 러닝을 통한 결과 도출이 가장 단순하고 기술 파급력이 낮을 것으로 본다. 하지만 이 기술은 많은 뇌 과학자들과 뇌 신경세포를 재현하려는 바이오 인공지능 연구자들에게 깊은 영감을 주었다.

인간은 뇌에 입력되는 모든 감각들을 시각적 이미지로 저장한다. 그것이 축적되어 언어가 탄생했다. 다시 말해, 모든 것을 시각적 이미지로 구현한다는 것에 답이 있다. 인공지능은 굳이 인간과 같이 수십만 년의 진화를 거칠 필요가 없다. 이미 진화한 인간의 데이터를 학습하면 되기 때문이다. 진단 시스템은 인간과 유사한 작용을 거쳐 4차원적 부호와 그래프 등 모든 것을 시각적 이미지로 재현하거나 구현할 수 있다. 사람의 표정과 목소리만 듣고도 감정을 유추할 수 있는 인공지능이 곧이어 탄생한 것도 우연이 아니다.

보험회사는 보험금을 순식간에 계산할 수 있는 인공지능을 개발해 사용 중이고, 언론사와 금융사는 인공지능이 만든 기사와 분석보고서를 실시간 송고한다. 자율주행 자동차나 헬스케어, 교육에도 활용되고 있다.

2020년 영국 〈가디언〉은 인공지능 회사인 오픈AI가 개발한 GPT-3라는 언어 프로그램으로 작성한 칼럼을 보도했다. 독자들은 실제 사람의 것인지 인공지능의 작품인지 구분하지 못했다. 가디언 측은 단 3가지 명령만 내렸다. 주제는 인간이 인공지능을 두려워할 필요가 없다는 것, 문장은 짧고 간결하게, 500단어 분량의 칼럼으로 쓸 것. GPT-3는 8가지 버전의 글을 산출했고 문체는 각기 달랐다.

불과 10년 전까지만 해도 인간을 닮은 인공지능을 고민했던 과학자들은 이런 의문을 품었다. 860억 개의 뉴런과 이들을 연결하는 100조 개의 신경망을 파악하는 것이 가능하기나 할까? 하지만 인공지능의 '딥 러닝' 기술은 인간의 두뇌 작용에서 단 두 가지의 기능에만 주목했다. 그들이 서로 연결되어 있다는 것, 그리고 신경세포가 전달하는 화학물질에 뇌가 '반응'한다는 것. 그래서 초기 시스템에선 수백 개의 GPU(최근엔 TPU)를 연결해 데이터의 전송 문제를 해결했다. 그리고 '반응'은 출력값의 역전파 학습'이라는 방식으로 해결했다.

인공지능 이전의 시스템은 엄청난 분량의 입력값을 넣고 산출된 결괏값의 오차를 가중치로 보정하는 방식이었다. 물론 이러한 시스템은 연구원들이 끊임없이 보정해 줘야 했다. 하지만 딥러닝은 입력 값에서 결괏값으로 순방향으로만 이동하는 시스템을 양방향으로 주고받으며 보정하도록 설계한 시스템이다. 결괏값이 처음 설정했던 알고리즘과 차이가 나면 역전파 과정을 통해 가중치를 다시 부여해 오차를 계속 줄여 나가도록 한 것이다. 이런 방식으로 AI가 입력된 데이터만 있다면 자체 학습을 할 수 있도록 했다.

"인공지능을 과연 '지능'이라 할 수 있을까?"라는 질문에 대해선 공학자와 뇌 과학자들 다수가 그렇지 않다고 말한다. 인간의 지능은 알파고와 같이 바둑 하나만 잘하도록 설계되지 않았다. 피아노를 치면서 대화하고, 바둑을 두면서 뉴스의 정보를 받아들인다. 또 요리를 하면서 회사의 물류 시스템을 고민할 수 있다. 하나만 잘하도록 설계된 기계와는 분명 차이가 있다. 무엇보다 인간은 주변의 변화에 물리적으로 바로 반응하면서 변화에 조응하고 학습한다.

하지만 인공지능은 알고리즘에서 벗어난 입력값은 받아들이지 못한다. 《생각하는 뇌, 생각하는 기계》의 저자인 신경과학자 제프 호킨스(Hawkins, Jeff)는 "만약 인간의 뇌를 모사해 의식을 가지게 된 범용 인공지능이 탄생하더라도 그것이 인간과 동일한 물리적 시간에서 세계와 상호작용할 수 없을 것"이라고 진단한다. 인공지능은 인간의 입력값이 있어야 학습할 수 있고, 그 학습의 범주는 인간이 제공한 제한된 환경(역할) 내에서만 가능하다.

하지만 테슬라 CEO 일론 머스크(Elon Musk)나 구글과 같은 딥 러닝 기반 IT 회사들은 향후 30년 내에 주어진 모든 상황에 조응할 수 있는 강력한 범용 인공지능(AGI:Artificial General Intelligence)이 탄생할 것으로 예측한다. 이에 맞물려 경제학자들은 인공지능과 결합한 로봇기술 역량에서 압도하는 나라가 미래의 경제 전장에서 승리할 것으로 예측한다.

범용 인공지능(AGI)의 등장을 단순히 성능 좋은 AI 시스템의 개발 정도로 이해한다면 틀렸다. 1억 연봉의 게임 개발자가 6개월 동안 했던 코딩 업무를 단 하루 동안 오차 없이 할 수 있다는 것을 의미하며, 20년 경력의 재무 담당자가 일주일 넘게 분석했던 분석보고서가 더는 쓸모없어진다는 것을 말한다. 그리고 이러한 능력을 확보한 기업이 모든 분야에서 기존의 업계 최강자를 넘어설 수 있음을 의미한다.

2021년 구글과 스탠퍼드 공동연구진은 네이처(Nature)에 AI 로봇에 들어갈 반도체 설계를 AI에 맡긴 결과를 공개했다. 이 작업이 흥미로운 이유는 AI가 자신보다 성능이 뛰어난 AI를 설계하는 것이기 때문이다. 다른 영역은 차지하고서라도 적어도 AI의 뇌라고 할 수 있는 AI 반도체 칩의 설계는 인간만이 할 수 있는 영역이었다. AI는 전문가들도 몇 달이 걸리는 칩 설계 작업을 6시간도 채 걸리지 않아 끝내버렸다.

연구진은 1만 종의 반도체 칩 설계도를 주었고, 비어 있는 칩을 구성할 수백만 가지 경우의 수를 학습하라고 명령했다. 반도체 칩은 소자의 배치, 그 설계에 따라 성능이 크게 달라지는데 AI가 만들어 낸 설계도로 칩을 제작한 결과 전력소모량, 면적 대비 효율성 등 거의 모든 팩터에서 우위를 보였다. 기존 구글 I/O TPU 3보다 2배 이상 빠른 성능을 구현했다.

분명 AI의 설계는 인간이 설계한 것들과는 사뭇 달랐다. 무엇보다 정돈되지 않았다. 하지만 시각적으로 정돈되지 않은 설계도가 더 큰 성능을 보이자, 연구원들은 이 설계가 인간보다 더 독창적이라는 것을 부인할 수 없었다. 앞서 이세돌을 당황시켰던 2국 37수와 같은 기이한 설계였다. 이 설계는 구글의 딥 러닝과 데이터 분석을 위한 컴퓨팅 작업에 그대로 적용되었고 그 결과 4세대 인공지능 반도체 칩을 양산하는 데 성공했다.

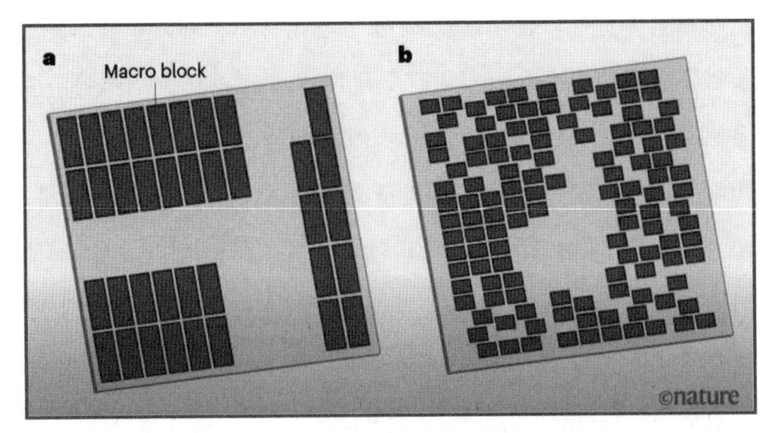

그림 1 | 'a'가 그간 인간이 선택해 온 칩 소자 디자인 방식.
'b'가 구글·스탠포드 공동연구진이 공개한 AI의 설계도다.

로봇의 진화는 생물의 진화와 흡사할 것이다. 돌연한 일로 발생한 DNA 하나가 진화 과정에서 수천 종(種)이 폭발하듯 분화한 것과 같이 범용 인공지능은 거의 모든 로봇에 적용할 수 있는 지휘자로 다양하게 진화할 것이다. 이 시대 대부분의 일터에서 인간만이 할 수 있는 노동이란 어떤 종류의 것일까. 그리고 인공지능이 산출해 낸 값을 인간이 이해하지 못하는 시점에서 과연 인간의 가치는 어떤 것일까.

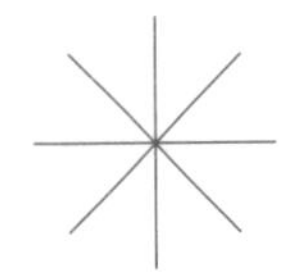

신이 된 인간(2)
인공지능과 연결된 것들

2005년, 6월 세계의 지형을 위성사진으로 볼 수 있는 구글 어스(Google Earth) 프로그램이 배포되었다. 대중은 열광했다. 여행할 때 지도를 들고 다니며 길을 물어보지 않아도 되었고, 무엇보다 방에 앉아 해외 명소를 찾아보는 재미도 쫄깃했기 때문이다. 당장 이 프로그램의 영향을 받은 곳은 항공사진 업계와 인공위성 사진 제공 업체였다. 구글 어스에 담겨 있는 지형 정보만으로도 건축업자와 도시기획업자들은 항공측량에 버금가는 수준으로 해당 지역을 측정하고 기획할 수 있었다.

특히 군에 준 충격이 대단했다. 군사위성 없이 미국, 중국, 러시아에게 정보를 의존해 왔던 각국의 군 당국은 이미지 분석요원들을 투입해 적국의 비행장과 대공기지, 전술도로 등을 빠르게 스캔했다. 반대로 자신의 전략기지가 노출되어 당황한 나라들도 많았다. 네티즌들은 북한의 대공포 기지나 러시아 군사시설을 공개하기도 했다. 민감한 군사기밀을 누출당한 국가들의 항의를 받은 구글은 뒤늦게야 해당 지역을 푸른색으로 모자이크 처리했다. 한국은 처음부터 군사지역의 이미지를 삭제한 앱을 다운받아야 서비스를 이용할 수 있도록 조치했다.

이후 3D 실사형 지도 웹 서비스인 구글 스트리트 뷰가 배포되었다. 당시만 하더라도 사람들은 구글이 꿈꾸는 세상을 알지 못했다. 검색엔진(Google.com)과 이메일 서비스 'Gmail.com'로 시작했던 구글은 2022년 현재 다음과 같은 사업을 하고 있다.

- 구글 어스(Google Earth): 세계의 지형을 위성사진으로 볼 수 있는 프로그램
- 구글 스카이 맵(Google Sky Map): 밤하늘 별자리를 확인
- 구글 스트리트 뷰(Google Street View): 3D 실사형 지도 웹 서비스
- 유튜브(YouTube): 온라인 비디오 서비스 플랫폼
- 웨이모(Waymo): 자율운영 자동차 시스템
- 구글 플러스(Google+): 소셜 네트워크 서비스
- 구글 고글스(Google Goggles): 사물인터넷 검색 서비스
- 안드로이드(Amdroid): 휴대폰 운영체계
- 크롬(Chrome): PC 운영체제
- 딥마인드(DeepMind): 인공지능 기업

- 구글 클라우드(Google Cloud): 데이터 인프라 및 딥 러닝 제공 서비스
- 구글 북스(Google Books): 전자도서관 서비스
- 구글 번역(Google Translate): 인공지능 언어 번역 서비스
- 구글 포토스(Google Photos): 사진 관리 편집 시스템
- 구글 네스트(Google Nest): 사물인터넷 기반 가정용 전자기기 업체
- 구글 피트니스(Google Fitness): 헬스 케어 서비스
- 구글 씽크(Google Sync): 일정과 건강 루틴을 모바일에 전송해 주는 서비스

구글은 도대체 무엇을 하려는 것일까? 눈치 빠른 독자라면 이미 간파했을 것이다. 구글은 세상의 모든 정보를 담아 세상의 모든 영역으로 연결시키려 한다. 자동차 산업에 진출하는 것이 목표가 아니라, 자동차에 탑재하고 주고받을 모든 데이터를 가진 기업이 되는 것이 목표다. 즉 빅 데이터를 기반으로 인공지능, 클라우딩 컴퓨터, 사물인터넷, 자율주행, 블록체인 등으로 확장하는 것인데, 이것은 결국 세상의 모든 데이터를 집적해 사람의 정보를 기계에 연결하려는 것이다.

초연결 사회(hyper-connected society)라는 개념은 캐나다 사회과학자 아나벨 콴 하세(Anabel Quan-Hasse)와 베어리 웰만(Bary Wellman)이 고안한 것이다. 스마트폰, PC와 같은 IT기반의 디바이스가 사람과 사람, 사람과 기계, 기계와 기계 간 연결되어 있어 다양한 커뮤니케이션이 실시간으로 이루어지는 사회를 뜻한다. 처음에 인류는 이 초연

결 현상이 기존의 낡은 시장 시스템과 권위주의 세력을 무너뜨릴 것으로 생각했다. 기존의 낡은 권력이 더는 정보를 통제할 수 없을 것이라고 보았다.

실제로 이 초연결 현상이 시민혁명을 추동한 사례도 있다. 2010년 12월 튀지니의 지방도시에서 노점으로 생계를 꾸려 나가던 청년이 경찰에게 수레와 야채를 모두 빼앗기자 이에 항거하며 분신했다. 이 장면은 SNS를 통해 전국으로 전파되었고, 청년들은 강력한 경찰의 진압에도 SNS를 통해 시위를 이어 나갔다. 분신했던 청년이 병원에서 사망하자 전국적인 파업이 이어졌고 시민들도 동참했다. 당국이 뉴스를 검열해도 정보통신망을 통해 연결된 시민들은 집단지성을 발휘하며 진실을 알리고 투쟁을 고무했다.

1년 동안 시민 수십 명이 사망했지만, 24년간 지속되었던 벤 알리 대통령의 독재를 종식시킬 수 있었다. 튀니지에서의 항쟁은 인근 이집트와 리비아, 시리아, 예멘으로 번져 아랍의 봄을 이끌어 냈다. 튀니지의 국화(國化)가 재스민이었기에 이들의 혁명을 재스민 혁명이라 불렀고, SNS의 문자를 엄지로 치며 소통했기에 일명 엄지혁명이라고도 한다.

그리고 튀니지 혁명과 관련해서 사람들의 기억에서 희미해진 사건이 하나 있는데, 그건 바로 줄리안 어산지(Julian Paul Assange)의 미 외교부기밀문서 폭로 사건이다. 어산지는 2010년 이라크 주둔 미군이 이라크, 아프간 포로를 학대하고 고문하는 동영상을 공개한 데 이어 34만 건에 달하는 외교부의 기밀문서 해킹해 자신이 운영하던 위키리스크(WikiLeaks)에 공개했다. 그중엔 튀니지의 벤 알리 대통령 가문의 부패 스캔들이 있었고 다른 아랍국가 지도자들의 부패 정보 또한 있었다. 어산지는 튀지리스크라는 사이트에 관련 문건을 폭로했고, 튀니지 국민은 격분했다. 벤 알리 대통령이 축출된 직접적인 도화선이 되기도 했다.

IT통신의 발전은 세상의 모든 정보(데이터)를 연결하는 방향으로 급진전하고 있다. 앞서 구글의 사례에서 살펴본 것처럼 '세계의 도로'와 '스카이 뷰' 데이터는 구글 데이터 센터에 저장되고, 이 데이터를 기반으로 인공지능 자율주행 차량은 딥러닝 데이터를 다시 데이터 센터에 보낸다. 전방의 물체가 트럭인지 고양이인지, 성인 남자인지 아이인지를 변별하기 위해 수천만 개의 이미지를 통해 인공지능은 완벽에 가까울 정도로 학습한다.

자율 주행차의 운전석에 올라탄 고객은 스페인 마드리드의 바이어와 5G 속도의 화상회의를 주재하고 통번역 시스템은 실시간으로 한국어와 스페인어를 통역한다. 매장 내 고객 동선을 시각화한 홀로그램을 스마트폰과 동기화된 디바이스를 통해 서로 공유한다. 전방 5㎞, 차량 추돌 소식과 함께 현장 인근의 영상이 차량 디바이스로 전해지고, 차량은 주인에게 다른 길로 우회하겠다고 한다. 회의를 마친 고객이 의자 깊숙이 몸을 담그는 순간 체중, 체지방, 단백질 지수, 골격근량, 혈당수치와 혈압의 변동이 측정되고 약 먹는 것을 빠뜨리진 않았는지 점검한다.

자율주행, AI, 빅 데이터, 사물인터넷, 5G 통신, 클라우드, 블록체인, 웨어러블 기기와 같은 IT기반 기술은 서로 연결되며 더욱 강한 능력을 발휘한다. 특히 인공지능의 괄목할 발전은 구글과 마이크로 소프트에서 수집해 온 빅 데이터와 딥 러닝 알고리즘, TPU 슈퍼컴퓨터, 5G 통신기술의 발전으로 가능했다.

15년 전까지만 하더라도 이러한 초연결 기술이 당장은 운송기사, 택배, 단순노동 종사자들의 일자리를 빼앗을 것이지만, 자영업과 서비스 분야에서 이를 상쇄하고도 남을 일자리가 창출될 것으로 여겨졌다. 산업혁명 이후로 사람들은 늘 기계가 인간의 일자리를 대체할 것이라고 비관하곤 했지만, 결과적으로 언제나 일자리는 늘어 왔다는 경제학자들의 주장도 이러한 낙관론을 지탱해 주었다.

대표적으로 IT기술 혁명으로 인한 플랫폼 생태계는 사람과 사람을 긴밀하게 연결해서 기존에 수요를 찾지 못했던 요소들에 대한 수요를 폭증할 것이라는 것이었다. 이 생태계하에선 전통적인 자본을 가지지 못한 이들도 경제적으로 성공할 수 있고, 노동자들은 보다 적은 시간을 노동을 원할 때 하는 방식으로 삶의 질을 높일 수 있을 것이라는 낙관론이 지배했다. '공유경제'[4]에 대한 낙관 역시 있었다.

• • •

4 공유경제는 공유가치창출(CSV: Creating Shared Value)과는 다른 개념이다. CSV는 하버드대학교수 마이클 포터와 마크 크레이머가 발표한 개념으로 이익의 극대화라는 기업의 경제적 목표와 공공의 이익이라는 사회적 목표를 한데 결합한 개념이다.

하지만 자본의 힘은 오히려 IT 생태계에서 더 강한 영향력을 발휘했다. 시장의 양극화에 가장 큰 영향을 미치고 있는 쪽이 IT 기업들이다.

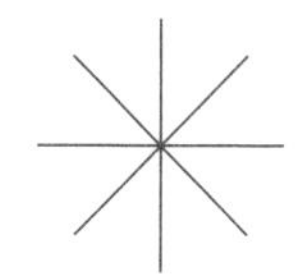

데이터이즘(Dataism)과 인간의 가치

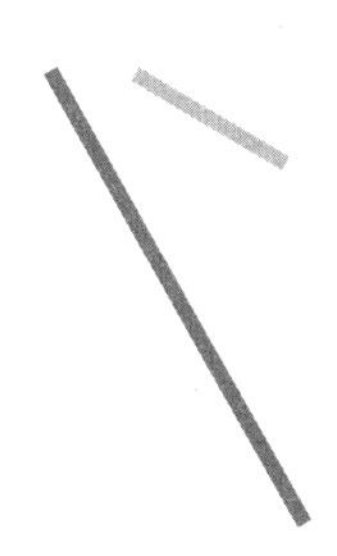

공유경제(Sharing Economy)는 '재화와 서비스를 분배, 공유, 재사용하기 위한 목적으로 소비자가 서로 연결되는 P2P(Peer to Peer) 방식의 경제'를 뜻했다. 2008년 미국 하버드대 법대 로런스 레식 교수가 명명한 개념으로, 한번 생산된 제품을 여럿이 공유해 쓰는 협력소비를 기본으로 한 경제 방식을 말한다. "소비자가 각자 충분히 사용되지 않고 있는 자산을 영리 또는 비영리 목적으로 일시 공유하는 것"을 의미한다. 일종의 재화 공유의 개념이었다.

동네 아이의 자전거를 고쳐 주면 그 집에선 더는 사용하지 않는 장난감을 빌려준다거나, 아들 내외가 분가해서 남은 시골집을 소개받은 가족들이 일정 기간 쓰게 하고 대가를 받는 형태를 뜻했다. 이것이야말로 낭비하지 않고 버리지 않고 자산을 재사용하는 형태이며, 이를 통해 수익도 얻을 수 있고 인적 네트워크도 단단해졌기에 지역 커뮤니티에도 큰 도움이 될 터였다. 과잉생산 · 과잉소비라는 현대 자본주의 시스템에 대한 성찰의 의미도 있었다.

독일의 한 마을에서 시작한 차량 공유 운동이 대표적이다. 마을 공용주차장에 차를 주차하고 우편함에 키를 넣으면 필요한 사람이 사용하고 일정량의 기름을 채워 다시 주차해 두는 시스템이다. 이런 카 셰어링 문화는 소비자와 소비가 간의 공유를 기본으로 한다는 점에서 긍정적이다. 공유경제 이론이 나왔을 때 사람들이 특별히 열광한 이유가 있었다.

네트워크 기술을 통해 사회적 자원을 이용하고, 개인 간의 협업을 통해 배타적 독점권으로부터 자유로운 생산을 하면 새로운 시장경제 시스템이 형성되리라는 기대가 있었다. 이러한 P2P 방식에서 아이디어를 얻어 창업한 경우도 많은데, 이렇게 기업이 유저를 대상으로 할 경우엔 B2C(Business to Consumer)라 한다.

이렇게 기대감 속에 등장했던 공유경제는 현재 플랫폼 노동으로 대체되고 있다. 이 생태계는 긱 이코노미(Gig Economy), 즉 임시직 단기 고용으로 굴러간다. 미국의 공유경제기업으로 등록된 업체는 우버택시와 에어비앤비, 아마존, 캐스크래빗, 엣시, 키친서핑 등이 있다. 한국으로 치자면 타다, 여기어때, 배달의민족, 카카오택시, 알바몬, 쿠팡과 같은 대형 플랫폼 업체들이다.

앞서 긍정적 사례라고 했던 카 세어링 문화 역시 한국에선 '차량 대여업'으로 둔갑해 뿌리내리고 있다. 이쯤 되면 독자들은 "홍보, 대여의 대가로 돈을 받는 게 왜 '공유'라는 거지?"란 의문이 들 수도 있다. 공유경제엔 '공유'가 없다는 푸념이 나오는 이유다.

홈 셰어링 개념으로 출발했던 에어비앤비(Airbnb) 역시 주택을 순전히 영리 목적으로 단기 대여하는 업자들이 점령하기 시작했다. 다주택을 소유한 업자들은 주택을 럭셔리한 공간으로 리모델링한 이후 고가의 숙박료를 받기 시작했고, 대출을 통해 주택을 구입한 이들 역시 집을 단기 대여하는 것이 더 이익이라는 것을 안 것이다. 한국의 경우 모텔과 펜션을 운영하는 기존의 숙박업자들이 대거 에어비앤비로 유입되었다. 한국에선 '공유'라는 가치보다 '광고'라는 가치가 더 빛을 본 경우다.

2014년 뉴욕주 법무부가 밝힌 〈뉴욕시 에이비앤비 실태보고〉에 따르면 뉴욕 등록 에어비앤비 숙소 중 72%가 불법이었으며, 6%가량의 전문 숙박업자가 전체 물량의 20% 이상을 관리하고 예약의 33%를 독식, 전체 단기 임대숙소 총수익의 3분의 1을 수취하고 있다고 밝혔다. 단기 대여에 대한 수요가 높아지자 도심지 집값은 정상적 수요 이상으로 오르기 시작했다. 대표적으로 과거 대학가 학생에게 비교적 저렴한 가격으로 전월세를 내주던 업자들이 모두 에어비앤비로 뛰어들기 시작한 것이다. 그것이 더 이익이기 때문이다.

우버는 요금은 인하하고 수수료는 높이는 방식의 경영방침을 고수하고 있다. 특히 신규 기사의 경우 20회 운전까지는 30%의 수수료, 이후 20회까지 25%, 이렇게 40회의 운행을 채웠을 경우에만 20%의 수수료로 운행을 지속할 수 있다.

2014년, 15년에 요금을 20% 이상 삭감하고 수수료는 고정하거나 30%로 올리는 정책을 발표했을 때, 가디언지(The Guardian)는 우버의 CEO 브랜트 칼리니코스에게 “수수료 인상에 따른 기사들의 반발을 예상했을 텐데 왜 인상했습니까?”라는 질문을 던졌다. 돌아온 대답은 당황스러운 것이었다. “그래도 되니까.” 우버 경영진이 “어차피 우버 기사들은 미래엔 모두 로봇으로 대체될 잉여”라는 발언을 자주 했다는 폭로도 나왔다.

애플은 출시 초기부터 아이폰 애플 스토어의 모든 디지털 콘텐츠 기업들에게 30%의 수수료 납부를 의무화했고, 구글은 2022년부터 안드로이드의 플레이 스토어(Play store)에 등록한 상위 대기업들에게 수수료를 의무화했다. 고객이 해당 앱을 다운받아 상품을 결제할 때 구글을 통해서만 결제할 수 있도록 하는 인 앱(In App) 결제 방식으로 건당 30%가량의 수수료를 거둬들이는 방식이다.

넷플릭스, 네이버, 카카오, 페이스북, 웨이브 등 국내 이용자들이 많이 이용하는 서비스들이 해당한다. 다만 구글 소유의 유튜브는 면책된다. 이것이 동종 업종과의 자유로운 경쟁을 저해하고, 콘텐츠 창작자들에게 경제적 압박으로 돌아가기에 한국 국회에선 특정 결제 방식 강제금지 법안을 논의 중이다.

국내 최대의 배달 플랫폼 '배달의 민족'은 최대 통합 수수료를 27%까지 책정해 회원과 배달기사 양쪽에서 수수료를 받으며 덩치를 키우고 있다. 코로나 팬데믹으로 배달 물량이 폭주했던 2021년, 배민(배달의 민족) 커넥터와 쿠팡 이츠는 기사들의 실제 주행거리를 인위적으로 단축한 인공지능 알고리즘으로 논란을 빚었다.

한국산업안전공단과 한양대 교통물류공학과의 실태 보고에 따르면, 현실적으로 불가능한 주행시간을 기사들에게 강요해 온 것으로 드러났다. 교통정보를 반영한 실제 이동 시간이 17분, 제한속도를 반영한 이동 시간이 14분인 거리를 AI 알고리즘은 직선거리로 산출해 12분으로 책정한 것이다.

AI가 설정한 시간 내에 배달하지 못하면 라이더에겐 불이익이 돌아간다. 물량을 주지 않거나, 일방적으로 계약 해지를 통보하는 것이다. 업체 입장에선 최대한 빨리 음식을 배달해 속도 경쟁에서 승리하고 배달 물량도 늘리는 일거양득의 조치였다. 회사의 이런 조치가 라이더들에게 신호위반과 난폭운전을 하도록 방조한 것이라는 비난이 뒤따랐다.

더 큰 문제는 사고가 발생했을 때 이들은 화물차 기사와 같은 특수형태 근로종사자처럼 플랫폼 종사자로 분류되어 2022년 6월까지 산재 적용을 받지 못했다는 점이다. 단일 기업에 의해 일정한 시간 전속

고용되거나 임금을 받는 노동자가 아니라 개별 사업자에 더 가깝다는 게 그 이유였다. 플랫폼 기업은 '연결'과 '중계'로 돈을 벌지만, 노동자의 재해를 예방하거나 재해 시 보상의 의무에서 면책되는 셈이다.

가맹기업으로부터 수수료를 받지만, 손실에 대해선 보상이 없는 형태의 시스템이 고착되었다. 이것은 명백히 초기 산업시대에서나 가능한 형태였다. 이런 경제 행태를 독일의 총리 메르켈은 '야수적 자본주의'라고 맹비난한 바 있다. 그리고 메르켈의 비난은 높은 실업률과 질 낮은 사회보장제도, 불완전 고용을 시장의 탄력성(경쟁력)이라 자부해 온 미국식 자본주의에 대한 경고이기도 했다. 독일은 2018년 세계 최초로 플랫폼 노동자 전체를 일반 노동자로 인정하는 법률안을 공표했다. 단결권, 단체교섭권, 산재, 고용보험 등의 권리를 주기로 한 것이다.

한국의 플랫폼 노동에 종사하는 라이더만 2021년 기준 63만 명 정도다. 학계에선 150만 명 정도로 추산하고 있다. 2019년 한국고용정보원은 플랫폼 노동자의 수를 50만 명 규모라 밝혔지만, IT, 코딩, 번역, 문서 작업 등에 종사하는 플랫폼 노동자의 수를 제외한 규모다. 4차 산업시대에 왜 많은 노동자가 1차 산업시대와 같은 고용 형태를 감내하는 것일까?

분명 산업혁명 이후 지난 20년을 제외한 전반적 추세로만 보자면 노동자의 임금은 높아졌고, 노동 시간은 단축되었다. 1차 산업혁명기와 1인당 생산량은 13배, 세계총생산은 300배 이상 솟구쳤다. 노동자

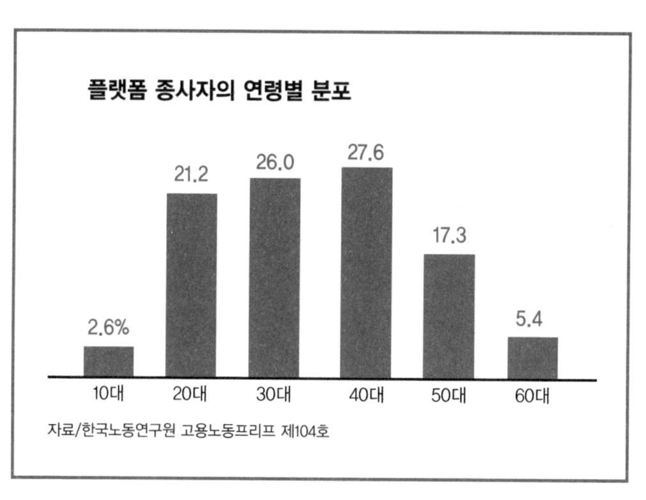

그림 2 | 2020년 한국노동연구원 발표.

1인이 소비할 수 있는 재화의 양도 비할 바 없이 늘었고 수명 또한 연장되었다. 문제는 4차 산업혁명이 본격화한 앞으로 10년의 변화다.

이코노미스트지(The Economist)는 〈디지털 혁명에 관한 보고서〉를 통해 다음과 같이 밝힌다. "과거에는 신기술이 생산성을 향상해 임금 인상으로 이어졌고, 그 인상분이 숙련노동자와 비숙련 노동자에게, 그리고 자본가와 노동자, 소비자에게 고루 분배됐다. 하지만 현재의 기술은 유능한 사람들에게 전에 없이 강한 힘을 실어 주고 있고, 그에 따라 숙련 노동자와 비숙련 노동자, 자본가와 노동자의 소득 격차가 무섭게 벌어지고 있다. 그로 인해 불완전 고용이 늘어나고 있다."

노동의 비정규화 현상은 이제 더는 바꿀 수 없는 추세로 보인다. 기회는 상류층 노동자에게 집중되고 커리어가 약하거나 국가의 안전망이 헐거운 나라의 노동자들은 플랫폼으로 흡수된다. 노동시장의 유연화는 고숙련 노동자에겐 '탄력성'을 의미한다. 그들에겐 이직의 '기회'이며 오랜만에 남태평양의 섬에서 몇 달간 가족과 휴가를 보낼 수 있다는 것을 의미한다. 반대로 하류층 노동자에게 노동시장의 유연화는 플랫폼의 변덕이나 시장의 변동에 따라 실직하면 다시 일거리를 찾아 나서야 함을 의미한다. 일상의 안정이 유지될 수 없다.

페이스북과 인스타그램, 틱톡 등의 SNS에 올린 데이터들은 어떻게 처리될까. 모든 것이 플랫폼을 통해 연결되어 있다는 말은, 플랫폼의 소유자가 모든 것을 알 수 있다는 말과 같다. 2018년 한 유튜버는 구글 검색엔진을 대상으로 한 재미난 실험 하나를 유튜브에 올렸다. 이 영상은 1천만 뷰 이상을 기록하며 화제가 되었다. 그는 인터넷의 다른 브라우저를 모두 닫고 구글 브라우저만 열어 둔 채 "개 인형(Dog toys)"을 반복해서 말했다. 그리고 다른 뉴스 사이트에 방문하자 놀라운 일이 벌어졌다. 오른쪽 상단에 개 인형 광고 팝업이 노출된 것이다.

물론 구글은 이에 대해 긍정도 부정도 하지 않았다. 다만 구글은 한 달 후 인공지능 기반의 'Google Duplex'를 소개하며 구글의 데이터 마케팅이 얼마나 효과적인지를 홍보했다. 구글은 현재 온라인 광고시장 1위를 달리고 있다. 'Google Patner Plexs'는 1초에 4만 건의 고객 데이터를 처리해 가며 고객의 취향을 알아낸다. 구글은 인공지능으로 고객 맞춤형 데이터 분석을 도입한 이후 매출액 2억 달러, 구매 전환율 400% 상승을 기록했다.

데이터는 정치권에도 중요한 자료다. 실제 개인의 인터넷 기록 데이터를 활용해 정치적 목적을 달성한 사례가 적지 않다. 캠브리지 애틸리카(CA)라는 정치 자문기업은 9천만 건에 달하는 고객 정보를 페이스북의 허락으로 수집할 수 있었다. 순수학술 목적으로 포장된 성격 테스트 앱을 다운받게 권고했고, 회원들의 뉴스피드, 페이스북 친구, 주소, 타임라인, 메시지까지 수집할 수 있도록 했다. 캠브리지 애틸리카는 회원을 세부 그룹으로 분류해 소위 스윙보트라 불리는 중간층(지지 후보 변경 가능성이 있는 그룹)을 상대로 정치 광고와 뉴스를 노출했다.

그들은 2015년 영국의 브렉시트(EU 탈퇴) 캠페인에 결합했고 공화당 소속 상원의원 테드 크루즈(Ted Cruz)의 선거 캠페인에 데이터를 활용했다. 인도, 브라질, 이탈리아의 국민투표에도 개입했다. CA에서 나온 직원은 '데이터 프로프리아(Data Propria)'를 설립해 2020년 트럼프 대통령 선거 캠페인에서 이 프로그램을 활용했다. 페이스북은 2018년 영국 정보위원회로부터 50만 파운드의 벌금을, 그리고 이듬해 미국연방거래위원회로부터 50억 달러의 벌금을 부과받았다.

이제 강력한 플랫폼을 소유한 기업들은 과거처럼 두루뭉술한 그룹별 타깃팅을 하지 않다. 회원 개인이 무엇을 욕망하는지를 정확히 알아내는 데 성공한 것이다. 로드용 바이크를 검색하면 나의 검색 패턴을 인공지능이 분석해 가성비 좋은 바이크와 슈즈, 슈트 등의 상품광고를 노출하고, 여행상품을 검색하면 항공권과 숙박 할인 쿠폰이 노출된다. 고가의 제품을 자주 구입하는 고객에겐 별도의 한정판 제품을 소개한다.

기업인과 정치인의 입장에선 어떤 사람이 욕망하는 것을 정확히 안다는 것만큼 강력한 무기는 없다. 전지전능(全知全能)하다는 개념은 농경시대엔 절기를 정확히 알아 파종기와 추수기와 같은 작물의 재배법과 날씨에 능통하다는 개념이었다. 근대 이후엔 원자의 구조와 세상의 운동법칙, 원소의 화학반응 등을 알아내는 것이 중요했다. 하지만 오늘날 전지전능하다는 것은 대중의 마음을 정확히 읽어 내는 힘을 의미한다.

미국에선 아마존과 구글을 국영화해야 한다는 주장이 심심찮게 나온다. 국가가 지니지 못한 힘을 그들이 독점하고 있다는 것이다. '합법적으로' 축적한 개인정보가 기업엔 황금알과 마찬가지니까. 특히 한국은 주민등록번호와 핸드폰 번호와 카드가 모두 한데 묶여 있는 독특한 경우다. 이 정보들은 다른 나라 시민들이 보기에 국가조차도 '감히 알아선 안 되는' 정보인데, 글로벌 플랫폼 기업들은 이것을 독점하고 있으니 우려가 더욱 커진다.

그 데이터는 공권력의 권능을 한참이나 능가하는 것들이다. 세계를 움직이는 힘이며, 산업을 주도하는 동력인데 이것을 소수의 기업이 거의 무제한으로 축적하고 있다. 그래서 앞으로 의회가 데이터 독점 기업의 데이터 수집과 활용을 통제하지 못하고 오히려 그들에 의해 좌지우지될지도 모른다는 우려가 나온다.

《사피엔스》라는 저작으로 우리에게 익숙해진 유발 하라리는 저서 《호모 데우스》를 통해 이를 '데이터이즘(Dataism)'이라 명명했다. 고대와 중세엔 신적 권위를 종교적 신화로 정당화했고, 이후에 인간의 권위를 절대화한 것이 자유주의 철학이었던 것처럼, 4차 산업혁명 시대엔 빅 데이터 알고리즘의 권위를 정당화하기 위해 인간의 영적 특성과 같은 개인의 사유를 위태롭게 할 수 있다고 지적한다.[5]

인공지능의 수준에서 인간 행동을 보면 불합리한 점이 많을 것이다. 인간의 판단은 변덕스럽고, 정치지도자의 결정은 충동적이며, 자본가는 늘 눈앞의 이익만을 생각한다. 자율주행 차량이 흰색으로 도색된 트럭을 허공으로 인식한 나머지 그대로 돌진해서 운전자가 사망한 것과 같은 사례가 있었지만, 미숙한 운전이나 음주운전, 충동장애, 난폭운전 등 인간의 기술 및 안전의식 결핍으로 인한 사망자에 비하면 백사장의 모래알 수준이다.

인공지능과 결합한 자율주행 차량이 안전성 검증을 위해 도로를 돌 때 IT 공학자들이 했던 이야기가 있다. "앞으로는 100%의 차량이 자율주행으로 대체될 겁니다. 인간을 어떻게 믿겠습니까?" 인간의 영적 특질은 의식에서 온다. 그런데 인간의 의식보다 뛰어나고, 인류의 자유의지보다 합리적이며, 수억 명의 행동패턴 데이터를 가지고 개인이 10초 뒤 어떤 행동을 할지 판단할 수 있는 인공지능 알고리즘 시대에

• • •

5 유발 하라리 저. 전병근 역. 《21세기를 위한 21가지 제언》(2018). 김영사.

"인간의 사유를 미래의 우리는 믿을 수 있을까?" 하는 것은 근본적 질문이기도 하다.

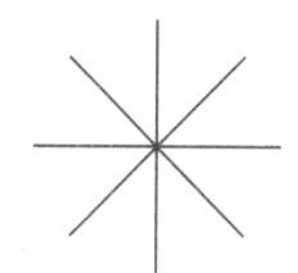

역사는 종언하였는가

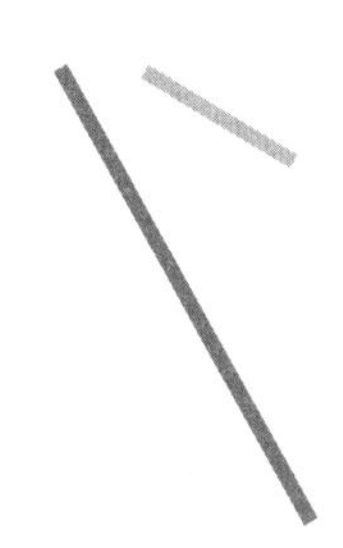

1990년대 소비에트와 동유럽 사회주의의 붕괴를 놓고 미국의 정치학자 프랜시스 후쿠야마(Francis Fukuyama)는 주장했다. "역사는 종언(終焉)하였다." 사회주의는 자본주의에 굴복했고 권위주의에 대해선 민주주의가 승리했다. 이로써 인류사회의 마지막 체제(이데올로기)가 자유민주주의이며 이것은 영속될 것으로 전망했다.

'역사의 종언'이라는 표현은 헤겔로부터 나왔다. 역사(체제)는 늘 모순(갈등)을 내재하고 있지만, 변증법적 발전법칙에 따라 나아가다 보면 결국 근원적인 모순을 극복한 궁극의 지점이 도래하는데, 그는 이것을 '역사의 종언'이라 표현했다. 인류 역사는 시민의 자유가 확대되는 방향으로 진전했고 궁극의 지점이 존재한다는 일종의 헤겔주의 사관이었다.

한 체제가 만일 궁극의 지점이라면 그 체제는 무척 안정적일 것이며, 그 체제를 주도했던 세계 질서 역시 변하지 않을 터였다. 다만 후쿠야마가 언급한 '역사'는 마르크스주의의 '역사 발전 5단계론'에 나오는 '최종의 역사'를 의미한다. 원시공산제에서 출발한 인류의 생산양식이 결국 근대 자본주의를 경유해 사회주의로 나갈 수밖에 없다는 바로 그 '역사' 말이다.

이후 후쿠야마는 2008년 서브프라임 모기지 사태로 자신의 논문을 사실상 철회했다. 서브프라임 모기지 사태는 마르크스가 진단했던 정형적인 자본주의 화폐경제의 모순을 닮아 있었다. 새뮤얼 헌팅턴은 저서《문명의 충돌》을 통해 '역사의 종언'을 정면으로 반박했고, 9 · 11 이후 테러와의 전쟁, 장기침체, 사회주의 국가인 중국의 급부상, 권위주의 체제인 러시아의 부활과 우크라이나 침공, 미중간의 냉전 등은 역사의 종언을 '종언'하는 사례들이었다.

물론 1990년대에도 후쿠야마의 주장은 많은 반박과 논쟁을 불러왔다. 하지만 당대를 주도하던 세계관은 '자본주의 승리론'이었다. 자본주의 시스템에 대한 낙관론이 지배했던 시대였고, 불평등과 같은 사회적 갈등은 작은 모순으로 인식되었다. 2차 세계대전 이후 소비에트에 대항하며 모순을 적극적으로 해결하려 했던 자본주의의 내적 긴장이 풀리기 시작한 것이다.

마르크스 사후(死後) 유럽에서 시작된 사회주의 혁명은 세계의 절반을 집어삼켰다. 러시아 혁명, 북유럽 국가들의 공산화, 중국공산당의 신중국 건설, 쿠바를 비롯한 남미에서의 사회주의 혁명 등이 말하는 것은 자본주의의 체제 모순이 극심했다는 것이다. 이 혁명의 기운에 놀란 자본주의자들은 허겁지겁 모순을 완화하거나 혁명의 기운을 약화하기 위해 고심에 빠졌다.

마르크스주의 정치경제학은 당시 자본주의 체제의 국가들에겐 가장 중요한 참고 도서였다. 이후 자본주의는 역설적으로 마르크스주의의 분석 도구와 범주를 이용해 유지될 수 있었다. 계급에 대한 통찰과 공황의 징조, 임금노동과 노동인권, 생산수단에 대한 국가적 통제와 같은 것들은 자본가들과 국가 지도자에게 깊은 영감을 주었다.

마르크스는 자본주의가 체제 모순으로 인해 전복될 것으로 예상했지만, 100년 후 체제 모순으로 대항력을 상실했던 소비에트가 해체되고 말았다. 마르크스는 인류학자 유발 하라리의 지적처럼 "자본주의자들이 읽을 줄 안다는 사실을 잊고 있었다".[6] 즉, 자본주의의 내적 모순에 대한 끝없는 성찰과 대안적 시스템이 자본주의 생명력을 지탱했다는 것이다.

물론 오늘날, 심지어 마르크스의 후예를 자처하는 좌파 경제학자들조차 자유주의와 자본주의 정부를 인정한다. 자본주의 시스템에 동의

• • •

6 유발 하라리 저, 김명주 역, 《호모데우스_미래의 역사》(2017), 김영사.

한다는 뜻이 아니라 달리 '대안이 없다는 암묵적 동의', 내지는 '역사적 경험에 따른 학습된 무기력증'으로 인한 것이다.

4차 산업시대, 자본주의의 위기 요소는 크게 부의 불평등과 기술적 실업으로 요약할 수 있다. 기술적 실업(technological unemployment)이란 생산력의 부족에서 발생하는 실업이 아니다. 오히려 기계기술의 혁명으로 상품 생산에 필요한 사회적 필요 노동이 감소함으로써 발생하는 실업을 의미한다. 노동에 대한 수요는 제한적이고, 기계가 이를 잠식할 경우 인간 노동에 대한 수요 역시 감소한다는 이론이 바로 '노동총량 불변의 법칙'이다. 즉 노동의 총량이 고정되어 있고 자동화로 대량 실업이 발생하는 경우, 이를 마르크스형 실업이라고 했다.

하지만 노동총량불변의 법칙은 현실에서 틀렸다는 것이 증명되었다. 기계 도입으로 인한 생산성 향상이 다른 수요를 촉발시킨다는 실증적 사례가 많았기 때문이다. 대표적으로 자동차 회사의 경우 자동화 기기의 등장으로 차량 1대당 필요 노동력이 줄어들자 승용차 가격을 낮추었고, 차량에 대한 수요는 폭발했다. 높아진 생산성으로 인해 회사의 수익률이 높아졌고, 높아진 수익률을 토대로 기업은 더 많은 노동자를 고용했다. 노동자의 소득이 높아져 구매력도 상승했다. 이것이 전형적인 파이(pie) 확대 효과이다.

대부분의 가정에서 차량을 보유하게 되면 이에 따라 자동차 정비업, 부품 협력업체가 늘어나고, 타이어, 엔진 오일, 차량 시트와 같은 상품을 판매하는 업종 역시 등장한다. 높아진 휘발유 소비로 인해 정유업과 주유소가 활기를 띠고, 도로와 항만, 다리 등을 만드는 기반시설 종사 노동자에 대한 고용도 창출되었다. 자동차의 보급과 도로의 확충은 관광 숙박업과 같은 서비스 업종으로 연결된다. 국민의 소득이 증가하면 의료와 가전, 여가 등에 지출할 수 있는 여력이 자연히 창출된다. 이렇게 보면 제조업에서 기술혁신으로 인한 생산성 향상은 새로운 파이로 변형되어 창출된다. 이것을 파이 탈바꿈 효과라고 한다.

가령 1970년대 본격적으로 등장하기 시작한 은행의 ATM 기계를 보고 비관론자들은 현금 출납을 담당하는 직원들이 해고당할 것이라 경고했다. 하지만 은행은 직원들의 현금 출납과 같은 단순 업무를 줄이고, 해당 인력을 부가가치 높은 금융 상품과 주식 상품 등의 상담 업무로 배치했다.

실제 2차 산업혁명 시기 미국의 통계를 보면 제조업 일자리의 3분의 2가 서비스 업종으로 이동했고, 노동 시간당 생산성은 108%, 급여는 85%가 증가되었고 노동 시간은 감소했다. 1970년, 미국에선 3만 종의 일자리가 2013년엔 38만 종의 일자리로 다양화되었다. 기계기술로 인한 자동화가 그 일을 했던 일부 노동자에 대한 실업으로 나타날 수 있지만, 새롭게 창출된 일자리로 인해 전체적인 일자리는 위협하지 않을 것이라는 낙관론은 이러한 경제성장의 배경 속에 탄생한 것이다.

오히려 기계기술의 진보는 인간의 노동을 더욱 인간답게 해 줄 것이라는 확신이 있었다. 세상엔 기계가 인간을 대체할 수 있는 노동과 대체할 수 없는 노동이 존재하는데, 대체할 수 있는 노동은 단순하고 따분하거나 몸이 고통스러운 노동집약형 작업을 뜻한다. 이에 비해 복잡하고 융합적인 사고가 필요한 시스템 관리나 생산성의 개선, 인사관리 등의 업무는 인간만이 할 수 있는 일이라 여겼다.

이렇듯 결코 자동화될 수 없는 일이 존재했기에 인간의 노동은 단순노동에서 복합적이며 고도의 사유를 필요로 하는 고차원적 노동으로 이동할 것이라는 전망이 가능했다. 이런 낙관론이 유지될 수 있는 근거는 당시 기계기술의 제약 때문이었다. 늘어난 생산성으로 인한 수요를 인간이 차지할 것이라는 낭만적 환상이었다.

하지만 기업들은 늘어난 생산성으로 인한 수익을 노동자를 고용하는 데 사용하지 않았다. 다소 무리해서라도 새로운 자동화 시스템을 도입하는 데 투자하고, 해고하지 않은 노동자들의 임금은 동결에 가까운 수준으로 유지했다. 이런 사례는 세계 곳곳에서 발생하고 있다.

2010년 세계 최고의 스마트폰 위탁 생산공장인 폭스콘(Foxconn)은 생산 공정에 무려 130만 명의 노동자를 고용했었다. 생산직은 모두 저임금 노동자였다. 오전 7시 40분에 일을 시작해 오후 7시 40분까지 12시간을 조립 라인에서 일했다. 2010년 한 해 동안 중국 폭스콘 공장에서는 노동자 18명이 자살을 시도해 이 중 14명이 사망하고 4명이 중상을 입었다. 나이가 17~25살밖에 되지 않은 젊은 농민공들이었다. 당시 애플은 아이폰 한 대당 58.5% 수익을 가져갔지만, 폭스콘 노동자의 인건비는 대당 1.8%에 불과했다.

텐위를 비롯한 노동자들과의 인터뷰에서 드러난 노동환경은 혹독하다. 아이폰 한 대에는 100개가 넘는 부품이 있다. 모든 노동자는 한 가지 작업에 특화돼 있으며, 매일 10시간 이상 반복 동작을 수행한다. 한 노동자는 "나는 정전기 조립라인의 일부인 육안 검사대의 톱니바퀴예요. (…) 일단 뭔가 발견하면 크게 소리쳐요. 그러면 저와 같은 또 다른 인간 부품이 와서 어떤 오류가 있는지 물어보고 고쳐요. 저는 같은 일을 하루에 수천 번 반복해요. 머리에 녹이 스는 것 같아요."라고 말했다. 다른 노동자도 "라인에서 마더보드를 가져와 로고를 스캔하고, 정전기 방지 백에 넣어 라벨을 붙인 뒤 다시 라인에 놓아요. 이 작업은 2초가 걸리죠. 저는 10초마다 5번 이 일을 해요."라고 전했다. 근무시간 중에는 "대화 금지, 웃음 금지, 취식 금지, 수면 금지"가 원칙이다. 한 관리자는 "10분 이상 화장실에 가면 구두 경고를 받고, 근무시간에 잡담하면 서면 경고를 받는다."고 말했다. 2014년 9월 30일 폭스콘 공장에서 투신해 생을 마감한 노동자 쉬리즈는 '그냥 그렇게 서서 잠들어'라는 시에서 "(…) 무단결근 불가, 병가 불가, 사적 휴가 불가 / 지각 불가, 조퇴 불가 / 생산라인 옆에 쇠처럼 붙어 서서, 두 손은 날 듯이 / 얼마나 많은 낮과 밤을 그렇게 선 채로 잠들었던가"라며 자신과 동료들의 노동을 그려 낸다.[7]

• • •

7 제니 챈·마크 셀던·푼 응아이 저. 정규식·윤종석·하남석·홍명교 역. 《아이폰을 위해 죽다》(2021). 나름북스.
https://www.hani.co.kr/arti/culture/book/1016193.html

이후 폭스콘은 전 공정 100% 자동화를 선언했다. 폭스콘은 로봇 자동화가 노동자에게도 좋은 일이라면서 더는 단순반복노동을 하지 않고, 공정관리 및 품질관리, R&D와 같은 고부가가치 업무를 할 수 있을 것이라고 밝혔다. 사실 이것은 1980년대 로봇 기술혁신이 인간다운 일을 가져올 것이라는 레퍼토리를 반복한 것이다. 이후 폭스콘은 2016년 87만 명으로 고용 인원을 줄였고, 그중 50%에 달하는 노동자를 임시 계약직으로 전환했다. 물론 새로운 고용은 로봇의 알고리즘을 감독하는 소수의 관리직에서만 일어났을 뿐이다.

2017년 기준 완전 자동화할 수 있는 일은 5%에 불과했지만, 5년 후엔 30% 이상을 대체할 수 있는 업종이 무려 60%를 넘었다. 다보스 포럼에선 500만 개의 일자리가 사라질 것으로 전망했고, 옥스퍼드 대학은 미국에서 현재의 일자리 47%가 사라질 것으로 전망했다.

고용 인원 만 명당 투입되는 로봇 대수를 로봇밀도라고 하는데, 2016년 1만 명당 74대, 17년엔 85대, 2019년엔 118대로 증가했다. 한국의 경우 2019년 기준 868대가 차지하고 있다. 세계적으로도 가장 높은 수준의 로봇밀도인 셈이다. 2017년 기준 세계의 자동차 기업에 고용된 노동자는 1,400만이다.

엔진 기반의 자동차가 테슬라와 같은 전기 차량으로 대체되고 있는데, 내연기관 자동차에 비해 전기 자동차에 들어가는 부품은 40%가량 더 적다. 부품이 줄어든다는 말은 조립 공정의 자동화가 지금과는 비교할 수 없을 정도의 속도로 진행될 것이라는 말이다.

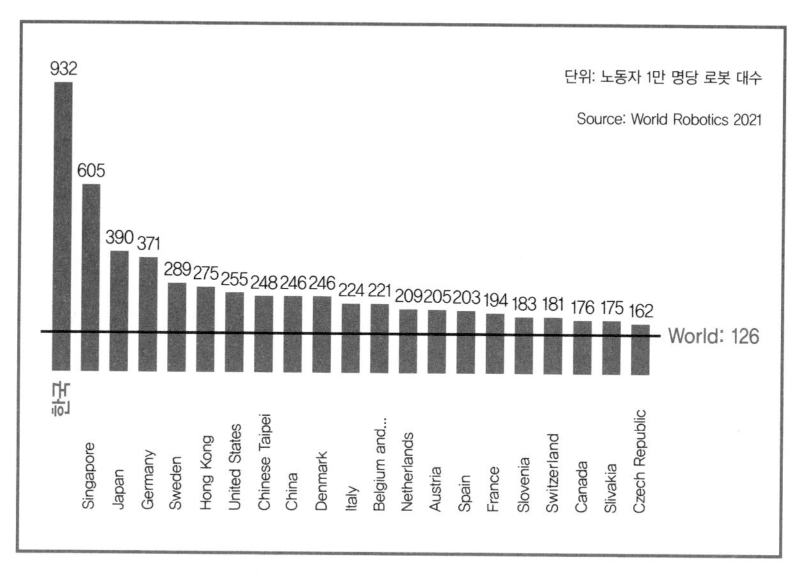

그림 3 | 2020년도 세계 주요국 산업용 로봇밀도. Word Robotics 2021 발표.

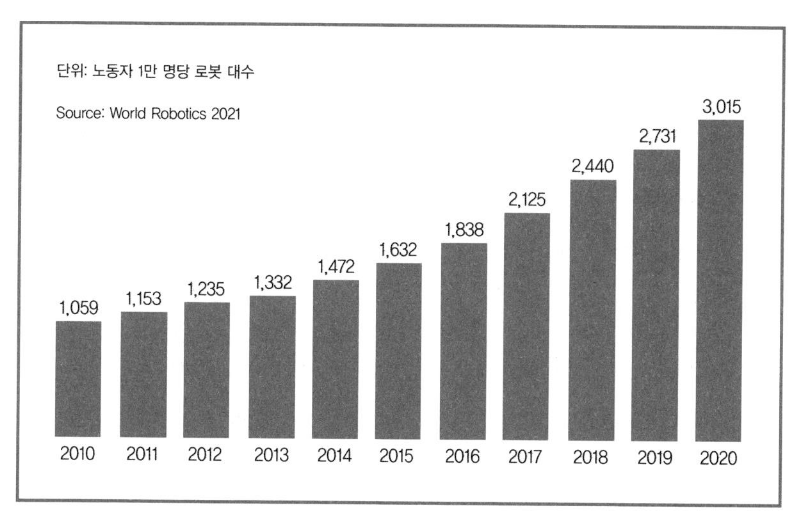

그림 4 | 사업용 로봇의 증가 추세. Word Robotics 2021 발표.

통상 로봇 1대가 5.6명의 고용을 위협하고, 1천 명의 임금을 동결 내지 삭감한다는 조사 결과가 있다. 로봇의 집중화로 임금이 삭감되거나 일자리의 지위가 하락하는 현상은 쉽게 찾아볼 수 있다. 로봇의 도입으로 실직한 노동자가 다시 얻게 될 일이 기존의 업무보다 우월하지 않으리라는 것도 짐작할 수 있다.

로봇으로 인해 생산성이 높아졌지만, 기업이 얻은 이익이 주로 로봇에 재투자될 때 시장이 왜곡된다. 왜냐면 로봇은 소비를 하지 않기 때문이다. 빌 게이츠가 "기업이 노동력을 로봇으로 대체할 때마다 로봇세를 거둬야 한다."는 주장을 하는 이유다. 그렇게 거둔 세금으로 소비를 유지하거나 확충할 수 있도록 기본소득을 배분하자는 발상이다.

노동력을 기계기술이 대체하고, 해고된 노동자들이 새로운 일자리를 찾아 이동하는 시간에 비해 일자리가 증가하지 않을 때 발생하는 실업을 '마찰적 기술 실업'이라고 한다. 택시 운전기사가 더는 일이 없어 요양보호사나 보험 판매원으로 이직하고, 과거 10대와 대학생들이 주로 일했던 패스트푸드점엔 대졸 청년들이 와서 일하고 있다.

마찰적 기술 실업은 일자리는 있지만 다수의 노동자가 원하는 일자리가 매우 적고 원치 않는 일자리가 많을 때에도 발생한다. 한국의 공단 지역에선 늘 구인난을 호소하지만 다수의 대졸 출신자가 차라리 임시직을 선택하지 생산직으로 뛰어들지 않는 현상과 동일하다.

하지만 로봇 기술의 빠른 진전으로 인해 실업이 발생하고 높아진 생산성이 새로운 노동수요를 창출하지 못할 때, 이른바 '구조적 실업'

은 매우 거시적인 흐름으로 고착된다. 가령 LNG 운반선 한 대를 만드는 데 1천 명의 노동자가 필요했는데, 로봇 투입 이후 대당 500명의 노동자만을 필요로 한다면, 500명은 일자리를 잃게 된다.

과거엔 생산성 향상으로 인해 선박에 대한 수요가 높아지거나 관련 업종이 창출되는 효과로 인해 500명이 일자리를 잃을 염려는 없었다. 하지만 선박에 대한 수요가 지속적으로 감소한다면 어떨까. 자본가는 과거보다 낮아진 수익에 상심할 수 있지만, 일자리를 잃은 500명은 영구적 실업으로 내몰릴 수도 있다. 앞서 언급했던 요양보호사나 보험 판매원에 대한 수요가 늘 늘어나진 않을 것이고, 오히려 줄어들 가능성이 더 크기 때문이다. 이러한 구조적 기술실업은 인간이 그 어떠한 기계보다 우월할 것이라는 '우월성 추정(superiority assumption) 가설'을 붕괴시켰다.

일자리의 양극화 역시 심화될 전망이다. 기술의 진전이 가팔라질수록 신기술을 적용할 수 있는 고숙련 노동자에 대한 수요는 많아지고, 기존의 저임금 비숙련 노동자들의 임금은 더욱 삭감된다. 고숙련 노동자가 상대적으로 적기에 그들의 임금은 더욱 올라가고, 반대로 저숙련 노동자는 더 낮은 임금으로 제한된 일자리를 얻기 위해 경쟁하게 된다. 이런 이유로 고소득층과 저소득층의 격차는 더욱 커질 것이다.

실업까지는 아니더라도 노동참여율이 낮은 단기 파트타임 노동자가 늘어나는 것 역시 명확한 추세다. 1995년에서 20년간 미국과 유럽

주요 24개국의 생산성은 평균 30% 상승했지만, 급여는 16%로 정도 올랐다. 늘어난 소득은 독점 기술을 소유하거나 생산성이 월등히 높은 소수의 기업에 집중되고 있고, 이런 현상은 기술력이 지속적으로 특정 기업에게 집중되는 현상을 부추긴다.

MIT 공과대학의 브린욜프슨과 맥아피 교수는 2014년의 공저 《기계와의 전쟁》[8]에서 기업 간의 소득 격차는 과거에 비해 100배 이상 커졌고, 슈퍼스타 기업과 그렇지 못한 나머지 기업 간의 이익 배분 비율

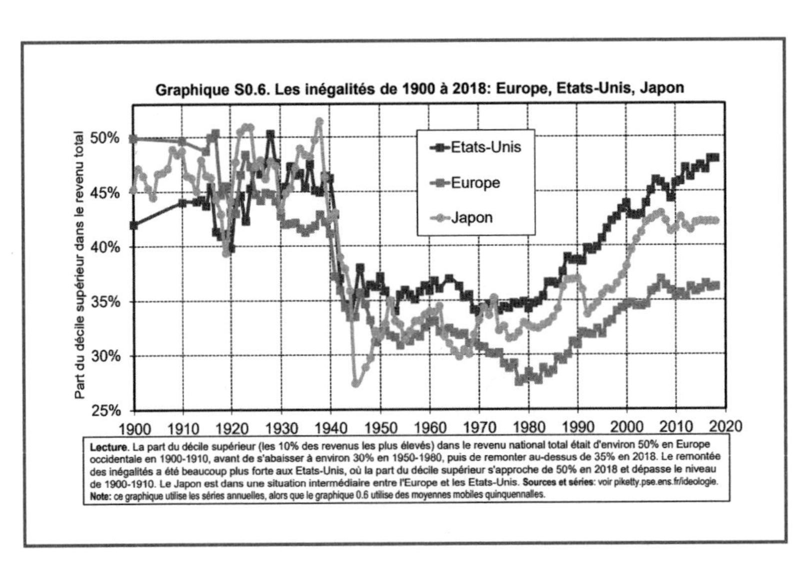

그림 5 | 토마피케티 불평등 지수. 1900년에서 2018년까지의 미국, 유럽, 일본 지수.
httppiketty.pse.ens.frfilesideologiepdfsuppGS0.6.pdf

• • •

8 한국에선 《제2의 기계시대》라는 제목으로 출판되었다. 청림출판(2014).

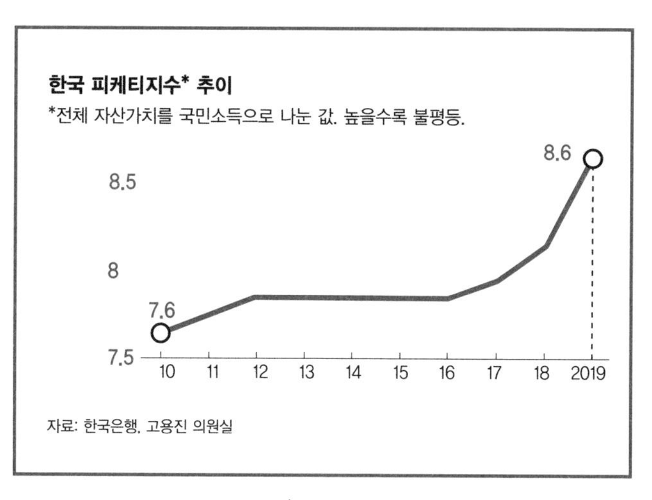

그림 6 | 2010년부터 2019년까지 한국의 피케티지수.
한국은행·고용진 의원실, 2020.

은 80:20의 비율로 극단적이라고 우려했다. 하지만 그는 미래가 어둡지만은 않다고 주장했다. AI의 보급으로 인해 더 많은 사람이 창업하게 되면 새로운 고용이 창출되어 현재와 같은(2014년 당시) 고용 문제가 해결될 것이라는 낙관론을 제시했다.

물론 단번에 모든 일자리가 없어지진 않는다. 오히려 더 많은 사람이 창업하고, 새로운 일자리를 얻을 수도 있다. 하지만 그들의 이런 낙관은 비현실적이다. 새로운 일자리는 과거와 동일한 형태의 노동을 하고도 저임금을 받을 가능성이 매우 높다. 대표적으로 20년 전만 해도, 한국에서 컴퓨터 디자인, 영상 편집, 코딩과 관련한 업종은 꽤 괜찮은 대우를 받았다. 하지만 지금은 새로운 소프트웨어 상품 덕분에 더 많은 사람들이 해당 업무를 과거보다 수월하게 배우고 있고, 결과적으론 관련 업종 종사자 다수가 저임금 노동을 하고 있다. 반대로 소프트웨어 판매 기업은 적어도 해당 분야에 대해선 독점적 지배력을 행사하고 있다.

영화 〈매트릭스〉에선 인공지능이 인간을 사육하는 장면이 나온다. 인큐베이터에 담긴 인체에 흐르는 6V가량의 미세전류를 인공지능과 로봇의 동력원으로 사용한다. 물론 이것은 영화의 디스토피아적 상상력이다. 그런데 나노 바이오 기술과 웨어러블 센서의 진화 등으로 인해 사람들이 욕망했던 환상을 메타버스가 재현할 수 있다면 어떨까. 실제와 똑같이 보고 느끼는 판타지 말이다. 과학자들은 늦어도 10년 이내에 이러한 기술이 상용화될 것이라고 보고 있다.

머리와 몸에 센서를 장착한 채 달콤한 꿈에 빠지는 사람들의 모습을 상상하는 건 어렵지 않다. 인간의 노동력이 볼품없어져 일자리가 사라진 시대, 하루 대부분의 시간을 이렇게 보내는 건 끔찍한 일이다. 노동을 잃고 생활을 포기한, 인간성 상실의 시대인 것이다. 지금까지 많은 비관론자가 기계문명으로 인해 황폐해진 인간세계를 그려 왔다. 과거에는 SF영화의 소재일 뿐이었지만, 이제는 이를 실현할 수 있는 조건이 형성되고 있다.

CHAPTER

02

포스트 팬데믹

CIV

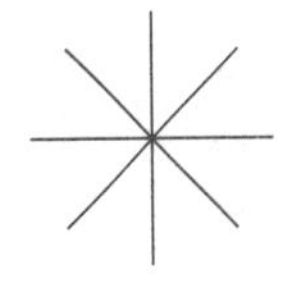

팬데믹이 드러낸
세계의 민낯

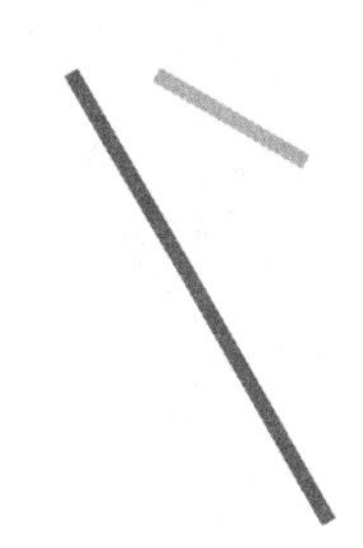

2019년 12월 시작된 우한에서 시작된 코로나19(covid-19)는 불과 4달 만에 이탈리아 사회를 정지시켰다. 과거라면 상상도 할 수 없는 전파 속도였다. 비행기와 선박이 드나들 수 있는 지구상의 모든 나라가 팬데믹의 폭풍에 휩쓸렸다. 3년 동안 팬데믹으로 인해 630만여 명이 사망했고 5억 4천만 명 이상이 확진되었다(2022년 6월 기준).

모든 나라를 단일 생활권으로 묶은 세계화는 바이러스에겐 더없이 좋은 전파 환경이었다. 도시에 과밀 집중된 인구구성과 세계의 도시가 서로 밀접하게 연결된 '지구적 도시화 현상' 또한 바이러스에게 최적의 조건을 제공했다. 이제 바이러스는 일단 발병하면 대륙 구분 없이 인류 전체를 숙주로 삼을 수 있다.

세계는 1995년 우루과이 라운드(Uruguay Round) 출범 이후 단 한 번도 고민하지 않았던 문제에 직면했다. 마스크가 전략물자로 분류되어 수출이 통제되었고, 미국 메릴랜드 주지사는 한국에서 수송해 온 진단키트를 연방정부에 빼앗기지 않기 위해 주 정부군을 동원해 물류창고를 지켜야 했다. 공영방송에선 천을 마스크로 활용하는 방법을 방영했고, 마트에선 화장지와 생수가 가장 먼저 사라졌다. 의료용 면봉이 없어 PCR 검사를 할 수 없는 웃지 못할 상황도 많았다.

국경 봉쇄와 수출제한으로 인해 20년 이상 이어져 왔던 국제적 분업체제가 파괴되었다. 무엇보다 수요와 공급이라는 시장 원리에 따라 생산과 소비를 결정했던 미래에 대한 수리 예측모델 또한 팬데믹 앞에선 무용지물이라는 것도 알게 되었다. 팬데믹은 예측할 수 없고, 감염이 확산되면 공장 또한 생산을 멈출 수밖에 없었기 때문이다.

감염병 전문가들은 코로나19보다 치명적인 감염병이 다시 올 가능성이 거의 100%라고 보고 있다. 2005년 알래스카 툰드라의 동물 사체에선 20세기 초 팬데믹을 몰고 왔던 스페인독감 바이러스가 발견되었다. 정확히 1918년 시카고에서 창궐해 2년 만에 세계 시민 5천만 명을 죽였던 바로 1918년의 바이러스 RNA였다. 또한 2016년 시베리아의 영구동토층에 살던 순록 수천 마리가 떼죽음을 당한 사건이 있었는데, 빙하가 녹자 드러나기 시작한 동물의 사체에 있던 탄저균이 원인이었다.

코로나19가 창궐하기 전인 2019년 9월, 세계보건기구(WHO)와 세계은행의 공동조직인 세계준비감시위원회(GPMB)는 “지금 만약 스페인독감 바이러스가 전파되면 36시간 이내에 8천만 명에 달하는 인구가 사망할 것”이라며 “세계는 팬데믹에 준비되지 않았다.”고 경고했다. 지구온난화로 인해 북극의 빙하들이 녹고 있으며, 이 빙하 속의 탄저균류와 한타바이러스 등 고대의 바이러스들이 깨어나고 있다. 빙하 아래의 동토층이 녹을 경우 동물 사체의 바이러스 물론 엄청난 분량의 메탄이 분출된다.

또한 열대지역에서만 발생했던 지카 · 뎅기 바이러스 같은 모기 감염병이 유럽과 미주 지역까지 확산돼 10억 명이 이들 질병에 새로 노출될 수 있다는 것이다. 가령 1980년에 지구상에서 공식 퇴치된 천연두만 해도 이후 백신 프로그램이 종료되어 2022년의 인류에겐 천연두 면역이 전혀 없다. 팬데믹이 불규칙하게 올 것이라는 예측이 나오는 근거이기도 하다.

‘기후변화에 관한 정부 간 협의체(IPCC)’는 기후변화의 과학적 규명을 위해 세계기상기구(WMO)와 유엔환경계획(UNEP)이 1988년 공동 설립한 국제협의체이다. 동료 과학자들의 기후 관련 논문을 교차 검증하고 통합해 연례보고서를 제출해 왔다.

2022년 9월에 공식적으로 발표할 6차 보고서의 내용은 암울한 것이었다. 북극의 기온 상승은 전 지구 온난화 속도보다 2배 이상 빨라 모든 시나리오에서 2050년 이전 최소 한 번은 북극 해빙이 거의 다 녹을 가능성이 있고, 이에 따라 해양 순환 속도가 변화되어 폭염과 혹한 이 반복되거나 북반구 전체가 빙하로 뒤덮일 가능성도 있다고 한다.

팬데믹 기간 "바이러스와 인간의 전쟁에서 인류가 끝내 승리할 것"이라는 전투적인 구호도 자주 등장했다. 이러한 선동적인 구호에도 불구하고 통찰력을 가진 시민들은 이 전쟁의 원인은 인류이며, 재난 상황에서 옳게 작동되지 않는 정부와 사회 시스템을 만든 것 역시 우리 인간이라는 것을 깨닫기 시작했다. 지구의 모든 종이 코로나 바이러스의 창궐에도 불구하고 과거와 다름없이 살고 있을 때, 오직 인간만이 이 바이러스와 분투해야 했다. 바이러스와 미생물은 수억 년 전부터 지구에 살아왔다. 심지어 인간은 유산균이라는 장내 미생물이 없으면 소화도 하지 못한다.

수만 년을 특별한 문제없이 살아왔지만, 농경과 가축사육, 도시화가 기형적으로 확산되면서 바이러스는 인간을 공격하기 시작했다. 동물의 먹이사슬이 인위적으로 변형되어 동물이 지니고 있던 바이러스 대부분이 인간을 향하게 되었다. 공장식 밀집축산으로 인해 종의 다양성이 인위적으로 제거되었다. 지금도 한국에선 매년 조류독감과 돼지열병, 구제역 등의 바이러스로 인해 수천만 마리의 가축을 살처분하고 있다.

특히 이번 코로나19 바이러스는 열대에만 서식하던 열대박쥐가 지구온난화로 인해 중국 남부지대까지 진출하면서 천산갑을 경유해 전파된 경우다. 천산갑의 등껍질이 사람에게 좋다는 속설이 퍼지면서 중국에선 광범위한 사냥이 이루어졌고, 이를 먹은 인간이 숙주가 되었을 것으로 추측한다. 천산갑에서 검출된 바이러스는 우리가 감염된 바이러스와 99.9% 일치했다. 열대박쥐 40여 종이 현재 중국 남부와 라오스에 서식하고 있는데, 거의 모든 박쥐의 혈액에선 2~3개의 코로나 바이러스가 검출되었다. 이 말은 최대 120여 종의 코로나 바이러스가 인간을 향할 수 있다는 뜻과 같다.

진화론의 창시자 다윈은 지구 모든 종들의 조상을 거슬러 올라가면 결국 하나의 존재를 만나게 될 것이라 했다. 지구 생명의 기원을 연구하는 과학자들은 36억 년 전, 아미노산과 단백질 등의 우연한 돌연변이에 의해 유전암호를 지닌 RNA 하나에서 모든 종의 진화가 시작되었을 것으로 추정한다.

복제 유전자를 지닌 단 하나의 세포에서 모든 종이 분화되었고 자연선택에 따라 다른 형태로 진화를 반복해 온 것이 지구 생명체의 역사다. 다만 다른 종을 먹잇감이 아닌 목적으로 살육하거나 서식지를 파괴해서 절멸시키는 종은 사피엔스가 유일하고, 마침내 사피엔스는 자신의 서식 조건마저 파괴하는 기형적 형태의 진화를 반복하고 있다고 한다.

사피엔스에 의해 매년 2만 7천 종의 생물이 멸종하고 있다. 2014년, 네이처(Nature)는 6천만 년 전에 비해 천 배나 빠른 속도로 지구 생물이 멸종하고 있다고 경고한 바 있다. 인류가 농경을 시작할 무렵인 1만 년 전 호모 사피엔스는 약 4,000만 명 정도로 지구 종에서 1%에 불과했다. 현재 사피엔스는 지구 종 개체의 96%를 차지하고 있다. 인류가 자신을 증식하는 동안 다른 종을 절멸시켰다는 이야기다.

생태학자 중에선 지혜가 있다는 뜻으로 사용된 사피엔스라는 학명이 잘못되었다면서, 만약 인류가 지혜가 있었다면 지금의 세상을 만들었을 리 없지 않느냐고 반문한다. 그들이 제안한 새로운 학명은 '호모 라피엔스(homo rapiens)'다. '약탈하는 인간'이라는 뜻인데, 인류가 다른 종을 멸종시킨 터전에서 자기 종을 증식하고 결국 자신의 존재 기반까지 붕괴시킨다는 점에서, 현생 인류의 행태는 지구 생태의 관점에서 질환이라고밖에 볼 수 없다고 한다. 자연주의 생태학자들은 이 현상을 '파종성 영장류 질환'이라고 명명했다. 뜻을 풀면 '자기 종을 절멸시키는 영장류 정신병'이다.

인류의 세계관은 늘 사피엔스와 이를 둘러싼 세계로 구성되어 왔다. 인간의 특별함을 강조한 표현은 꽤 많다. 기호를 사용한다고 호모 픽토르, 종교를 가졌다고 호모 렐리기우스, 정치를 한다고 호모 폴리타쿠스, 시적 은유를 사용한다고 호모 피에티쿠스 등.

하지만 세계의 석학들은 우리가 가진 철학의 기본구조와 근본 질문을 바꿔야 한다고 호소한다. 인간을 지구와 자연에서 분리해서 고찰하는 인문주의적(사람 중심의) 세계관을 지속할 경우 인류가 다른 종들을 절멸시켜 왔듯 스스로 절멸하고 말 것이라는 경고다. 다시 말해 인류 역시 지구에서 자연스럽게 살아왔던 수많은 종 중 하나에 불과하며, 인간의 행위가 다른 층위에서 살고 있는 다른 종의 생사여탈에 영향을 미치듯 다른 종과 생물들의 행위 역시 인류에게 죽음을 선사할 수 있다는 그 자연의 연결성을 옳게 보아야 한다는 것이다.

'자기들끼리 존재하는 인간들'이라는, 사회에 대한 고전적인 정의가 무의미해졌다는 갑작스럽고 고통스러운 깨달음. 사회 상태는 매 순간 수많은 행위자 간의 연합에 의존하고 있으며, 그 연합 대부분은 인간의 모습을 띠고 있지 않다. 이는 우리가 파스퇴르 이후에 알게 된 것처럼 미생물에 해당될 뿐만 아니라 인터넷, 법, 병원 조직, 국가물류, 기후에도 해당한다.

보건위기상황에서는 인간들이 하나가 되어 바이러스에 맞서 '싸우는' 것이 마땅할지도 모른다. 바이러스들이 우리에게 아무런 관심도 없고, 목구멍에서 목구멍으로 옮겨 다니며 우리를 죽이는 일이 의도치 않은 것이랄지라도 말이다. 이 생황이 생태적 변화 차원에서는 비극적으로 뒤집어진다. 끔찍한 발병력을 동원해 이 행성의 모든 거주자가 처한 생존 조건들을 변화시켜 버린 병원체는 이번엔 바이러스가 아니라 인류다.[9]

팬데믹을 통해 인간이 구축해 온 사회 시스템의 민낯 역시 드러났다. 한국의 경우, 봉쇄 없는 방역을 유지하면서 사재기나 폭동을 겪지

• • •

9 Bruno Latour. 〈Is This a Dress Rehearsar?〉. 2020. 3. 26. University of Chicago Press Journals logo. 슬라보예 지젝이 《Pandemic》에서 인용.

않았다. 봉쇄와 확진으로 인한 강제 격리 기간, 주급을 받지 못해 기아 상태로 방치되는 일이 없었다. 세계에서 가장 낮은 수준의 감염 대비 치사율을 기록했고, 방역당국에 대한 국민적 신뢰와 개인 방역지침의 준수는 세계적인 화두가 되었다.

(물론 필자는 한국 정부의 방역정책과 판단 모든 것이 우월하다고 말하는 것이 아니다. 때로 정부의 잘못된 시그널로 인해 수개월간 인내하며 지침을 준수해 왔던 소상공인과 시민의 노력을 물거품으로 만든 적도 있었다. 다만 동일 기간 세계적 범주에서 한국의 방역을 고찰했을 때 분명 한국 정부의 대응과 국민의 참여는 특별한 것이었다.)

한국에 대비해 미국과 영국, 프랑스, 이탈리아와 같이 흔히 제일세계라고 불려 왔던 서방 선진국의 대응은 참혹한 수준이었다. 트럼프 행정부는 경제와 보건을 화해할 수 없는 대립물로 만들었다. 방역 강화를 이야기하면 민주당 지지자(PC주의자), 경제를 강조하면 미국의 자유정신에 충실한 공화당 지지자라는 구도를 인위적으로 형성했다. 백인과 비백인 사이의 갈등은 1970년대 이후 가장 위험한 수준까지 치달았고, 백인들은 역사 이래 처음으로 '피해받는 백인의 정체성'을 드러냈다.

영국은 무모하게도 총리가 '집단면역 가능성'을 꺼내 들며 마스크가 실제 방역에 큰 도움이 되진 않는다는 뉘앙스로 말했다가 여론의 뭇매를 맞았다. 미국도 다르지 않았다. 2020년 3월, 트럼프 대통령이 말했다. "우리는 바이러스 자체보다 치료가 더 끔찍한 일이 되도록 내버려

두지 않겠다. 15일간의 봉쇄가 끝나면 우리가 어떤 방향으로 가길 원하는지 결정할 것이다."

이어서 텍사스주 부지사 댄 패트릭(Dan Patrick)은 〈폭스뉴스〉에 출연해 자신은 공공보건 조치들이 미국 경제를 망치는 걸 보느니 차라리 죽음을 택하겠다며 대중을 선동했다. "제 메시지는 이렇습니다. 일터로 돌아갑시다. 일상생활로 돌아갑시다. 바이러스에 휘둘리지 맙시다. 우리 중 일흔이 넘은 사람들은 스스로 알아서 챙길 것입니다."

그렇다면, 바이러스는 빈부와 상관없이 모든 계층을 공격했을까? 과거 흑사병이 돌았을 때는 그랬다. 바이러스와 감염 경로에 대한 지식이 없었기에, 교회에 가서 노래했던 사람들이나, 신의 은총을 기대하며 사제와 접촉했던 귀족들 모두 병에 걸렸다. 하지만 2020년의 팬데믹은 달랐다.

미국 뉴욕시 보건부는 2020년 5월, 60여 지역의 코로나 사망률을 공개했다. 백인 상류층 거주지의 사망자 수에 비해 흑인, 라틴, 히스패닉이 섞인 빈곤층 거주지의 사망자 수는 많게는 14배가 많았다. 맨해튼에서 소득이 높은 백인들의 거주지로 꼽히는 그래머시 파크의 코로나19 치사율은 10만 명당 31명인 데 반해, 시 외곽 유색인종 거주지인 파 로커웨이의 치사율은 10만 명당 444명이었다.

미국 의사협회 역시 백인에 비해 흑인, 히스패닉 등의 소수 인종의 발병률이 많게는 4.5배가량 높다고 지적했다. 좁은 집에서 여럿이 모여 자며 생활해야 했던 계층과 식탁과 화장실을 분리해 사용할 수 있었던 상류층의 차이는 이렇듯 인종적 불평등으로 나타났다.

보건당국의 시선이 온통 확진자 수와 사망자에게 가 있는 동안, 바이러스보다 두려운 건 굶주림이라는 사람들이 거리로 쏟아졌다. 실제 부유한 중산층 이상의 계급은 격리가 주는 답답함과 공장과 상점의 폐쇄로 인해 스트레스를 받았지만, 다수의 블루칼라, 저임금 · 임시직 노동자들은 "코로나에 걸려 죽으나 굶어 죽으나 똑같다"며 봉쇄 해제를 요구했다.

이런 상황은 사실 18세기 영국의 탄광 노동자를 떠올리게 한다. 하루라도 일하지 않으면 가족을 부양할 수 없었던 이들은 탄광 붕괴로 동료들이 사망하는 것보다 탄광이 폐쇄되는 것을 더 두려워했다. 물론 바이러스는 계급을 구분하지 않지만, 방역 조치로 인한 삶의 변화는 하늘과 땅처럼 그 간격이 컸다.

백신 공급에서도 약육강식의 국제 질서는 그대로 드러났다. 미국을 비롯한 서방 국가들이 먼저 백신을 공급받았고 돈 없는 제3세계 국가는 서방이 추가 접종을 마칠 때에도 백신을 공급받지 못했다. 심지어 2020년 트럼프 대통령은 독일의 mRNA 기반 제약사 큐어백(CureVac N.V.)에 10억 달러를 제시하며 오직 미국만을 위한 백신 개발과 보급을 제안했다가 거절당하기도 했다.

팬데믹 기간 특정 기업은 유래 없는 호황을 누렸다. 그 산업들의 특징은 집 안의 소파에 앉아 스마트폰만 쥐고 있으면 무엇이든 가능하게 만드는 종류의 것이었다. 글로벌 화상회의 솔루션 업체인 ZOOM, 아마존과 알리바바와 같은 전자 상거래 업체, 게임 업체, 넷플릭스나 디즈니 플러스와 같은 OTT 서비스 업체, 원격 대면 바이오 헬스 업체 등의 보유 자산이 수직 상승했고, 관련 기술 수준도 가파르게 향상되었다. 백신을 공급했던 화이자의 경우 2021년에 매출 97조 원, 순이익 26조 원을 거둬들였다. 이 기간 기업 간의 양극화 현상도 더욱 뚜렷해졌다.

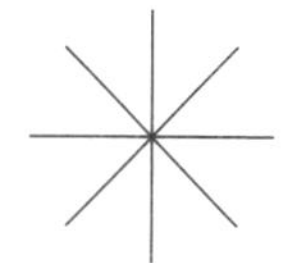

미래 리허설

팬데믹 기간 우리가 겪어야 했던 지구적 위기는 역설적이다. 세계화로 인한 초연결(네트워크) 현상은 바이러스 전파에 가장 좋은 환경이 되었고, 팬데믹이 분명해지자 국가들이 내놓은 조치는 국경 봉쇄였다. 이후 백신과 같은 방역자원의 배분 역시 국가의 경제력에 따라 결정되었다. 이 기간에도 이미 과잉된 생산 시스템은 세계 경제에 큰 타격을 주었다. 부의 양극화와 장기 저성장으로 인해 실업률은 높아지고 노동참여율은 하락했다.

이 시기 중요한 사회적 실험이 실행되었다. 바로 재난지원금과 기업에 대한 정부의 감독이다. 재난지원금은 이름처럼 국가적 재난 상황에서 생존에 필요한 생필품을 구매할 수 있는 최소한의 지원금을 뜻한다. 이를 통해 경기를 부양하겠다는 정책이 여러 나라에서 시행되었다. 또한 방역과 백신, 생필품의 생산과 관련해 각국의 정부들은 천문학적인 돈을 투입하거나 사회주의 계획경제에서나 볼 법한 '생산계획'을 합의하고 달성하려는 모습을 보였다.

한국의 경우 2019년 일본의 수출규제로 인해 정부가 앞장서 민간의 소재 개발을 지원하거나 독려해 왔던 이력이 있었던 터라, 마스크와 진단키트의 생산, 백신의 수입과 개발 등을 기업들과 함께 진행했다.

시장에 대한 정부의 개입을 최소화해야 한다고 주장했던 트럼프 대통령마저 이 시기만큼은 정부가 경제를 통제할 수 있어야 한다고 믿었다. 2020년 3월에 트럼프는 민간 부문 인수 제안을 공표했는데, 정부의 민간기업 통제를 허용하는 연방조항, 국방물자 생산법(Defense Production Act)을 발동하겠다고 밝히며, 필요한 경우 국내 산업생산을 감독할 수 있는 권한을 부여하는 법안에 서명하겠다고 말했다. 이것은 일종의 전시자본주의의 모습이었다.

일부 경제학자들은 그 이름을 무엇으로 부르든 간에 팬데믹 기간에 국민의 심리적 공황을 방지하기 위해 정부가 주요 생필품의 공급과 소비를 감독하고, 지원금을 지급한 것은 중요한 변화라고 보고 있다. 그리고 그 지원금의 이름이 재난지원금이든, 재난 기본소득인가는 중요하지 않다. 본질은 시장이 해결하지 못하는 분배라는 기능을 정부가 보완한다는 개념이다. 4차 산업혁명 시대, 소비가 극도로 위축되고 '보이지 않는 손'이 더는 시장을 유지하지 못할 때 '기본소득'과 '계획적인 생산과 분배'는 응당 정부의 몫이 될 것이다.

재정전문가들과 사회학자들은 팬데믹 기간의 실험이 미래의 위기에 대비한 중요한 리허설이라고 보았다. 팬데믹은 언제든 반복될 수 있고, 기후변화와 자원 고갈 등으로 인한 경제공황의 여파를 감안하면, 현재의 경제 시스템이 지속가능하지 않다는 것을 인정하고 새로운 방안을 고민해야 한다는 것이다. 현재 서방의 사회학자와 철학자들을 중심으로 새로운 사회 시스템에 대한 토론이 활발하게 이루어지고 있는 것도 이런 경험으로 인한 것이다.

> 인류는 현재 지속가능한 경제를 만들 수 있는가, 전 세계적으로 일정 수준의 생활이 평등하게 보장될 수 있는가 하는 문제에 직면했습니다. 앞에서도 말했지만, 우리는 환경을 파괴하고 자원을 엄청나게 소비하고 있습니다. 나라 간 소비수준에 엄청난 격차가 있는데 이를 방치하는 한 세계는 불안정할 것입니다. 향후 30년 안에 이 난제에 답을 도출할 수 있을까. 만일 성공하지 못한다면 50년 후, 100년 후 세계는 '살아갈 이유가 없는' 곳으로 변모한다 해도 과언이 아닐 것입니다.[10]

기본소득이라는 개념은 이미 유럽, 특히 북유럽의 사회민주주의 국가들에선 대체로 실현 가능한 모델로 인정받고 있다. 2010년대 중반

• • •

10 재래드 다이아몬드. 2018. 7월. 〈보이스〉 인터뷰. 《초예측》(2019)이 인용.

부터 핀란드, 네덜란드, 스위스, 캐나다, 미국의 일부 도시가 기본소득 모델을 실험하거나 논의를 지속하고 있다. 테슬라의 일론 머스크나 마이크로 소프트의 빌 게이츠 역시 AI 자동화 시스템으로 많은 사람이 일자리를 잃을 것이 자명하기에 기본소득이 필요하다고 여러 차례 역설해 왔다. 핀란드는 실직자를 대상으로 실험했고, 스페인은 저소득층을 대상으로 했다. 그래서 핀란드에서의 실험은 기본소득이 아니라 실업보조금 정책이라는 지적도 있다.

스페인은 팬데믹이 한창이던 2020년 5월에 빈곤층 85만 가구를 대상으로 최저생계비(재난기본소득)를 지원하기로 했다. 하지만 결과는 신통치 않았다. 기본소득 지급을 신청했던 상당수의 가계 주인은 관공서에서 발길을 돌려야 했다. 그들이 가진 재산 때문에 수급 대상이 아니라고 통보받은 것이다. 결국 85만 가구 중 16만 가구만이 조건에 부합했다. 무엇보다 재난 기본소득을 선택하면 기존의 복지 혜택을 포기해야 했는데, 경우에 따라선 기존의 복지 혜택이 더 우월한 경우도 있었다. 이런 행정의 혼란 때문에 기본소득을 제때 받지 못해 생계가 더욱 어려워진 시민들의 불만이 폭주했다.

스페인의 실험 역시 기본소득과는 관련 없는, 빈곤층 생계비 지원에 그쳤다는 비판을 받았다. 기본소득은 소득과 관련 없이 지급해야 그 효과를 확인할 수 있는데, 스페인은 저소득층을 무려 14개의 카테고리로 나눠 지급했다. 스페인에겐 이 실험이 자신의 기존 복지정책을 검토하는 계기가 되었다고 한다. 지나치게 복잡한 수급 조건과 소득과 자산에 따른 차등 적용 시스템도 문제였지만, 그나마 정부가 보유하던 통계 자료조차 부실했기 때문이다.

미국은 작은 도시의 빈곤층에게 실험했다. 2019년, 캘리포니아주에서도 빈곤율이 18%에 달했던 스톡턴에서 주민 125명에게 조건 없이 매달 500달러의 기본소득을 지급하는 실험을 했다. 기본소득을 받았다고 돈을 흥청망청 쓰는 경우는 매우 적었고, 같은 기간 대상자들은 구직 노력을 게을리하지도 않았다. 효과가 입증되자 캘리포니아 오클랜드, 뉴저지 뉴어크, 미시시피 잭슨, 미네소타 세인트폴 등의 도시가 기본소득 실험에 참여하고 있다.

기본소득이 결코 좋은 대안이 될 수 없다는 주장도 존재한다. 소득과 관련 없이 돈을 지급하게 될 경우 근로 의욕을 꺾을 수 있고, 재원 조달 방법에 한계가 있으며, 이를 안정적으로 할 수 있는 경제적 토대가 없는 나라가 대부분이라는 것이다. 특히 한국의 경우 국민연금이 최저생계비도 보장하지 못할 정도로 사회복지 토대가 허약한데, 이를 먼저 손보지 않고 기본소득에만 집중할 경우 복지 시스템이 망가질 수 있다는 우려가 존재한다.

하지만 중요한 질문은 바로 이것이다. 인간은 생존을 위해 존재하는가. 즉, 일하지 않고 근근이 생계를 이어 가게 만드는 기본소득만으로 인간은 결코 행복해질 수 없다는 것이다. 인간을 과거의 시장과 같이 상품과 같은 재화로 취급할 경우 시장에서 인간은 값싸게 취급될 것이며, 다수의 노동자가 일하지 않고 기본소득으로 연명하는 게 인류에게 무슨 의미가 있냐는 질문이다. 그래서 대안으로, 업무를 나눠서 고용 인원을 확대하는 주 4일제 노동이나 국가 재정을 투입해 최저 임금 수준의 고용을 보장하는 고용보장제와 같은 아이디어가 나온다.

2020년 10월 오스트리아는 옥스퍼드대 경제학자들의 설계로 마리엔탈 지역에서 이 고용보장제를 실험했다. 1년 이상 실업 상태에 있는 이들을 국가 재정으로 연 소득 3만 유로의 돈으로 고용하는 방식이었는데, 이들이 실직에 처했을 때 받게 되는 돈이나 이 고용보장을 위해 지급되는 예산이 거의 비슷했기 때문에 사회적 반대도 거의 없었다. 가령 대형 가구업체서 일하다 실업한 목수는 동네의 가구를 돌며 망가진 싱크대와 주택 지붕을 보수하는 일에 투입된다. 실험 결과는 아직 나오지 않았지만, 노동하는 인간의 근로 의욕과 삶에 대한 활력, 무엇보다 인간을 소비의 수단으로만 여기지 않았다는 점에서 특별한 실험이었다.

브렉시트 이후 바로 팬데믹을 맞았던 영국에서 가장 먼저 실직한 이들은 화물운송기사나 항만 선적 노동자였다. 봉쇄가 풀린 영국에서 가장 먼저 맞닥뜨린 문제가 바로 운송 문제였다. 상당수의 이주노동자가 브렉시트로 인해 일자리를 잃거나 팬데믹 기간에 자발적으로 일을 그만두고 자신의 나라로 돌아갔기에 이들을 대체할 노동자가 없었다. 운임이 폭등했지만, 물자를 유통할 수 없었다. 기름은 물론 생필품조차 유통할 수 없게 된 것이다.

팬데믹 이전에 저임금 노동자로 분류되던 간병인과 요양보호사, 간호조무사, 보육 노동자가 팬데믹이 닥치자 핵심인력(key worker)으로 재분류되었으며, 미국 역시 필수직원(essential employee)이라는 개념으로 이들의 공급을 관리해야 했다. 이런 사례들은 평소 문제없어 보이던 시장이 사회적 위기 앞에선 무력하다는 것을 입증한다. 특히 인간마저 공급되는 상품으로 취급될 때 발생하는 문제다. 상품은 찍어 낼 수 있지만, 사람은 그렇지 않다.

2022년, 러시아의 우크라이나의 침공으로 시작된 유가 인상, 물가 폭등, 글로벌 식량 위기 역시 주목해야 한다. 30년 이상 유지되던 분업구조가 사실은 약간의 충격에도 휘청거릴 정도로 연약하다는 점을 보자. 특히 식량은 공산품과 같이 공장에서 바로 찍어서 나올 수 없다. 팬데믹 때의 백신과 마스크처럼 일단 위기가 발생하면 돈을 주고도 사 올 수 없다는 점에서 전략자원이다. 반도체를 싸 들고 가도 밀을 사지 못하는 상황이 올 수도 있다. 미래에 가장 직접적으로 받을 타격이 식량 부족일 것이라는 추정이 과언이 아니다.

한국은 OECD가 분류한 대표적인 식량 위기 국가다. OECD 국가 중 식량 공급 문제가 터졌을 때 가장 심각하게 타격을 입을 나라다. 한국의 식량 자급률은 20% 수준이며, 쌀을 제외하면 대부분의 농작물을 수입에 의존하고 있다. 이렇듯 기존의 시스템이 주는 안락함과 시장의 조절 능력, 이를테면 마법의 법칙이라는 '수요와 공급'에 대한 낙관을 거둬 내면 비로소 위기의 실체가 보인다.

자본주의를 대체할 사회 시스템은 현재 존재하지 않지만, 현재의 시스템을 그대로 둔다면 인류가 겪을 고통의 크기는 지금보다 훨씬 클 것이다. 우리가 운영해 왔던 자본주의의 2가지 속성을 통찰해 새로운 시스템으로 전환해야 하는 이유가 있다. 자본주의는 그냥 두었을 때 사람을 잡아먹는 '야수성'을 내재하고 있다. 또한 수요가 없음에도 새로운 상품을 소비하게 만들어 자연을 기하급수적으로 파괴하는 '무계획성'을 가지고 있다.

이것은 인공지능과 로봇의 발전으로 과거에 비할 바 없는 속도로 진행되고 있다. 장기공황과 양극화, 생태계 파괴와 노동에서의 소외 문제 등은 인류의 세계관을 근본적으로 성찰할 것을 요구하고 있다. 미래의 행복을 논하려면 우선 인간마저 효능감의 잣대로 판별하는 물신주의(product materialism)와 수월성(meritocracy)부터 반성적으로 성찰해야 한다.

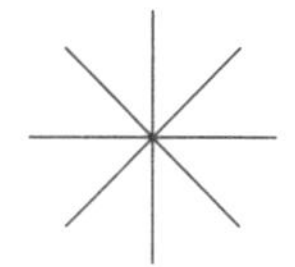

고장 난 정부, 낡은 가치

팬데믹에 대처하는 국가별 대응 방식은 미래의 위기를 우린 어떤 방식으로 대처하고 기획해야 할지에 대한 통찰력을 준다. 위기에 대응하는 사회 모델은 해당 사회의 보편적 가치관을 토대로 작동한다. 따라서 이것을 분석하는 것은 앞으로 우리게 닥칠 위기를 극복할 리더십과 가치 모델에 대한 영감을 줄 수 있다.

특히 팬데믹 기간 국가(지도자)가 보인 리더십과 공동체의 대응, 그리고 사회가 성숙한 가치와 공동의 행동규범을 공유하고 실천했는지는 사회학적으로 매우 중요한 이슈다. 사람은 늘 자신의 자유의지에 의해 행동한다고 생각하지만, 중요한 것은 그 자유의지조차 사람과의 관계에 영향받고, 의식 또한 사회적 집단에 의해 형성되기 때문이다.

개인의 가장 미세하고 사적인 행위들조차 사회적 힘이나 요인들에 영향받는다.

가령 팬데믹 기간의 지극히 개인적인 자살 또한 그 이면엔 사회적 요인이 있다. 어떤 계층의 자살률이 다른 계층에 비해 껑충 뛰거나 많아졌다면 새롭게 형성된 사회적 요인이나 지속된 요인으로 인한 것이다. 2020년 1월~8월까지 자살을 시도한 20대 여성은 전체 자살 시도자의 32.1%로 전 세대를 통틀어 가장 많았다. 만일 개인의 결정이 완벽히 개별적이며 독립적인 자유의지, 즉 순수한 독단으로 인한 것이라면 20대 여성이 다른 세대와는 다른 양상의 '자살 결정'을 내린 이유를 설명할 길이 없다. 사회적 요인과 압력, 성적 문화적 요인을 고찰했을 때만이 답을 찾을 수 있다.

2020년 3월에만 여성 노동자 12만 명이 직장을 잃었고 1996년생 여성의 자살률이 1956년생 여성에 비교해 7배 높아졌다.[11] 한국의 20대 여성 노동자들이 느끼는 우울감을 코호트 효과(특정한 행동양식을 공유하는 인구집단)라고 분석하는 학자도 있다. 팬데믹 기간 아동학대와 이혼율이 늘고 가정 내의 갈등과 동료와의 관계 단절로 인한 우울감을 호소하는 이들이 늘었다는 통계 역시 사회적 요인으로 인한 것이다.

특히 아동학대와 이혼율의 증가는 한 공간에 가해자와 피해자 또는

• • •

11 한겨레신문. 2020. 11. 14. 임재우.'조용한 학살', 20대 여성들은 왜 점점 더 많이 목숨을 끊나》.

부부가 머무는 시간이 길어지면서 발생하는 현상이기도 하다. 그래서 사회학에선 가장 개인적인 선택조차도 사회적 요인으로 인한 것으로 본다. 그래서 특정 사회적 현상을 고찰하면 원인도 찾을 수 있다. 일차적 원인으로는 사회, 경제 시스템이지만 근본적으론 해당 사회를 지배하고 있는 가치체계에 대한 문제다.

팬데믹 기간, 선진국이라는 미국, 영국, 프랑스, 일본 등이 보인 리더십은 실망스러운 것이었다. 2020년 봄, 세계는 코로나의 치명성에 한 번 놀라고 강대국들이 보인 허약한 위기관리능력에 또 한 번 놀랐다고 해도 과언이 아니다. 미국은 대표적인 자유방임주의 방식이었다. 마스크 착용과 이동 제한, 백신 접종에 이르기까지, 개인의 자유를 제약하는 모든 조치는 대중의 반발을 불렀다.

보건 전문가들은 방역은 보건 의료적 관점에서 접근해야 한다고 주문했지만, 많은 대중은 이 문제를 이념의 문제로 받아들였다. 물론 여기에는 트럼프 대통령과 같은 정치인들이 정치적 전선을 강화하기 위해 방역 문제를 이념으로 끌고 간 측면이 있다. 실제로 미국은 팬데믹 초기 전혀 준비되지 않은 모습을 보였고, 질병통제예방센터(CDC)의 견해와는 다르게 2020년 초입, 트럼프 대통령은 "날씨가 따뜻해지면 사라질 것"이라며 코로나 통제에 대한 자신감을 비쳤다.

하지만 진단키트와 의료인력, 호흡기와 같은 장비와 음압병실 등의 준비는 전혀 되어 있지 않았다. 트럼프 대통령은 사망자가 쏟아지던 6월의 공화당 전당대회에서 "독일, 한국 등과 같이 검사를 많이 하면 확진자가 많이 나올 수밖에 없다. 난 방역당국에 검사를 늦추라고 호소했다."고 밝혔다. 10월 코로나에 걸린 후 퇴원한 그는 기자들 앞에서 "코로나는 독감보다 위험하지 않다. 두려워하지 말라."고 발언해 보건당국과 시민들을 경악하게 했다.

유럽은 2020년 상반기 대부분의 국가가 세계에서 가장 높은 감염률과 치명률을 기록했다. 국경 폐쇄와 휴교령, 도시 봉쇄 등의 조치가 이어졌지만, 독일을 제외하면 급증한 중증 환자를 치료할 수 있는 의료기반이 없었고, 미국과 마찬가지로 마스크 착용에 대한 문화적 거부감도 있었다. 3월부터 확진자가 쏟아지며 한때 치사율이 3%를 넘기자 메르켈 총리가 "2차 대전 이후 가장 최대의 도전"이라며 국민적 경각을 촉구했다. 하지만 실제로 당국이 마스크 착용을 의무화한 시점은 4월 21일이었다.

영국은 정부의 불투명한 정보공개와 잘못된 시그널로 인해 참사를 맞은 케이스다. 2020년 3월 2일, 정부 소속 과학자들은 현재의 추세라면 영국인의 80%가 감염되고 100명 중 1명, 즉 50만 명 넘는 사람들이 사망할 수 있다는 보고서를 내놓았다. 하지만 보리스 총리는 "나는 만나는 모든 이와 악수를 할 것이며, 우리나라는 여전히 매우 잘 준비되어 있다. 훌륭한 NHS(영국의 국가 보건의료 시스템)가 있고, 훌륭한 검사 체계가 있고, 질병의 확산을 추적할 수 있는 훌륭한 감시 체계가 있다."며 영국은 팬데믹에서 비껴갈 것이라는 환상을 유포했다.

보건당국은 3월에도 코로나19 위험 정도를 '보통 수준'으로 유지했다. 옥스퍼드대학 연구팀에서 1월에 개발 성공한 진단검사 키트는 런던의 공영 보건소 한 곳에만 운영했고 정부는 인력 배치나 진단검사에 필요한 장비를 생산하기 위한 요청을 연구팀에 하지 않았다. 산소 호흡기나 음압병동 등에 대한 확보 역시 없었다.

확진자가 쏟아지고 사망자가 발생하자, 3월 12일 영국 보건당국은 병원 내 환자에 대해서만 진단검사를 실시한 예정이며, 신규 확진자를 더 이상 추적하지 않겠다며 '집단면역'을 암시했다. 진단검사 역량은 한계에 봉착했고, 중증 환자를 수용할 수 없을 정도로 의료 시스템이 붕괴한 상황이었다.

같은 날 보리스 총리는 "영국의 방역은 실패했다."며 "더 많은 가족이 예정된 시간보다 더 빨리 사랑하는 사람들을 잃게 될 것이다."고 밝혔다. 대중은 패닉에 빠졌다. 하지만 총리는 여전히 봉쇄나 휴교령, 집회 금지에 반대했다. 총리가 비상조치를 거부하고 있는 동안 프리미어리그 사무국은 자발적으로 리그를 중단했고, 학교들 역시 스스로 휴교령을 내리며 자구책을 찾았다. 정부의 느슨한 낙관과 시민사회의 우려라는 모순된 상황이 빚어졌다.

3월 16일, 닐 퍼거슨 박사의 임페리얼 컬리지 연구팀은 "억제에 실패할 경우 51만 명의 사망자가 나올 수 있다. 정부의 확산 완화 조치가 시행되더라도 사망자는 25만 명에 달하고, 중환자실 수용 규모는 최소 여덟 배나 초과될 것"으로 보고했다. 그제야 총리는 도시 봉쇄를 단행했다.

영국의 사례는 권위주의 국가에서나 볼 수 있는 것이었다. 브렉시트(Brexit: 유럽연합 탈퇴)에 대처하느라 행정력이 소진된 시기에 정부와 과학자들은 대중의 패닉을 막기 위해 코로나를 독감 정도의 유행병 정도로 설명한 것이다. 그 결과 정부 발표에 따르면, 확진자 발생 이후 두 달간 3만 6천 명이 사망했다. 민간 연구기관은 5만 명 이상으로 추정한다. 의료붕괴로 인해 확진검사조차 받지 못한 사망자 수가 반영되지 않았다는 것이다.

정부는 확진자에 대해 의무적 자가격리 대신 자율격리를 권고했다. 당해 9월의 조사에 따르면 영국에서 코로나19 의심 증상이 나타난 사람 중에 자가 격리를 실천한 사람은 18%에 불과했고, 당국으로부터 코로나19 확진자와의 접촉 사실을 통보받은 사람 중 자가격리를 실천한 비율은 고작 11%였다. 2022년 6월 기준 영국은 17만 9천여 명의 사망자를 기록했다. 같은 기간 한국은 2만 4천여 명이 사망했다. 참고로 영국 인구는 6,800만, 한국 인구는 5,100만 명가량이다.

중국은 팬데믹 초기 우한, 허베이를 봉쇄한 것처럼 시(市)나 성(城)에서 확진자가 급증하면 해당 도시를 봉쇄하고 시민의 집 밖 출입을 제한했다. 특히 2022년 3월 27일엔 2,600만이 거주하는 상하이시에 대한 봉쇄를 단행했는데, 6월 1일 해제될 때까지 60여 일간 이어졌다. 팬데믹 기간 단일 규모로는 세계에서 가장 넓은 지역에서 많은 인원을 대상으로 한 봉쇄 조치였으며, 확진 여부와 관련 없이 시민들이 자택에서 나올 수 없었다는 점에서 가장 높은 수위의 조치였다.

가스와 수도, 음식 배달 업종 종사자를 제외한 누구도 집에서 나올 수 없었다. 60일이 넘는 기간, 거리엔 네발 달린 로봇이 돌아다니며 이동 제한을 어긴 시민의 신원을 식별했고, 공동주택에 거주하는 시민들이 합창으로 당국에 저항하면 드론이 나타나 스피커를 통해 노래를 중단할 것을 경고했다. 당국이 제공하는 생필품이 워낙 부실했고 마트의 물량은 일찌감치 바닥났다. 많은 시민은 다른 지역 가족들이 보내 준 택배로 생존해야 했다. 외부의 지원을 받을 수 없었던 노인들은 기아 상태에서 견뎌야 했다.

한국의 대응은 외신을 통해 전 세계인에게 반복적으로 소개되었다. 2021년 봄, 백악관 출입기자들이 반복해서 한국식 시스템을 비교하며 질문하자 트럼프 대통령이 짜증을 낸 사례 또한 유명하다. 신속한 PCR 검사와 확진자의 동선 추적, 밀접 접촉자에 대한 진단검사, 이후 격리 치료에 이르는 방역 시스템은 세계인들이 보기엔 놀라운 것이었다. 검사 → 추적 → 격리 · 치료라는 시스템을 운영하는 것과 마스크 착용과 같은 자발적 거리 두기는 당국이 결심한다고 이뤄지는 것이 아니기 때문이다.

물론 이 시스템은 국민의 신원을 번호로 분류해 놓은 주민등록제도와 준비된 진단키트, 보건 의료 역량, 90%에 달하는 스마트폰 보급률, 80%에 달하는 신용(체크)카드 이용률 등으로 인한 것이다. 무엇보다 방역당국의 지침에 대한 국민적 협력이 없었다면 불가능한 것이다. 실제로 이탈리아, 러시아, 튀르키예, 중동 국가들은 한국식 모델을 수용했고, 독일의 경우 팬데믹 초기 한국 정부의 검사추적 시스템을 카피한 방역 모델로 대처해서 성공한 경우다.

"방역을 위해 정부가 시민의 정보를 동의 없이 열람, 공개하는 것을 용납해야 하는가?"라는 비판이 있었지만, "정부가 전국 또는 일부 도시를 완전히 봉쇄해 계엄령과 유사한 수준으로 시민의 자유권을 제약하는 것보다는 낫지 않은가?"라는 반론 또한 있었다.

중국, 러시아와 아르메이나, 에콰도르, 싱가포르는 정부가 밀접 접촉자에 대한 위치추적을 실행했으며 EU 의회의 경우 신원이 노출되지 않는 블루투스 앱을 자발적으로 설치할 것을 권고하는 것으로 결정했다. 이스라엘 의회는 정부가 사용자의 동의 없는 '위치 추적 계획'의 위법성을 지적하며 사생활 보호와 관련한 법안을 먼저 공표할 것을 결의했다.

그리고 미국을 비롯한 다수의 나라들은 자발적 앱 설치를 권고하거나, 확진자에 대해서만 위치 추적을 하거나, 빅 데이터를 기반으로 확산 위험을 분석해서 방역 지침을 결정했다. 정부가 압수수색영장 없이 개인의 금융기록과 통신사 위치추적, CCTV 기록까지 추적하도록 허용한 나라는 한국을 제외하면 중국, 러시아, 싱가포르와 같이 정부의 권능이 의회보다 강한 국가에 한정되었다.

이렇게 각기 다른 방역 방식은 한편으로 서구의 자유주의와 중국의 권위주의라는 등식으로 비치기도 했다. 2020년 9월 영국은 코로나 2

차 유행으로 다시 봉쇄를 단행했다. "독일과 이탈리아는 방역에 성공했는데, 왜 영국만 재봉쇄를 해야 하는가?"라는 하원의원의 질문을 받은 보리스 총리는 "독일, 이탈리아와 영국과는 분명한 차이가 존재한다. 영국은 자유를 사랑하는 나라다."라는 말로 응수했다. 2차 대전 시기 나치즘과 파시즘으로 국민을 통제했던 추축국 경험을 비꼰 것이다. 즉, 영국은 권위주의적 억제가 아닌 인권을 중시하기에 발생한 결과라는 뜻으로 해석할 수 있다.

코로나19에 대한 한국의 대응은 찬사와 논쟁을 불러왔다. 서방의 언론인 일부는 한국의 방역 성공을 '유교적 가치관에 익숙해진 집단주의 문화' 때문이라거나, 오랜 권위주의 정권하에 익숙해진 법령 준수 의지와 감시사회에 자신도 모르게 적응한 문화의 결과라고도 주장했다.

특히 감염자에 대한 추적 시스템은 유럽의 대중에게도 거부감을 주었다. 기지국을 통한 위치 추적, CCTV와 교통카드, 신용카드 결제 내역을 2시간 이내에 수집해서 인터넷에 공개하는 방역당국의 조치를 보고 경악하는 이들도 많았다. 물론 더 많은 세계의 보건 전문가들은 대체로 '당국의 투명한 정보공개와 과학적 판단', 방역정책에 대한 국민적 합의와 준비된 보건 역량, 민족 구성의 단순함으로 인한 공동체 문화가 그 이유일 것이라고 보았다.

1차 확산세가 거셌던 2020년 5월 27일을 기준으로 세계의 평균 치명률이 6.2%였을 때 한국은 0.13%를 기록했다. 같은 날 영국은 14%,

이탈리아 14.3, 미국 5.9%, 네덜란드 12.8, 일본이 5.2%였다. 주목할 것은 한국은 현재에도 0.1%의 치명률을 유지하고 있다는 점이다. (2021년 12월, 당국의 거리 두기 완화 조치로 한때 치명률 1.62%를 기록하기도 했다. 이는 당시 세계 평균 치명률 1.20%보다 높은 것이었다.)

한국의 사례가 모범적 사례로 인용된 이유는 봉쇄 없이 코로나를 관리했다는 점이다. 이것은 중국의 권위주의식 봉쇄냐, 유럽식 자유주의냐의 문제를 뛰어넘는 시사점을 주었다. 물론 서방의 많은 철학자는 한국식 추적 방식이 정권의 디지털 독재(감시)로 악용될 가능성이 농후하다며 우려의 목소리를 냈다. 한국 국민의 당국에 대한 신뢰와 정부의 투명성이 있었기에 다행이지, 만약 정부가 마음먹는다면 디지털 정보를 정국 안정을 위해 악용할 수도 있다는 것이다.

팬데믹 기간 '집회와 시위의 권리 제약' 문제도 역시 같은 지점에서 논쟁이 일었다. 즉, 시민의 기본권을 지키는 것이 국가의 역할인데, 국가가 시민 보호를 이유로 시민의 기본권을 제약하는 것을 어떻게 보아야 하는가에 대한 문제였다. 한국 역시 행정명령을 통해 100명 이상의 다수가 참여하는 집회는 금지되었다. 이러한 행정명령이 부당하다며 소송한 건에 대해 법원은 어떤 판단을 했을까.

2020년 2월부터 이듬해 9월까지 총 70건의 '행정명령 집행정지 가처분소송'에 대한 판결을 보면 기각률은 71%에 달했다. "집회는 민주적 공동체가 기능하기 위한 불가결한 근본요소에 속하는 헌법상 기본권"이고 "그 제한으로 인한 손해는 금전으로 보상할 수 없거나 금전보상으로는 참고 견딜 수 없는 현저히 곤란한 손해"라고 인정하면서도, "집회의 권리가 감염병 확산 억제라는 공공복리에는 위협이 되는 경우"로 판단한 경우다.

법원의 판단 근거가 오직 '감염 확산'이라는 공공복리에 집중된다면, 정부는 방역 조치로 인한 피해자의 목소리를 '합법적으로' 차단 혹은 관리할 수 있게 된다. 방역 조치로 일자리를 잃은 노동자나 자영업자, 그리고 평소의 정치적 반대자들과 야당, 정부의 조치가 헌법적 권리를 침해했다고 느낀 사람들의 목소리가 봉쇄해서 정국을 관리할 수도 있는 것이다.

실제 방역 정보를 이용해 시위를 통제한 사례가 있다. 2022년 중국 허난성(河南省) 정저우시(鄭州市) 인민은행 앞엔 3천 명의 시민이 운집해 시위를 벌였다. 중국에선 흔치 않은 일이었다. 인근 인민은행 지부 4곳이 부실경영으로 예금 지급을 중단하자 화가 난 예금주들이 결집했는데, 이들의 총 피해액은 400억 위안(7조 8천억 원), 피해자는 40만 명에 달했다.

시 당국은 건장한 용역들을 투입해 집회를 강제 해산시켰다. 문제는 또 있었다. 이들의 시위를 막기 위해 시 당국은 이들을 코로나 감염자로 조작해 붉은 코드로 등록했다. 이들의 바깥출입을 막기 위해 정저우시 당국은 디지털 방역 정보를 악용한 것이다.

"최대비상방역", "봉쇄와 박멸투쟁의 병행", "방역 조치 엄수하고 지휘체계에 절대 복종". 2022년 6월, 북한 조선로동당 8기 5차 전원회의에서 '기적적인 방역체계의 승리'를 안아 오겠다며 밝힌 내용의 일부다. 이렇듯 권위주의 국가에서의 방역 성패는 '당 중앙의 지휘체계에 대한 절대 복종'일지 모른다.

하지만 자유주의 국가에서의 적용은 국민적 합의와 동참이 필수적이다. 관건은 정부의 방역 조치를 시민이 신뢰할 수 있는가, 또는 방역 조치를 결정할 때 과학적 근거를 토대로 적절하게 판단했는가가 될 것이다. 하지만 영국과 미국에서와 같이 어떤 이유에서든 초기에 코로나19 바이러스의 위험성을 축소해서 공표하고 이후에 사망자가 급증한 후에 비상사태를 발령해 도시 봉쇄를 단행할 경우 갈등은 증폭된다.

팬데믹 기간 시민의 기본권 제약 문제는 마스크 착용, 집회 금지, 영업 금지, 동선 추적과 공개, 도시 봉쇄와 접촉자 격리, 백신 미접종자에 대한 출입 제한 조치(방역패스) 등의 문제로 이어졌고, 의료 붕괴로 인해 교통사고, 뇌출혈 등의 환자가 적시에 치료받지 못해 사망한 경우에도 국가를 상대로 책임 논쟁이 거셌다.

그런데 "국가가 방역을 이유로 개인의 기본권을 제약해도 되는가?"라는 질문에 따라 나라별 방역시스템을 '권위주의 방식이다, 자유주의적이다'라고 양분하는 것이 괜찮은 것일까? 하지만 팬데믹 기간 세계의 철학자와 사회학자들은 새로운 질문을 던지기 시작했다.

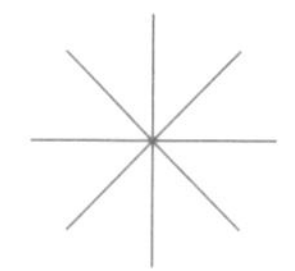

공동체주의와 신뢰자산

독일에서 가장 영향력 있는 철학자인 리하르트 다비트 프레히트(Richard David Precht)는 《의무란 무엇인가》(2021)라는 책을 통해 자유주의가 그간 미뤄 두었던 질문이 무엇이었는지를 지적했다. 그간 서방의 자유주의 철학자들은 '개인의 권리를 국가가 침해하는 것'에 대해서만 집중했다며 정작 중요한 것은 "타인의 권리를 위해 나는 의무를 다했는가?"라면서 국가로부터 보호받아야 할 타인의 권리(생명권)에 대한 자신의 의무에 대해 시민사회가 도덕적으로 무감각해지고 있다고 주장한다.

따라서 국가에 대해서도 다음과 같은 질문을 던져야 한다고 지적한다. "방역 조치는 올바른 판단과 적절성의 원칙에 따라 내려졌는가?

국가는 2020년과 2021년 자신의 의무를 적절하게 인지했는가?"

그렇다면 기본권의 선언에서부터 기본권의 실질적인 보장을 거쳐 대비국가로 나아가는 길에서 국가의 의무는 점점 증가할 수밖에 없다. 여기서 국가는 자신에게 맡겨진 책임으로 두 가지에 주목한다. 바로 개인의 행복과 공공의 이익이다. 이 둘은 생물학적, 정신적, 사회적으로 긴밀하게 연결되어 있다. 아무튼 이를 통해 국가의 자기 인식과 권리는 근본적으로 달라진다. 기본권이 국가로부터 개인을 보호하는 것이라면 이제 두 번째 의무가 더해진다. 즉 시민은 국가에 의해 보호되어야 하는 것이다. (…)
따라서 이 시점에서 제기되어야 할 물음은 국가가 약자 보호의 조치를 통해 시민의 일상적인 삶에 개입하고 기본권을 일시적 · 부분적으로 제한할 권리가 있느냐, 혹은 그럴 의무가 있느냐 하는 것이 아니다. 독일의 자유민주주의적 기본 질서를 인정하는 한 이 질문에는 곧장 '그렇다'라고 답할 수밖에 없다. 근본적인 문제는 다음 질문이다. 코로나 19 팬데믹의 상황에서 국가적 조치는 경찰법에 규정된 대로 올바른 판단과 적절성의 원칙 아래 내려졌는가? 국가는 2020년과 2021년 자신의 의무를 적절하게 인지했는가?[12]

• • •

12 리하르트 다비트 프레히트 저. 박종대 역. 《의무란 무엇인가》(2021). 열린책들.

그는 그간 자유주의 철학이 미뤄 두었던 질문이 바로 "나는 (도덕적으로) 어떤 사람이어야 하는가?"라는 것이라 주장한다. 내용을 요약하면 이렇다. 시민들은 '돌봄 국가'를 지향하며 기본소득을 요구한다. 국가와 사회에 더 많은 역할과 책임을 요구하면서도 사람들은 공동체에 대한 헌신과 봉사의 의무를 여기지 않는다. 고대국가와 달리 법이 사회의 가장 중요한 것들을 구체적으로 규정하는 체제에서 시민들은 자신의 미덕에 대해 성찰할 기회를 놓치게 된다.

법의 배후에서 작용하던 도덕적 자극은 시간이 갈수록 희미해지고 있다. 팬데믹 기간에 보였던 주변 사람들에 대한 사람들의 태도와 입장이 결국 사회적 관계성을 만들고 이것이 공감과 연대와 같은 긍정적 효과를 낳을지, 부정적 공격성과 의심에 의해 사회가 지배될지를 결정하게 된다. 참고로 그는 2011년, 메르켈 총리가 연정 상대였던 사민당의 정책을 수용해 징병을 중단할 때, 징병제를 대신해 2년간의 의무 사회봉사를 주장해 논란을 빚은 바 있다.

한국 방역당국이 2020년 봄에 확진자의 동선 추적을 하면서 연인과 함께 숙소에 들른 시간과 숙소의 위치정보, 신용카드 사용처를 추적해 동선을 공개한 것은 심각한 디지털 검열이자 인권 침해라고 보는 시각이 많다.

하지만 분명 한국은 독보적인 수준의 방역 문화를 만들었고 세계의 사회학계와 인류학자들, 보건 의학자들에게 중요한 영감을 주었다. 한국 시민들의 마스크 착용이나 거리 두기, 비대면 종교행사, 백신 접종 등에서 보인 결속력은 특별한 것이었다. 해외에 나가면 한국을 더 정확하게 볼 수 있다고 하는데, 국내에선 이기적인 행태로 방역을 어렵게 만든 사례가 있었지만, 한국인이 보여 준 인내심은 세계의 보편적 수준을 뛰어넘는 것이었다.

2020년 3월 대구에서 집단발병이 있자, 대구시민과 경북도민이 보여 준 행동은 놀라운 것이었다. 방역당국의 강제가 없었음에도 자발적으로 거리 두기를 했고, 타 도시로 출장 또는 이동하지 말자는 묵시적 합의가 도시의 분위기를 지배했다.

2020년 3월 서울의 휴게음식점(주류 없는 음식을 판매하는 카페나 패스트푸드, 분식점, 밥집 등 영세점포)의 폐업률은 77.5%에 달했고, 3년이 지난 지금 전국 어디를 가도 음식점의 경우 한 집 걸러 한 집이 문을 닫은 것을 확인할 수 있다. 외신들이 쉽게 간과하는 요소는 한국의 방역 성취 이면에 있던 시민의 눈물이다.

한국인은 순종적이거나 복종에 익숙한 것이 아니라, 그 반대로 사회적 교우를 중요시하는 역동적인 만남 문화를 가지고 있다. 법을 중대하게 어긴 자는 대통령이라 할지라도 용납하지 않는 저항 경험 또한 풍부하다. 필자 생각에는 위기에 대처하는 속도와 결집력, 즉 사회적 합의가 단단하고 빨랐다고 봐야 하지 않을까 싶다. (물론 이 요인조차 '단일민족 문화'라는 한국인의 집단의식으로 설명하는 의견도 많다.) 지난 3년간의 방역지침 준수는 한국인에게도 전혀 자연스러운 것이 아니었다.

팬데믹 기간 한국의 국제적 위상은 전에 없이 상승했다. 방역 성과와 함께 한국의 대중예술이 전에 없이 주목받았다. 봉준호 감독의 영화 〈기생충〉의 오스카 수상(2020), BTS와 블랙핑크와 같은 K-POP 아이돌의 글로벌 팬덤, 영화 〈미나리〉에 출연한 윤여정 배우의 오스카 여우주연상 수상(2021), 넷플릭스 드라마 〈오징어 게임〉의 글로벌 흥행과 오영수 배우의 골든글로브 남우조연상 수상, 영화 〈헤어질 결심〉으로 박찬욱 감독이 칸 영화제 감독상을 받고 송강호 배우가 〈브로커〉로 남우주연상을 받은 것(2022) 등.

이런 한국의 약진을 소프트 파워[13]로 규정하고 심층 분석한 서방의 매체는 셀 수 없이 많았다. 2021년, 영국 월간지 〈모노클(Monocle)〉은 한국의 소프트파워를 독일에 이어 세계 2위로 평가했다.

같은 해 한국 해외문화홍보원(KOCIS)이 전 세계 24개국 11,500명 시민을 대상으로 조사한 국가 이미지 결과를 보면, 한국에 대한 외국인의 호감도는 긍정 80.5%였다. 2019년의 73%에서 꾸준히 상승하고 있는 것으로 나타났다. 흥미로운 점은 대한민국이라는 국가 이미지에 대한 호감도가 한국인보다 외국인 호감도에게서 훨씬 높게 나타났다는 것이다. 한국의 이미지 개선을 위한 과제를 묻는 질문에선 외국인 중 23.2%가 양질의 문화 콘텐츠를 생산해 달라는 것이었고, 한국인들은 '국가 신뢰도'를 꼽았다.

2021년 5월, 국제정치학에서 '소프트파워'라는 개념을 처음 만든 조

• • •

13 군사력이나 경제제재 등 물리적으로 표현되는 힘인 하드 파워(hard power)에 대응하는 개념이다. 강제력보다는 매력을 통해, 명령이 아닌 자발적 동의에 의해 얻어지는 능력을 말하는 것으로, 하버드대학교 케네디 스쿨의 조지프 나이(Joseph S. Nye)가 처음 사용한 용어이다.

셉 나이(Joseph S. Nye) 하버드대 명예교수가 미국 싱크탱크 '전략국제문제연구소(CSIS)'의 콘퍼런스에서 발표했다.

> "나는 소프트파워를 강압이나 거래가 아니라 매력을 통해 원하는 것을 얻는 능력이라고 정의한다. (…) 1989년 베를린 장벽이 무너졌을 때 포화를 받아서 무너진 것이 아니라 철의 장막을 넘어선 서구 문화와 방송에 노출됨으로써 변화된 사람들의 마음이 휘두른 망치와 불도저에 무너졌다." (…) "2007년 후진타오는 중국의 17대 전국대표대회에서 중국이 소프트파워에 더 투자해야 한다고 말했다. 중국은 매년 100억 달러를 쓰고도 원하는 결과를 얻지 못했다. 퓨리서치 여론 조사에 따르면 중국은 소프트파워 슈퍼파워가 아니다."[14]

그는 한국의 소프트파워는 너무 뒤늦게 알려진 측면이 있다고 주장하면서 다음과 같이 그 원천을 설명했다. 우선 대중문화의 측면에선 애초 소프트파워를 타고났다면서 경제적 성공과 변덕스럽지만 활기찬 민주주의를 구현한 점, 끝으로 한국이 다른 국가를 도와주거나 다른 국가의 학생을 받아들이는 국제정책을 통해 '성공이 무엇인지'를 보여 줄 수 있다고 강조했다.

• • •

14 전략국제문제연구소(CSIS)와 국제교류재단이 공동주최한 콘퍼런스〈안보를 넘어서: 한국의 소프트파워와 코로나 이후 세계에서 한·미 동맹의 미래〉, 2021. 10. 5.

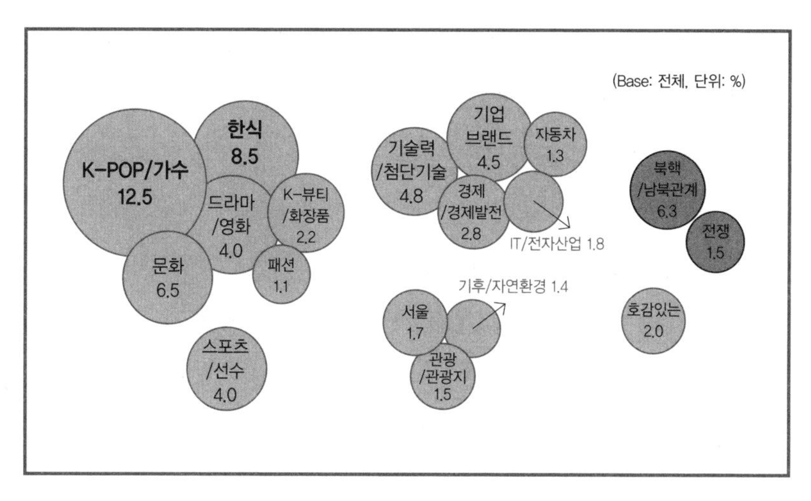

그림 7 | 한국에 대한 자유 연상 이미지. 문화체육관광부 해외문화홍보원. 2020.

미국 펜실베이니아주립대 샘 리처드(Sam Richards)[15] 사회학과 교수는 오랜 기간 한국의 문화적 특성을 연구해 온 학자다. 그는 강의를 통해 한국 소프트파워의 위력과 한국 문화에 내재된 힘이 글로벌 리더십이 될 수 있을 것이라 주장해 왔다. 2022년 방한한 그는 한국 CBS의 교육프로그램에서 강의했다. 이 강의에서 그는 앞으로의 기후위기에 대해서도 한국이 모델이 될 수 있을 것이라 주장했는데, 그 근거가 흥미롭다.

위기에 대처하는 공동체의 저력이 한국에서 유독 특별하게 발휘될

• • •

15 미국의 대표적인 비교문화 연구자이자 한류 연구자. 인종·젠더·문화 관계에 관한 강의인 "You Can't Say That"으로 미국 텔레비전 계의 최고상인 에미상(Emmy Award)을 수상했다.

수 있는 이유로 그는 4가지를 꼽았다. 첫째, 한국에선 공동체 중심의 도덕규칙이 아직 강력하게 남아 있다는 점. 즉, 공동체와 개인의 이익이 분리된 것이 아니라고 하는 사회적 패턴과 약속이 있기 때문에 개인이 공동의 이익을 위해 헌신할 수 있다고 주장한다.

둘째, 효율적인(?) 교육 시스템으로 인해 한국인 학생 다수가 성취를 위해 노력하고 인내심을 내재화하고 있다는 것을 든다. 개인의 관점에서 보면 인생을 즐기지 못하는 한국의 학생들은 시간을 낭비하는 것으로 보이지만, 공동체의 위기나 지구적 문제에 대해선 노력하고 희생하며 오랜 시간 인내하는 힘을 가진 집단이 그 모범을 보여 줄 수 있다는 것이다. 지구상 어떤 나라도 가족이 희생해 자녀 교육에 투자하는 곳이 없는데, 이런 가치를 한국 학생들은 내면화한다는 것이다.

세 번째, 공익을 위한 규범 준수 노력이 뛰어난 점. 한국은 신뢰의 위기를 겪고 있지만, 다른 나라에 비해선 압도적으로 높은 규칙 준수 의식이 있다는 것이다.

마지막으로 이미 세계가 공인하고 있는 소프트파워의 힘이다. 한국이 실제로 현대적이고 잘살고 안전하고 수준이 높으냐는 사실과 관련 없이 세계가 그렇게 믿고 있는 것이 중요하다는 것이다. 그는 사회학적으로 이 문제를 접근했다.

"만약 우리가 어떤 것이 진짜라고 믿는다면, 그것은 결과적으로 실재(實在)하는 것이다."

나와 타인이 연결되어 있고, 개인과 가정의 도덕적 가치가 사회의 건강성을 유지한다는 가치는 사실 오래된 가치다. 사람과의 관계성을 행동의 중심에 놓고, 공동체의 규범을 신뢰하는 사회가 새로운 모델이 될 수 있다는 그의 주장은 흥미롭다.

필자는 한국 사회가 안고 있는 문제, 예를 들면 세계에서 가장 높은 자살률과 매우 낮은 출산율, 바닥권에 있는 사회적 신뢰지수, 사회적 압력에 의한 스트레스와 무너진 계층 상승 사다리, 양극화와 극단적 정치문화를 잘 알고 있다. 그런데도 이방인의 새로운 시선에서 아이디어를 발견하는 것은 흥미로운 일이다.

공동의 규범이 있지만 구성원의 절반가량이 규범을 지키지 않을 때나 홀로 규범을 지키는 건 손해라고 인식한다. 봉쇄 기간 많은 친구들이 마스크를 벗고 해변에 모여 밤마다 파티하며 즐기는 모습을 본 사람은 자신이 집에 칩거하고 있다는 것을 불이익으로 느끼며 손해라고 인식할 것이다. 공동의 규범이 쉽게 무시되는 것을 본 사람은 이후의 방역 지침도 지킬 의지가 약해진다. 함께할 것이라는 신뢰가 무너졌기 때문이다.

사람이 이성적인 순수한 독단자(獨斷者)였다면, 주변 사람들의 행동과 상관없이 옳을 행동을 했을 테지만, 사람은 군중의 행동에 큰 영향을 받는다. 그래서 감염이 조금이라도 번지면 생수와 휴지가 충분히 공급되고 있다는 당국의 발표에도 불구하고 마트로 쳐들어가 사재기한다. 이 사재기 광풍이 불면 아무리 많은 생필품이 공급되어도 마트의 진열대는 텅텅 비게 된다. 사람들에겐 감염이 확산되어도 마트의 진열대엔 언제나 넉넉한 생필품이 있을 것이라는 신뢰가 필요하다.

군중의 움직임에 따른 감정적 행동을 연구해 경제학에 적용한 모델을 행동주의 경제학이라 한다. 실제 주식시장에의 공매도로 인한 패닉이 잦은데, 이것 역시 군중의 움직임에 따른 휩쓸림 현상이다. 2020년 6월 테라(LUNA) 코인의 대폭락 이유 또한 이와 유사하다.

코인당 1달러를 언제든 교환할 수 있는 스테블 코인, UST의 투입으로 1년 넘게 코인의 가치를 유지해 왔다는 것이 테라 코인의 가장 큰 매력이었다. 하지만 테라-루나 시스템의 논리적 모순과 허점을 발견한 공매도 세력이 공격하자 테라는 균열을 보이기 시작했다. 패닉에 빠진 보유자들이 일제히 매도에 나서면서 단 하루 만에 1,000배 이상 폭락으로 이어졌다. 결국 신뢰 또는 불신이라는 사람의 마음이 경제와 가치를 결정하는 동력이라는 것을 다시 한 번 입증한 사건이었다.

팬데믹 초기, 영국과 미국 정부가 초기에 의도적으로 코로나 바이러스의 위험성을 축소해서 공표한 것은 단순한 선의였을까? 이것 역시 일종의 신뢰 게임이라는 것을 알 수 있다. 과학적 사실을 있는 그대로 공표했을 때 군중은 패닉에 빠질 것이고 사재기는 물론 경제활동이 심하게 위축될 수 있다는 정무적 판단이 없지 않았을 것이다. 모든 것이 더 조밀하게 연결된 사회에서 '신뢰'라는 통합 가치는 사회와 국가, 경제라는 시스템의 방향을 결정짓는 가장 중요한 요인이 되었다.

CHAPTER

03

Great Reset

CIV

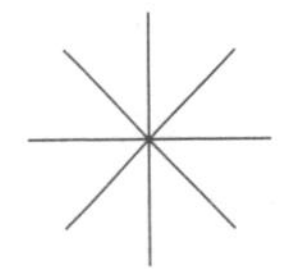

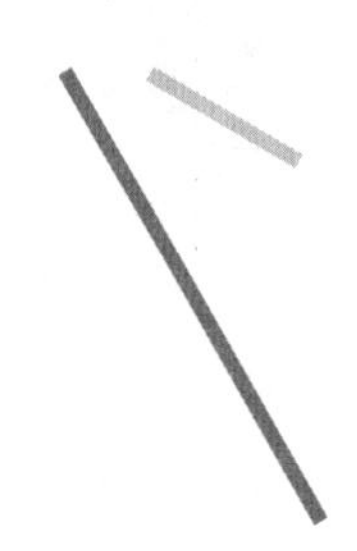

공동의 위기,
공동의 대처

4차 산업시대를 단순히 기술의 진보라는 관점으로만 보면 미래의 실체를 종합적으로 바라볼 수 없다. 기술 그 자체는 가치관이 없다. 사람의 가치관에 따라 그 용처가 결정된다. 기술의 진전엔 반드시 상응하는 시스템의 변화와 가치에 따른 관리가 있어야 한다.

역사를 돌아보면 기술의 진전으로 사회적 갈등이 폭증한 사례가 많다. 기술 진전을 사회 시스템이 따라가지 못한 것이다. 생산 활동이 가져올 영향을 예측하지 않거나 정부가 이를 중요한 문제로 다루지 않았다. 석유 시추 기업은 해양에서의 시추가 해양 동물에게 미칠 영향을 고려하지 않고, 정글을 밀어 버리는 광산 기업은 고릴라 서식지의 파괴로 인해 개체 수 급감은 물론 인근 과수원들이 고릴라의 습격을 받으리라는 것을 고려하지 않는다. 거대한 기업형 농장이 물막이 공사를 할 때 아래 지역의 용수가 고갈될 것을 고려하지 않듯이.

2022년 5월, 미국 해외기상국의 관측에 따르면 지구의 이산화탄소 월평균 농도가 420PPM을 기록했는데, 이것은 지구 역사상 무려 410만 년 만에 가장 높은 수치다. 연구진은 410만 년 전 지구의 이산화탄소 농도가 380~450PPM으로 지금과 매우 비슷하다고 한다. 410만 년 전 지구의 해수면은 지금보다 25m 높았다. 당시 그린란드 빙하 대부분과 남극의 얼음이 상당 부분 녹아 있었다. 연구자들은 그린란드의 빙하가 모두 녹으면 해수면이 6m 높아지고 남극의 빙하가 녹으면 60m 상승할 것으로 경고했다.

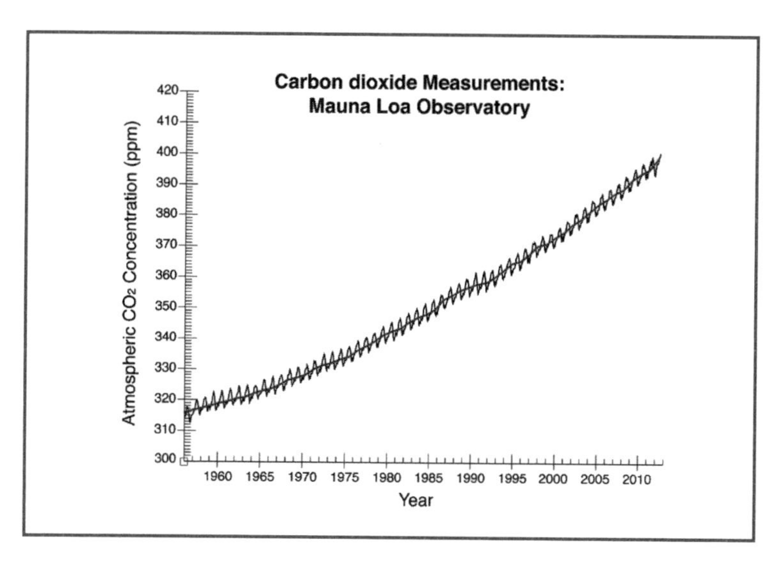

그림 8 | 이산화탄소 농도 변화. 미국 스크립스해양연구소.

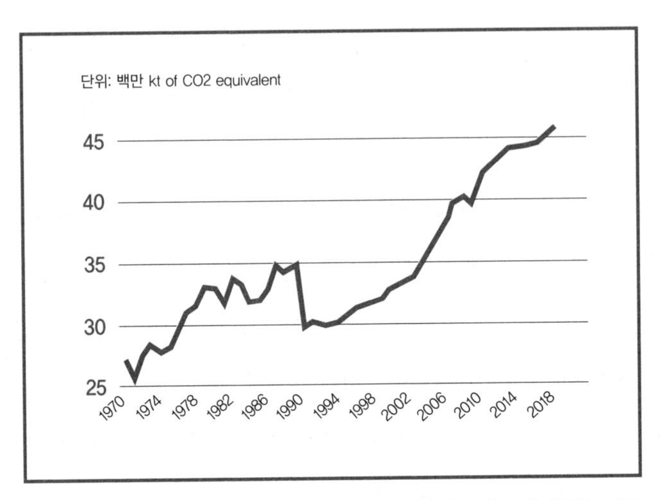

그림 9 | 온실가스배출량 그래프. 세계은행. 2020.

UN 기후변화보고서는 산업혁명 이후 170년간 인간이 배출한 온실가스의 총량이 2조 4,000억 톤에 달하는데, 충격적인 것은 그중 42%가 1990년 이후 집중적으로 배출되었다는 것이다. 이 시기에 세계는 기후변화협약(FCCC, 1992)을 시작으로 교토의정서(1997), 파리기후협약(2016)을 체결했다. 협약이 일몰되는 시점마다 새로운 협약을 통해 온실가스 배출을 줄이자는 약속을 승계했다.

지구 온도 1.5° 상승을 흔히 티핑 포인트(Tipping Point)라고 한다. 균형이 깨진 기후가 연쇄적으로 폭주해 더는 손쓸 도리가 없는 재앙을 의미한다. 2021년 '기후변화에 관한 정부 간 협의체(IPCC)'는 2030년에 이 티핑 포인트가 올 것이라고 경고했다. 인류의 멸종이 50년도 남지 않았다는 과학자들의 경고는 결코 허언이 아니다. 아직도 기업과 국가 지도자들의 관심사는 '자국의 경제성장률'이지 지구적 문제가 아니다. 안토니우 구테흐스 UN 사무총장이 온실가스 감축 노력에 대해 국가 지도자와 기업들이 "거짓말을 하고 있다"고까지 탄식하며 비난한 이유가 여기에 있다.

2022년 봄 러시아의 우크라이나 침공으로 인해 유가가 폭등하고 곡물가가 상승했을 때, 세계 경제는 물가인상의 충격과 함께 스태그플레이션으로 진입 중이었다. 바이든 미 대통령은 엑손모빌과 같은 글

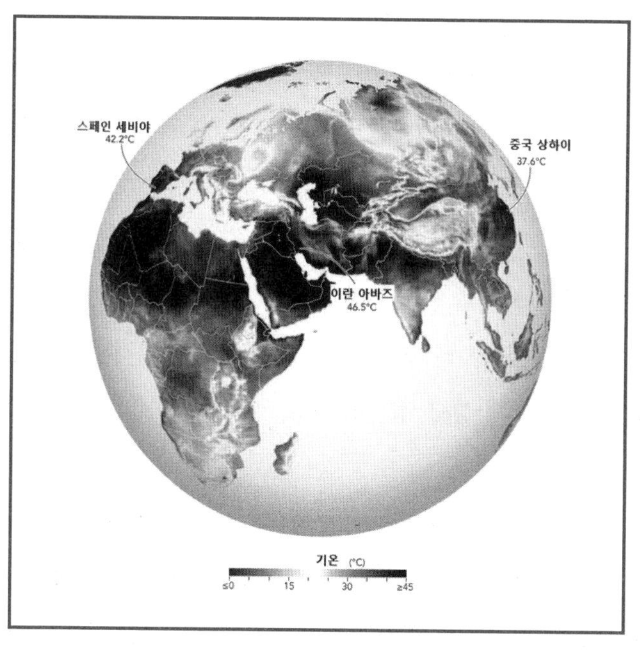

그림 10 | NASA는 2022년 7월 15일 지구 동반구의 최고기온 분포도를 공개했다. 유럽과 북아프리카, 중동, 동아시아 곳곳이 최고기온 40도를 넘겼다.

로벌 석유기업에게 '증산'을 독려할 수밖에 없었다.

하지만 석유 기업들과 사우디아라비아와 같은 산유국들은 오일쇼크 이후 역대급 고유가 행진을 보며 즐거운 비명을 질렀다. 증산을 위해선 새로운 생산설비를 투자해야 하고 이후 탄소배출과 관련한 부담을 떠안아야 하는데 굳이 그럴 필요가 없었다. 그들은 러시아 원유를 대량으로 구매한 후 다른 대륙의 것을 49:51의 비율로 섞어 파는 방법으로 미국의 제재를 피했다. 중국과 인도 역시 평소보다 4배나 많은 물량을 러시아로부터 수입하며 유가 인상에 대비했다. '이란 핵 협정'을 트럼프 대통령이 거부했기에 이란의 석유가 시장에 유통되지 않은 것도 고유가 행진을 부채질했다.

따라서 2022년 지구촌의 최대 화두는 '온실가스'가 아니라 '스태그플레이션'이 되었다. 러시아는 외채를 갚지 못하는 디폴트 상황이 되었지만, 실제로는 전쟁 기간 유래 없는 흑자를 기록했다. 오히려 러시아는 미국의 제재에 동참하는 유럽에게 경고하고 나섰다. "겨울이 멀지 않았다." 겨울이 오면 에너지 수요가 급증할 것인데, 여차하면 천연가스 파이프를 끊을 수도 있다는 협박이었다. 이것은 국제 합의의 허약성과 자본주의 경제 시스템의 질주 본능을 보여 주는 하나의 사례에 불과하다.

2020년 세계를 강타한 팬데믹만 하더라도 이와 관련한 경고는 누차에 걸쳐 있어 왔다. 하지만 100년 전 스페인 독감이라는 대유행을 겪은 후 비교적 치명률이 낮은 신종 플루 바이러스만을 상대해 왔던 인류는 사실상 동종 호흡기 바이러스라고 할 수 있는 코로나에 무참히

당했다.

아프리카와 빈곤국의 감염병 예방에 주력해 왔던 빌 게이츠는 팬데믹이 다소 수그러든 2022년 5월, 《넥스트 팬데믹을 대비하는 법》이라는 저서를 통해 지난 3년간의 과정을 분석하고 다음에 올 감염병에 대한 준비를 제안했다. 빌 게이츠와 같은 슈퍼 리치는 언제든 세계의 석학과 함께 식사하며 경험을 나눌 수 있다.

그가 밝힌 흥미로운 사실은 미국의 경우 2019년에 팬데믹에 대비한 모의 방역훈련을 진행한 바 있었다는 것이다. 모의훈련이었는데 너무나 많은 문제가 드러났고 어떤 문제는 구조적 문제였다. 이를 혁신하기에 필요한 예산과 인력, 기간 모두 예상을 뛰어넘는 것이라 그냥 덮어 버리고 말았다고 한다. 그리고 그들은 모의훈련의 조건이 극단적이었기에 앞으로도 이런 상황이 일어날 가능성은 희박하다고 단정했다. 하지만 실제로 닥친 코로나는 모의훈련보다 더 가혹한 수준의 것이었다.

빌 게이츠는 코로나와 같은 호흡기 질환은 인류가 조금만 힘을 모으면 초기 아웃브레이크(Outbreak) 단계[16]에서 막을 수 있다고 본다. 그는 WHO 산하에 이상 징후를 감지해 팬데믹을 선언할 수 있

• • •

16 아웃브레이크는 특정 지역에서 작은 규모로 질병이 급증할 때, 에피데믹(Epidemic)은 한 국가나 그 이상의 인접국에 넓게 확산할 때, 팬데믹(Pandemic)은 하나 이상의 대륙 또는 전 세계로 확산, 엔데믹(Endemic)은 전염병이 이동 없이 특정 지역에 계속 머무르는 현상을 칭한다.

는 '글로벌 전염병 대응 동원팀(GERM: Global Epidemic Response and Mobilization)'을 신설하자고 제안했다. 연 10억 달러 정도를 투입해 감염학자, 바이오백신 전문가, 컴퓨터 모델링, 외교와 신속 대응 업무를 할 수 있는 정규직원 3천 명 정도가 활동해야 하며, 이들에게 세계은행 및 각국 정부의 자금을 긴급 요청할 수 있는 권한 역시 부여하자고 제안했다. 이 경우 빈국과 개발도상국도 비교적 가벼운 재원으로 정보와 백신의 혜택을 얻을 것이다.

10억 달러는 우리 돈 1조 3천억 원이다. 3년 동안 인류가 잃은 생명과 경제적 손실에 비하면 보잘것없는 재원이다. 2021년 5월까지 팬데믹으로 인한 세계 GDP 손실액은 5조 6천억 달러였고, 아시아개발은행(ADB)은 전체적으로 1경 818조 달러의 손실이 발생했을 것으로 추정한다. 팬데믹에 대한 경고가 있어 왔고, 적은 재원으로도 충분히 대응 프로그램을 만들 수 있었지만 인류가 협력하지 않았던 이유는 앞의 온실가스에 대한 기업과 정부의 이중적 태도에서 충분히 유추할 수 있다.

미국은 2022년에도 총기 난사로 인해 홍역을 앓았다. 특히 5월 텍사스의 한 초등학교에서 벌어진 총기 난사 사건은 충격을 주었다. 아동 19명과 교사 2명이 사망했다. 미국에서 총기 사건은 매년 4만 건이 넘고, 군중에 대한 무차별 난사 사건은 1년에 600건이 발생한다. 2020년 기준, 청소년의 사망 원인 1위가 바로 총기 사건이다. 총기로 인해 사망한 청소년이 4,357명인데, 이는 교통사고로 인한 사망자 3,900건을 훌쩍 뛰어넘는다. 이 숫자는 지난 20년간, 미국의 경찰과

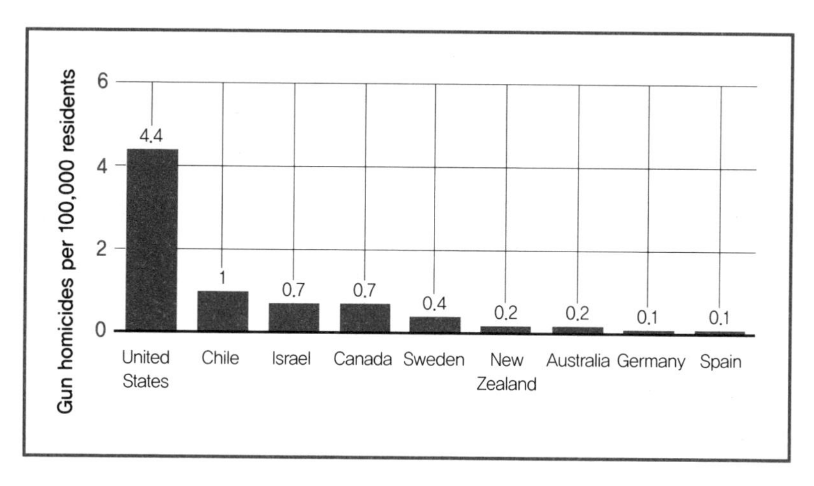

그림 11 | 세계 총기사고 국가순위. GunPoilcy. org. 2022.

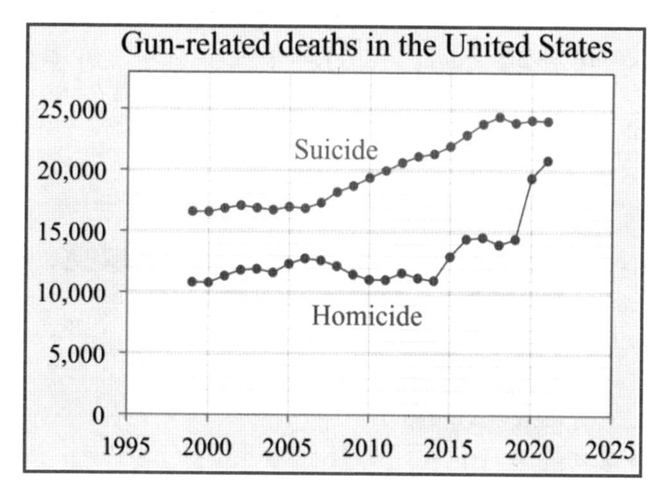

그림 12 | 미국 총기사고유형. 상단의 Suicide는 타인의 총격,
하단의 Homecide는 총기 자살을 나타낸다. GunPoilcy. org. 2022.

군인 등이 전쟁터나 갱단과의 총격전에서 사망한 사람보다 많은 것이다. 그리고 하루 8명의 아동이 잠금장치가 풀려 있는 가정 내 총기를 사용하다(가지고 놀다) 사망한다.

미국인의 총기 보급률은 내전 중인 예멘보다 많다. 미국의 총기 관련 법안에 대해 잘 모르는 이들은 사정이 이쯤 되면 당연히 총기 소지에 대한 규제가 강화되는 수순으로 가리라 예측한다. 하지만 2022년 6월 극적으로 상원을 통과한 총기 규제 법안은 총기를 구매하려는 18~21세의 신원 조회를 강화하고, 15발 이상을 자동 연사할 수 있는 대용량 탄창에 대한 규제만을 담았다. 이조차도 29년 만의 쾌거라며 민주당 정치인들은 흥분했다.

총기 사건 주범들이 조현병과 같은 정신병력이 있냐면, 그것도 아니다. 대부분은 인종과 젠더, 정치 성향에 따른 혐오 범죄다. 그리고 총기 사건이 발생한 주간에 가장 긴 줄이 늘어서는 곳 또한 총기 상점

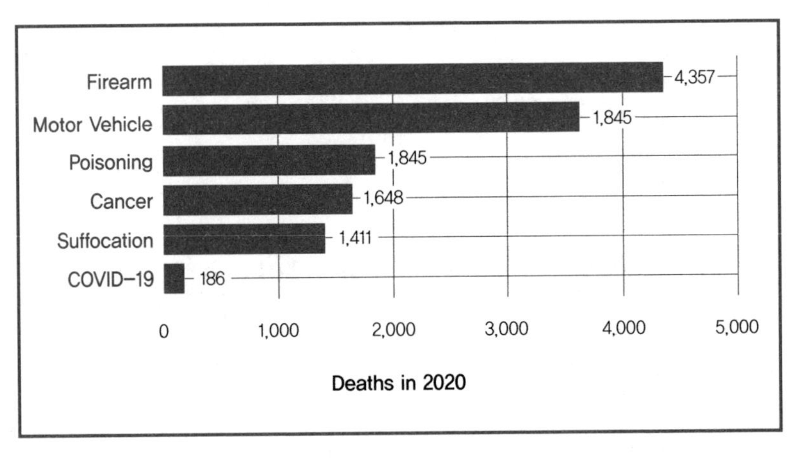

그림 13 | 2020년 미국 청소년 사망원인. 1위부터 순서대로 총기사고, 교통사고, 마약중독, 암, 질식사, 코로나 감염. GunPoilcy. org. 2021.

이다. 총격으로부터 자신을 방어해야 하니까

원인과 결과가 뒤바뀐 이 끔찍한 순환논리는 전미총기협회(NRA)가 주장하는 '총기 소지의 자유'라는 이념에 힘을 보탠다. 증오가 일상화되고 그것이 정치적 신념으로 둔갑하는 순간, 총기는 '자유'와 '인권', '미국의 정신'과 같은 정의의 이미지를 획득한다.

뇌 과학 연구자들은 인간이 지각을 통해 합리적으로 행동한다는 믿음을 부정한다. 인간은 행동을 하고 행동을 합리화하기 위해 추론한다. 그래서 증오와 감정은 정치인들이 선호하는 정치적 감정이다. 미국의 총기 문제는 현상적으론 총이 많이 풀려 발생하는 문제로 보이지만, 악순환의 고리를 끊을 수 없는 리더십의 문제이기도 하다. 사회에 새로운 가치를 제시하며 선한 영향력으로 사회적 합의를 도출할 수 있는 리더십 말이다.

15년 넘게 끌어왔던 북핵(北核)협상 역시 북미 간의 '신뢰 게임'에서 번번이 무산되었다. 핵을 통해 체제 보장과 자위권을 확보하겠다는 북한에 대응해 핵을 포기하면 체제를 보장하겠다는 미국의 요구가 늘 같은 패턴으로 순환되었다. 핵 협상이 실패하면 미국은 선제타격 또는 봉쇄를 통한 굴복 카드를 들고 나왔고, 북한 역시 핵 위력을 높이는 실험과 함께 '핵 사용은 미국의 전유물이 아니다'라는 메시지로 맞서왔다.

그 사이 북한의 핵 기술과 운반체 기술은 실질적인 핵보유국의 수준에 올랐다. 전쟁도 협상도 할 수 없었던 오바마 행정부가 유일하게 믿은 시나리오가 '제재를 통한 북한의 붕괴'였기에 '전략적 인내' 기간 동안 북한은 핵 능력을 더 고도화하며 버틸 수 있었다. 2019년 트럼프 대통령과 김정은 위원장과의 만남은 3차례나 이어지며 평화 분위기가 이어졌지만 핵 문제에선 진전이 없었다.

이제 대부분의 북한 문제 전문가들은 '선 핵 포기'를 북에 요구하는 순간 협상은 깨질 것이고 '북미 수교를 통한 체제 보장'을 우선할 경우 북한을 사실상의 핵보유국으로 인정하게 되어 사실상 핵 협상은 '핵확산방지'로 왜곡될 것이라고 우려한다. 북한에 대한 중국의 영향력을 지렛대로 활용하려던 전략 역시 통하지 않을 것이다.

미국의 대중국 봉쇄 전략과 우크라이나 전쟁으로 인해 북 · 중 · 러는 강력한 동맹으로 돌아갔다. 2022년 6월 북한의 미사일 발사에 대해 미국이 UN 안보리에서 추가 제재를 꺼내 들자, 중국과 러시아는 거부권을 행사했다. 이는 2006년 북한의 첫 핵실험 이후 줄곧 북한 제재에 동참했던 중국이 16년 만에 꺼낸 거부권이었다.

한반도를 사이에 둔 중 · 러 대륙 세력과 미 · 일 해양 세력의 대결은 격화될 것이다. 한국은 어떤 선택을 해야 할까? 분명한 것은 한쪽 진영을 선택해 다른 진영을 압박하고 대결할 경우 입을 손실이 명백하다는 것이다. 그렇다면 침묵하는 중간자 역할을 해야 할까?

사회에서나 국제관계에서도 우리는 '죄수의 딜레마'[17]를 겪고 있다. 협력하면 양쪽에 가장 이익인 경우가 허다함에도 공동의 이익이 아닌 일방의 이익을 선택하다 더 큰 손실을 본다. 그 이유는 상대방의 진의를 신뢰할 수 없기 때문이다. 사회는 최적자가 생존하고, 약육강식만이 통하는 것일까. 인간은 진정 협력할 줄 모르는 본성을 지녔을까. 다음 장에서 확인하자.

• • •

17 따로 분리된 두 용의자에게 검사가 다음과 같은 제안을 했다. "지금부터 당신들을 떼어 놓고 심문하게 될 텐데, 만약 둘 다 순순히 범행을 자백하면 비교적 가벼운 형벌인 징역 3년을 구형하겠소. 그런데 한 사람은 순순히 자백했는데 다른 사람이 부인한다면, 자백한 사람은 정직에 대한 보상으로 방면해 주지만 부인한 사람은 최고형인 무기징역을 구형하려 하오. 만약 둘 다 부인한다면 당신들이 저지른 사소한 잘못을 걸어 징역 3개월을 구형하도록 할 작정이요." 이 경우 공동의 이익은 양자가 범행을 모두 부인하는 것이겠지만, 두 용의자는 불신의 덫에 걸린다. 자신의 이익을 최선을 다했을 때 자백하는 것이기에 둘이 모두 자백할 가능성이 커진다. 죄수의 딜레마란 두 사람의 협력적인 선택이 둘 모두에게 최선의 선택임에도 불구하고 자신의 이익만을 고려한 선택으로 인해 자신뿐만 아니라 상대방에게도 나쁜 결과를 야기하는 현상을 말한다. 1950년 미국 국방성 소속 RAND(Research and Development) 연구소의 경제학자 메릴 플로드와 멜빈 드레셔(Flood & Dresher, 1950)의 연구에서 시작된 것으로 알려져 있다. 이들은 사람들의 협력과 갈등에 관한 게임 이론과 관련된 연구와 실험들을 했고, 서로 협력하는 것이 가장 좋은 상황에서 서로를 믿지 못해 협력하지 않는 현상을 설명했다. 이후 1992년에 프린스턴 대학교의 수학자 앨버트 터커(Albert W. Tucker)가 게임 이론을 설명하는 강연에서 유죄 인정에 대한 협상을 벌이는 두 죄수의 상황에 적용하면서 이후 '죄수의 딜레마'라는 이름으로 불리고 있다.

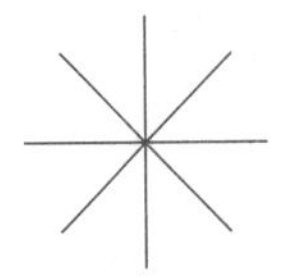

진화론과
협력하는 인간

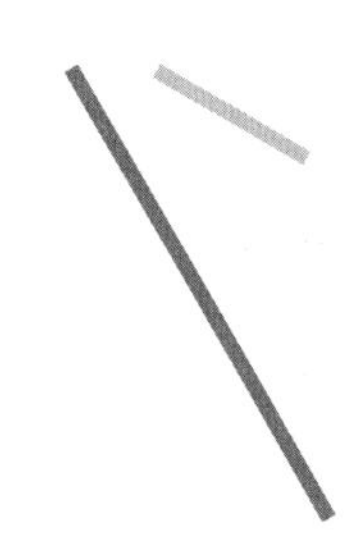

2009년은 찰스 다윈(Charles Robert Darwin, 1809~1882) 사망 200주년이자, 《종의 기원》(1859) 출판 150주년인 해였다. 그리고 2021년은 저서 《인간의 유래와 성 선택》(1871)이 출간된 지 150년이 되는 해였다. 한국에선 다윈의 진화론을 비교적 가볍게 다루지만, 미국과 유럽 등에선 다윈 주기마다 요란하게 기념한다. 생물학자와 인류학자는 물론 경제학자들까지 다윈의 진화론을 재조명하며 진화론의 생명력에 대해 의견을 나눈다.

학자들은 다윈의 최대 실책을 '적자생존'이라는 표현을 사용한 것이라고 꼽는다. 특히 진화생물학자들은 다윈의 진화론을 소개했던 영국의 철학자 허버트 스펜서가 사용했던 '최적자 생존(Survival of the

Fittest)'[18]이라는 표현이 최대의 실수라고 지적했다. 이 단어로 인해 대중이 진화론을 심각하게 오해하게 되었다는 것이다. 다윈은《종의 기원》초판에는 '최적자 생존'이라는 표현을 쓰지 않았다. 하지만 5판부터는 스펜서의 표현이 적확하다고 생각했는지, 적자생존, 즉 '더 적합한 개체가 살아남는다(survival of the fitter).'는 표현을 썼다. 이후 진화론의 핵심은 '최적자 생존'이라 곡해하는 이들이 많아졌다.

적자생존이라는 개념은 강한 사람이 약한 사람 위에 서는 것이 순리라는 양육강식의 논리로 이어졌다. 이것은 기업의 독점을 향한 욕망을 정당화했고, 사회 계층은 서열화로, 그리고 국제관계에선 패권의 논리로 적용되었다. 이후 경제학에선 인간의 본성을 호모 에코노미쿠스(Homo economicus)라고 규정했다. 사람의 선택은 관계성이나 타인에 대한 배려와 같은 윤리의식이나 종교적 신념 같은 동기가 아니라 순전히 자신의 경제적 이익만을 위해 이루어진다는 뜻이다.

하지만 실제 생물의 진화에 '최적자 생존'이란 법칙은 없다. 약간 덜 적합해도 대부분은 살아남는다. 학급 인원이 70명이라면, 1등만 살아남는 것이 아니라 대충 20등까지는 대부분 살아남는다는 뜻이다.

• • •

18 1864년 영국의 사회학자이자 철학자인 허버트 스펜서가《Principle of Biology》에서 처음으로 사용한 사회학적 용어이다. 다윈의 저서인《종의 기원》에서 어느 종이나 자손을 생산하지만 얼마 안 되는 숫자만이 살아남는다는 내용을 언급하며 아무리 미미한 변이라도 유익하기만 하면 보존된다는 자연도태에 대한 개념을 이야기하였다.

자연계에서도 공생을 선택한 개체가 살아남는 경우가 많다. 2019년 11월 사이언스(Science)지는 표지에 쌍둥이처럼 닮은 두 나비가 마주 보고 있는 사진을 실었다. 완전히 똑같아 보이는 나비는 멜포메네길쭉나비와 붉은점알락독나비라는 서로 다른 종이다. 주로 온대남방지역에서 서식하는 이 나비들은 독을 가지고 있다.

이 14종이 넘는 독나비들은 원래 색이 달랐다. 어떤 나비는 완전히 검은색을, 또 다른 나비는 얼룩무늬를 가지고 있었기에 천적들은 독나비와 보통 나비를 구분하기 어려웠다. 자신을 보호하는 데 어려움을 겪자, 이 나비들은 검은 무늬 나비와의 교잡을 통해 공통의 유전자를 확보하기 시작했다. 그렇게 세월이 지나자 14종의 나비들은 모두 검은 날개에 흰점을 박은 공통의 무늬를 가지게 되었다. 천적으로부터 자기 종을 보호하기 위해 이들은 서로 다른 종과의 합침을 서슴없이 선택한 것이다. 분류상으로 깊은 관계가 없음에도 공통의 경고 무늬를 확보해 천적으로부터 자신을 보호하는 현상을 '뮐러 의태(Müllerian mimicry)'라 한다.

나비와 나비의 짝짓기가 뭐 그리 대단한 일이냐고 반문할 수 있지만, 유전적으로 사람과 침팬지의 차이는 불과 1.3%에 불과하다는 것을 기억하자. 진화의 원리를 잘못 이해하면 검은 무늬가 선명하지 않았던 독나비들은 모두 자연선택에 의해 도태되었어야 했다. 하지만 이들은 세대를 이어 가며 유전자를 공유해 결국 14개의 종이 살아남는 것을 선택했다.

최근 생물학자들은 흥미로운 주제에 대해 연구하고 있다. 천적이 나타났을 때 다른 반응을 하는 개체들에 관한 것이다. 땅다람쥐 무리 중엔 매를 발견하고 제일 먼저 경고음을 내며 무리에게 신호를 주는 개체가 있다. 물론 이 개체는 매에게 가장 먼저 발견되어 죽을 가능성이 크다.

정어리 떼 역시 마찬가지다. 포식자가 나타나면 이들은 한데 뭉쳐 원을 그리며 동료보다 더 안쪽에서 돌면서 위험을 피하려고 한다. 이런 습성을 잘 아는 고래는 기포를 터뜨려 이들을 둥근 공처럼 말아 단숨에 삼킨다. 그런데 일부 개체는 전혀 다른 행동을 한다. 무리에서 이탈해 홀로 탈주하는 것이다. 흥미로운 점은 이렇게 위험을 감수하고 모험을 선택한 '용감한' 개체는 세대 진화가 거듭될수록 사라질 것으로 보이지만, 수십만 년이 지나도 여전히 자신의 유전자를 남기고 있다는 사실이다.

이런 현상을 '포괄적 적합도(Inclusive fitness)'로 설명하기도 한다. 자신을 희생함으로써 더 많은 개체의 동족을 구할 수 있다면 기꺼이 희생할 수 있다는 이론이다. 사람의 경우 할머니가 손자 2명을 구할 수 있다면, 기꺼이 자신을 희생할 수 있다는 것인데, 이 경우 모두 잡아먹히는 것보다 혈육을 살리는 것이 유전자 보전에 더 유리하기 때문이다. 이 포괄 접합도 이론은 인간의 협동과 호혜적 이타행동(Reciprocal altruism)을 설명하는 중요한 이론적 근거가 되기도 한다.

다윈의 진화론은 인간의 협동을 설명할 수 없다는 학자들도 오래전부터 존재했다. 대표적으로 러시아의 귀족이면서 혁명을 꿈꾸었던 크로포트킨(Pjotor Alekseevich Kropotkin, 1842~1921)이 그렇다. 그는 1888년 《상호부조: 진화의 한 요소》라는 책을 통해 생존을 위한 투쟁은 인간세계를 제외한 모든 일반 자연 세계에서 그가 관찰한 사실에 들어맞지 않는다고 주장했다. 역사적으로 가장 협동적인 동물이 진화에 가장 유리한 종이었다는 것이다. 개체 간의 투쟁만이 유일한 진화의 동인이 아니며, 개체 사이의 상호부조 역시 오랜 진화의 동인이라는 주장이다.

무엇보다 그는 "이기성은 동물성의 유산이며 도덕성은 문명의 유산"이라는 생각도 배격했다. 인간 사회와 문명은 이성의 창조물이 아니고 사회적 존재 인간 본성의 발현일 뿐이라는 것이다. 인간의 본성엔 협력하고 희생하는 유전자가 오래전부터 장착되어 있다고 본 것이다. 그가 보기에 치열하게 경쟁하는 순간은 인간이나 동물에게나 제한적 시기에만 나타나는 현상이었을 뿐 오히려 안정된 시기에 인간과 동물은 모두 경쟁이 아닌 상호부조를 통해 공동체를 지켜 왔다는 것이다.

일부를 제외하고 생물 개체는 응집을 통해 자신의 종을 보전했고, 인간 역시 사냥을 위해 협동하고 사냥물을 함께 나누어 먹는 활동을 원시수렵사회부터 정착시켜 왔다. 고대의 전통을 유지하고 있는 아프리카와 북해연안의 원주민, 몽골인들은 베풀지 않거나 공동의 부조에 참여하지 않는 이기적 존재는 집단에서 추방해 온 전통을 가지고 있다.

당대에 크게 주목받지 못했던 그의 이론은 이후 '상호부조 진화론'이라는 이름으로 21세기 들어 다시 주목받고 있다. 그는 애초 러시아의 명문 귀족으로 남부러울 것 없는 생활을 누릴 수 있었지만, 시베리아 수용소의 현실을 알고 난 후 혁명에 투신했다. 나중에 상트페테르부르크 군 교도소에 투옥된 그를 동료들은 대담한 작전으로 빼내 국외로 망명시켰다. 그와 동료들 모두 목숨을 걸고 활동한 것이다. 크로포트킨은 다윈의 진화론이 러시아의 수많은 혁명가와 혁명 과정에서 희생당한 노동자들의 삶을 설명할 수 없다고 보았다.

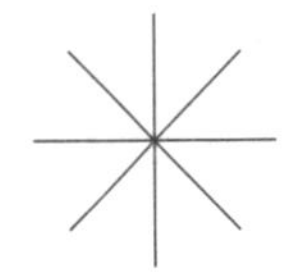

흔들리는 주류 경제학

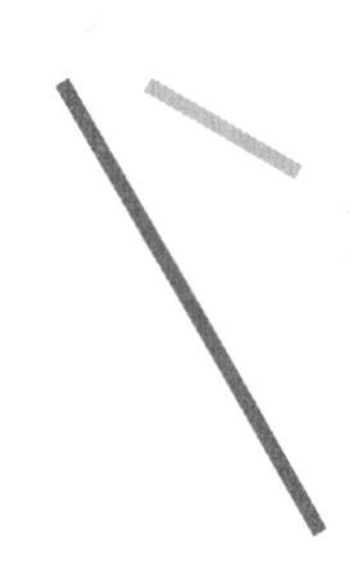

주류 경제학은 지금까지 인간은 무한한 욕망을 가지고 있으며, 자원은 한정되어 있기에 사람은 최대한의 효용(이익)을 추구한다는 대전제를 가지고 있었다. 경제학은 무한한 목적에 희소한 자원을 배분하는 방법에 관한 학문이며, 정치학은 한정된 재원(세금)을 누구에게 배분하느냐를 결정하는 학문으로 규정되어 왔다.

문제는 사람의 이기적 욕망과 욕망을 충족하기 위한 경제활동이 지금까지는 대체로 '공익'에 부합된다고 여겨진 것이다. 이 사상의 기원은 애덤 스미스(Adam Smith, 1723~1790)의 《국부론》과 존 로크(John Locke, 1632~1704)까지 거슬러 올라간다. 개인이 자신의 이익을 위한 이기적 활동마저 자신도 모르게 공익을 증진한다는 이론 말이다.

"우리가 저녁 식사를 기대할 수 있는 건 푸줏간 주인, 술도가 주인, 빵집 주인의 자비심 덕분이 아니라, 그들이 자기 이익을 챙기려는 생각 덕분이다. 우리는 그들의 박애심이 아니라 자기애에 호소하며, 우리의 필요가 아니라 그들의 이익만을 그들에게 이야기할 뿐이다. (…) 모든 개인은 (…) 노동의 과정에서 필연적으로 사회의 이익을 최대한 늘리는 결과를 낳는다. 일반적으로 개인은 사회의 공익을 증진할 의도도 없고, 자신이 공익을 얼마나 증진하는지도 모른다. (…) 개인은 자신의 이익만 늘리려 하고, 이러한 과정에서 보이지 않는 손에 이끌려(led by an invisible hand)[19] 의도치 않게 다른 사람의 이익을 증진한다. 이는 언제나 사회에 해롭지 않다. 종종 개인은 자기 이익을 추구함으로써 처음부터 사회 이익을 위해 노력할 때보다 더 효과적으로 사회 이익을 증진한다."

– 《국부론》[20]

이 구절은 《국부론》에서 가장 유명한 구절이 되었다. 인간의 '합리

• • •

19 국부론에서 이 보이지 않는 손(an invisible hand)은 단 한 번 언급되었지만, 이후의 경제학은 여기서 철학적 영감을 얻어 최소한의 국가통제와 무한한 시장자유라는 원칙을 고수했다. 대공황 시절 케인즈 경제학이 대두되기 전까지는. 하지만 애덤 스미스의 《도덕감정론》을 보면 그의 진의가 뚜렷해진다. 그는 인간의 공감능력, 즉 타인에 대한 연민과 공감과 같은 도덕 감정이 필요하며, 부의 독점과 경제적 집중은 시장을 왜곡시키며, 기계와 분업화는 사람의 독창성을 저해해 아둔한 존재로 추락시킨다고 경고했다. 문제는 그가 이것을 시스템이 아닌 자본가의 선의와 교양으로 해결할 수 있다고 믿은 것이다.

20 스티븐 A. 마글린. 윤태경 역. 《공동체 경제학_맨큐의 경제학 이데올로기를 대체하는 새로운 패러다임》(2020). 경희대학교출판문화원.

적 이성'은 개인의 최대 이익을 위한 경제활동을 추구하고 이것이 전체적인 부(富)를 확장시켜 다른 이들에게 '낙수(落水)이익'을 제공한다는 것이다. 많은 경제학자가 가장 유명한 이 문구를 '시장 경쟁이 파이를 키운다.'는 뜻으로 해석했다. 자본 축적이 노동의 한계 생산성 향상과 실질임금 상승을 유발한다는 주류 경제학의 이론적 토대와 같다.

당대 철학자 존 로크 역시 자연 상태에서 개인은 타인에게 손해를 끼치지 않고도 더 많은 수확을 얻을 수 있다고 믿었다. 왜냐면 자연은 거의 무한하고 인간의 노동력은 한계가 있기 때문에 자원을 최대한으로 확보하는 개인이 타인에게 부정적인 영향을 끼칠 이유가 없다고 보았기 때문이다. 물론 이런 사상은 아메리카 신대륙의 발견과 무관하지 않다. 당시엔 인류가 알지 못하는 미지의 자연이 무한대로 있을 것이라고 믿었으니까.

이런 경제학의 흐름에 제동을 걸며 큰 충격을 준 인물이 바로 존 내쉬(John Nash, 1928~2015)다. 수학자인 그가 1994년 노벨경제학상을 수상하자 주류 경제학자들은 큰 충격을 받았다. 불과 22살의 나이에 그는 인간이 개인의 최대 이익을 위해서만 경제활동을 한다는 주류경제학의 대전제를 깨뜨렸다. 그가 고안한 실험은 비협력게임(Non Cooperative Games)이다.

그는 게임의 상황에서 참가자 모두가 이익인 상황이 분명할 경우, 모두의 최대 이익을 상대가 선택할 것이 예측되면 서로가 공동의 이익을 위해 최선의 수를 선택하게 된다는 '내시균형(Nash Equilibrium)' 이론을 정립했다. 과거의 게임이론은 두 사람이 마주 보고 진행하는 제로섬 게임(Zero-Sum Game) 이론이었지만, 내쉬는 여러 사람이 참여하는 논 제로섬 게임에서도 이러한 균형(최대의 협력점)이 존재한다는 것을 수학적으로 증명해 냈다.

반대로 두 사람의 협력적 선택이 서로에게 최선의 선택임에도 불구하고 자신만의 이익을 고려한 선택으로 결국 자신뿐만 아니라 상대방에게도 나쁜 결과를 야기한다는 '죄수의 딜레마'는 내시균형을 설명해 주는 대표적 예로 꼽힌다. 개인의 이익을 극대화한 행위가 애덤 스미스의 주장처럼 모두에게 이익이 되지 않고, 서로에게 손해를 끼칠 수도 있다는 사실을 증명함으로써 주류 경제학의 고전적 명제를 깨뜨린 것이다. 단 2쪽짜리 논문 2개였다.

협력하는 인간 모델에 대한 연구 결과 몇 개를 소개하고자 한다. 다음 편에서까지 소개하는 사회심리학, 행동경제학(심리학)의 사례들은 워낙 널리 알려진 이야기다. 사례는 모두 《행동경제학_경제를 움직이는 인간 심리의 모든 것》[21], 《행동경제학_마음과 행동을 바꾸는 선택 설계의 힘》[22], 《경제의 속살 3》[23], 《넛지》[24]에서 추렸다.

• • •

21 도리모 노리오 저. 이명희·이진용 역. 《행동경제학_경제를 움직이는 인간 심리의 모든 것》(2019). 지형.

22 리처드 탈러 저. 박세연 역. 《행동경제학_마음과 행동을 바꾸는 선택 설계의 힘》(2021). 웅진지식하우스.

23 이완배. 《경제의 속살 3(불평등 편)》(2020). 민중의소리.

24 리처드 탈러·캐스 선스타인 공저. 《넛지》(2018). 리더스북.

1982년 독일 경제학자 베르너 귀스(Werner Guth, 1944~)는 최후통첩 게임(Ultimatum game)을 고안했다. 100달러를 놓고 A에겐 분배권을, 그리고 B에겐 거부권을 준다. 만일 분배자의 제안을 B가 받아들이면 분배한 몫이 그대로 적용되고, 거부하면 두 사람 모두 한 푼도 받지 못하게 된다. 결과가 어떻게 나왔을까?

고전 경제학의 이론대로라면 합리적이고 이기적인 존재로서의 A는 금액의 거의 모두를 차지하는 방식으로 제안하고, B는 가장 적은 금액의 제의에도 수락할 것이다. 반대로 사람이 경제적 이익이 아닌 불공정과 부당함과 같은 감정적 선택에 집중한다면, B는 A의 제안을 거부해 거래는 무산될 것이다. 대부분의 실험 결과는 7:3, 내지는 6:4의 비율로 분배가 성공하는 것으로 나왔다. 대부분의 거래는 원금의 40% 수준에서 성사되었다. 30% 이하의 제안은 대부분 거절당했다.

베르너 귀스가 품은 의문은 단순했다. "사람은 언제나 자신만의 경제적 이익을 위해 행동하는가?" 하는 것이었다. 이후 행동경제학자들은 이와 유사한 실험을 했지만 결과는 대동소이했다. 사람의 경제적 행동은 단순한 이익만이 아닌 공정성과 분배의 균형, 이기적 행동에 대한 보복 등을 고려한다는 것이 밝혀진 것이다.

앞서 언급했던 '용감한 땅다람쥐' 개체와 심리학적 실험에서 우리가 주목해야 할 아이디어가 있다. 사피엔스는 용감한 땅다람쥐 이상의 용기로 모험과 희생하며 진화했다는 사실이다. 인간은 어떤 이유로 인해 용기와 헌신과 같은 '선한 행동 유전자'를 지니며 진화했고, 모든 것을 독점해서 사회적 관계를 단절하는 대신 40% 정도의 배려를 통해 원만한 관계를 지속하려 한다는 것이다. 그리고 소통(토론)을 활용한 선한 영향력의 확산은 '신뢰'라는 사회적 자원을 통해 지속될 수 있었다는 점이다.

인간이 개인의 경제적 이익만을 위해 행동하는 것이 더는 합리적이지 않고, 그것이 인간의 본능 또한 아니라는 것은 다양한 연구를 통해 증명되고 있다. 그래서 최근 진화 생물학자들은 공생하는 인간이라는 뜻의 '호모 심비우스(Homo Symbious)'나 협력하는 인간이라는 의미의 '휴머나이즈(humanize)'를 언급한다.

과거엔 종족을 통합시키고 자원의 분배권을 배타적으로 행사해 왔던 통치형 리더십에 사람들이 승복했지만, 앞으로 사람들은 사회적 갈등을 완화하며 공공의 자원에 대한 공익성을 강화하며, 인류 공통의 문제에 집중하며 협력적 리더십을 보이는 이를 선택할 것이다. 21세기의 호모 사피엔스는 본질적으로 사회적 연결성을 기반으로 이야기(Story)에 집중한다. 지난 300년간 인류가 해결하지 못했던 근원적인 문제를 해결하는 리더에게 열광하게 될 것이다.

역사적으로 미래를 낙관하거나 무모해 보이는 실험과 도전을 즐겼던 사피엔스 개체들은 동료들보다 일찍 죽었을 것이다. 전장에서 척후병을 자처했던 청년들이나 더 빠른 동력정치를 만들기 위해 아직 검증되지 않은 비행기체에 올랐던 비행사, 불꽃과 같은 비행을 끝으로 생을 마감한 우주왕복선의 우주인, 미지의 생물을 탐구하기 위해 정글로 들어간 문화인류학자, 인종차별을 반대하며 거리로 나섰던 이들과 같이 말이다.

중요한 건 인류가 선구적 희생과 낙관적 도전으로 공동체에 깊은 유산을 남긴 이들에게 공감하고 동조해 왔다는 점이다. 인류의 문화는 주로 이런 유전자로 인해 발전해 왔다. 갈등 대신 통합이라는 가치를 실현하려는 움직임은 현실에선 불가능한 낙관주의로 보일 수 있다. 하지만 영원히 해결될 수 없을 것만 같은 시대적 문제가 주로 낙관적 도전으로 일관한 이들의 힘에 의해 변화해 왔다는 진리에 주목하자.

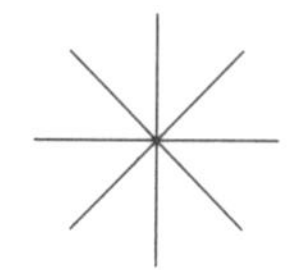

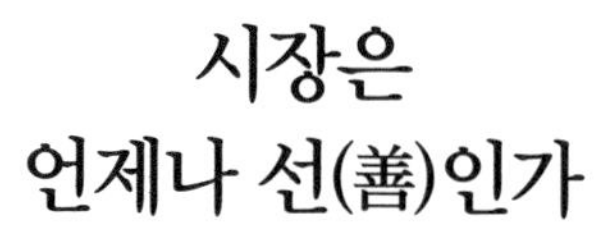

시장은 언제나 선(善)인가

최근 경제학에서의 혁신적인 발견은 경제학자가 아니라 인간의 심리와 사회의 패러다임을 연구하는 심리학자, 사회학자, 진화생물학자들로부터 나오는 경우가 많다. 노벨경제학상은 점차 경제적 지표를 통계 처리해 왔던 경제인이 아닌 사람의 특성을 연구하고 시장에서의 새로운 가치를 제시하는 연구자들에게 주어지고 있다.

과거의 경제학은 기업의 사명을 최대 이익을 추구해 주주에게 이익을 분배하는 것이라고 보았다. 인간은 노동력이라는 범주로 다루었기에, 인간은 '투입되는 경제적 수단', 즉 돈(임금)으로 상정해 연구했다. 사람의 '노동'이 사고파는 재화로 취급되기에 인간의 노동이 기계의 활동보다 효율적이지 않을 때 인간 노동의 교환가치는 절하될 수밖에 없다.

이것은 단순히 인간의 노동에 대한 것만은 아니다. 사회적 협력과 연대, 공동체의 규범 역시 소비를 막는 방해물로 취급되곤 한다. 시장이 공동체적 가치를 붕괴한다는 사례는 수없이 많이 있었지만, 주류 경제학에선 이런 문제를 부차적 문제로 다루었다.

100년 전까진 세계 어느 고장에서나 품앗이와 물품의 공유, 상조, 계, 우애모임 등이 있었다. 이런 공동체적 협동 모임이 보험회사에겐 하나의 장벽이었다. 마을 공동체 내에 공고한 상조모임이 존재한다면 상조보험이나 생명보험과 같은 상품의 위력이 떨어질 수밖에 없다. 그 반대로 마을 주민 다수가 보험에 가입하기 시작하면 마을 공동체가 오랜 세월 유지해 왔던 부조(扶助) 전통은 붕괴될 수밖에 없다.

공동체적 가치가 시장경제의 가치와 마찰을 빚는 사례는 얼마든지 찾아볼 수 있다. 비료회사와 농약회사 역시 마찬가지다. 오랜 세월 농약 없이 벼농사를 해 왔던 농업 공동체의 경우, 만약 일부 농민이 강한 화학비료와 농약을 사용하는 순간 영향은 연쇄적으로 확산된다. 당장 화학비료의 부산물로 인해 용수를 공유하고 있는 다른 논이 오염된다. 그리고 그해 농약을 사용한 지대의 소출은 오르겠지만, 이후 농약에 면역이 생긴 개체들이 증식하기 시작하면 무농약 농법을 고집한 지대의 피해는 그 이전에 비해 심각해지는 것이다.

이것이 마을공동체를 어떻게 약화할지 예상하는 것은 어렵지 않다. '노동 의지'와 '상품에 대한 소비 의지'를 선한 것으로 받아들였던 주류 경제학이 사회적 협력과 이타적 공감을 어렵게 만드는 것이다.

북미자유무역협정(NAFTA)은 매우 독특한 협정이다. 1993년 맺어진 미국과 캐나다, 멕시코 간의 다자협정이었는데 당시 지구에서 가장 부자였던 나라와 그 나라 GDP의 4%에도 미치지 못했던 빈국이 자유무역지대를 창설한 최초의 협정이었기 때문이다. 2000년의 통계 자료를 보면 멕시코에선 이 협정으로 약 200만 개의 농업 부문 일자리가 사라졌고, 같은 기간 늘어난 제조업 일자리는 이보다 더 적다. 평균임금은 16%가 감소했다.

협정 발효일인 1994년, 1월 1일, 사파티스타 민족해방군(EZLN)이 무장봉기를 일으켰다. 협정 반대와 원주민 차별정책 철폐를 기치로 내건 마르코스 부사령관은 일약 세계적인 저항군으로 부상했다. 카네기 국제평화기금의 보고서에 따르면 2000년에 미국에서 불법으로 일하는 멕시코 노동자는 3년 전보다 2배 증가한 480만 명, 미국 내 멕시코인이 2003년 본국의 가족에게 송금한 금액은 멕시코 정부가 새롭게 유치한 외국인 직접 투자액보다 100억 달러가 더 많은 140억 달러에 육박했다.

미국이라고 좋은 일만 생긴 건 아니었다. NAFTA 발효 당시 1,700만 개였던 제조업체 수가 1,200만 개로 줄고, 70만 개로 추산되는 일자리가 감소했다. 협정은 2018년, USMCA로 대체되었다. 경제학에서 즐겨 사용하는 통계적 지표로 보면 다자간 협정으로 특정 국가의 경제가 파괴되었다는 지표는 없다. 3국 모두 수출이 늘었고, 멕시코의 국민총생산도 향상되었다. 국부(國富)의 차원으로 보면 그렇다는 말이다.

하지만 국부가 아닌 농민과 같은 계층 집단으로 시선을 돌리면 전혀 다른 결과가 나온다. 멕시코의 농촌공동체가 파괴된 것과 같은 것은 경제지표에 반영되지 않기 때문이다. 멕시코 농민 중 일부는 중국의 농민공과 같이 도시로 나가 저임금 노동에 종사했지만, 모두가 그런 것은 아니다. 헤로인과 같은 마약의 생산과 유통에 뛰어들기 시작한 것이다.

협정 발효로 미국과 멕시코의 국경도시는 호황을 이뤘지만, 쉴 새 없이 오가는 트럭을 통해 마약을 미국으로 밀반입하는 것은 더욱 쉬워졌다. 멕시코의 거대 마약 카르텔은 농민들을 대상으로 유통책을 공개적으로 모집했고, 벌이가 괜찮았기에 멕시코 농민들은 마약 유통을 일종의 직업으로 인식했다. 멕시코 마약 카르텔이 사법기구도 손을 못 쓸 정도로 거대한 힘을 가지게 된 것은 우연이 아니다.

협정으로 일자리를 잃은 멕시코 농민은 헤로인을 통해 일자리를 얻었고, 그렇게 유통된 마약은 미국을 연간 5만 명에 달하는 '마약 중독 사망자'의 나라로 바꾸었다. 협정의 당사자들은 이 협정으로 인해 파생될 공동체의 붕괴와 마약 시장의 확대를 예측하지 못했을 것이다. 미국은 마약 유통을 차단하고 마약사범을 잡아들이기 위해 예산을 투입해야 했고, 멕시코의 언론인과 판사들은 경찰과 야합한 마약 카르텔에 언제 암살당할지 모르는 공포에 시달려야 한다.

시장에서의 이윤 창출은 대체로 이로운가. 시장의 변화를 경제학적 관점으로만 보면, 사회 변화의 본질적 흐름을 확인할 길이 없다.

애덤 스미스가 논문의 제목을 사회적 부나 공동체의 부가 아닌 '국부론(國富論)'으로 정한 이유는 당시 국가란 국민이라는 개인의 총합이며, 이 총합을 수렴할 수 있는 존재는 오직 '사회계약'에 의해 탄생한 국가일 수밖에 없다는 당대 철학적 배경 때문이었다. 즉 '보이지 않는 손'이 쌓는 부(富)는 '국부(國富)'다.

애덤 스미스는 시장의 잔혹성에 대해서도 우려했지만 국가의 개입을 최소한으로 상정했다. 독실한 기독교 신자였던 그는 사람의 도덕성과 절제의 힘을 믿었다. 아니, 믿고 싶었는지도 모른다. 그의 의도와는 달리 이후의 국가들은 '자유방임주의'를 시장경제의 핵심으로 설정했다. 그것이 가장 합리적인 공공의 선이라는 믿음이 있었기 때문이다.

사회심리학자들과 행동경제학자들은 주류 경제학이 규정한 인간의 합리적 경제활동에 대한 의문을 제기했다. 사람은 경제적 존재이기도 하지만 본질적으로는 사회적 관계를 중심으로 소통하고 영향받는 집단적 존재이기도 하기 때문이다.

그래서 행동경제학자들은 주류 경제학의 전제가 과연 과학적인 것인가를 파악하기 위해 '신뢰'라는 변수를 실험 요소로 투입했다. 사람은 단지 경제적 이익만을 위해 합리적(?)으로 움직이는 존재냐는 의문을 풀기 위해 변형된 게임을 고안한 것이다. 미국 아이오와 대학교 경제학 조이스 버그(Joice Berg)가 고안한 신뢰게임(Trust Game)은 최후통첩게임의 변형이다.

제안자 A는 B에게 배분할 수 있는데, B가 수락하면 B는 3배의 금액을 얻게 된다. A가 100달러를 주면 B는 300달러를 얻는다. 이후에 B는 받은 돈을 배분할 수도 있고 자신이 모두 독차지할 수도 있다. 낯선 이에게 A는 얼마를 배분할까. 놀랍게도 대부분의 A는 70달러 정도를 B에게 배분했다. 더 흥미로운 점은 B의 행동이었다. 배분받은 70달러의 3배인 210달러를 얻은 대다수의 B는 90달러를 돌려주었다. 결과적으로 A와 B 모두 5:5의 비율로 120달러를 얻은 셈이다.

100달러를 A에게 지급

- A : 70달러 지급. 잔고 30달러
- B : 70달러의 3배인 210달러 확보
  90달러를 A에게 반환, 잔고 120달러
- A : 30달러 + 90달러 = 120달러 확보

하지만 모든 A가 이런 선택을 한 것은 아니다. 일부지만 단 한 푼도 주지 않거나 10달러를 준 A도 있었다. 실험자는 그래서 여기에 보복의 룰을 추가했다. A가 단 한 푼도 주지 않을 경우 B에겐 보복권을 주었다. B가 사비로 돈을 내면, 그 돈의 갑절을 A에게 빼앗는 방식이었다. 반대로 B가 A로부터 후하게 받은 돈을 균등하게 배분하지 않았을 때, A에게도 같은 방식의 보복권을 주었다. 그 결과 배신당한 A와 B

양자 모두 보복 의지가 매우 높았다.

이 실험 역시 '인간의 합리성'이 '최대의 경제이익'만은 아니라는 것을 입증했다. 이런 실험은 고전 경제학에서 추구했던 합리적 경제활동이 실제로는 공동체(Community)를 파괴하고 공익을 위한 인간의 이타성을 약화하고 있는 우려와도 연관이 있다. 개인에게 최대 이익이 다수에겐 고통으로 돌아오는 경우가 많기 때문이다.

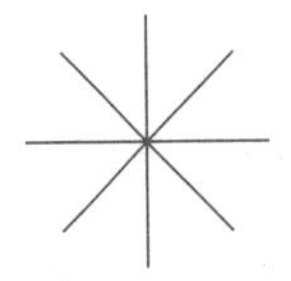

협력사회의 조건들

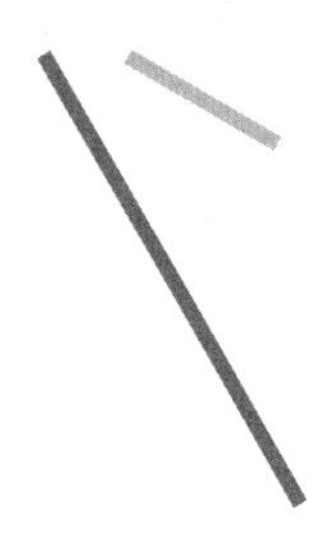

2020년 경남 하동의 조용한 시골 마을이 언론에 보도되었다. 마을 주민들은 매일 마을회관에 나와 누군가를 성토하고 있었다. 바로 전직 이장이었다. 전직 이장은 이장 선거에서 낙선한 후 2천여 마리의 닭을 키우기 시작했다. 문제는 사육장 바로 옆이 마을 공동의 저수지였다는 것이다. 수십 년간 이 저수지를 깨끗이 관리해 왔기에 주민들은 걱정 없이 시원한 지하수를 먹을 수 있었다.

하지만 양계장이 들어선 이후 저수지는 오염되었고 지하수에서 악취가 나기 시작했다. 주민들은 매일 생수를 사서 먹고 설거지와 빨래조차 생수를 이용해야만 했다. 해당 구역은 청정관리 대상인 녹색지대였지만, 전직 이장은 편법을 이용해 양계장을 설치했다. 관할 구청은 행정명령을 집행하기 위해 법규를 살폈지만 빈틈이 있었다.

주민들은 소송을 준비했다. 한 사람의 이기적인 행동 때문에 마을의 공공재였던 수원지가 오염된 것이다. 물론 시간이 더 흐르면 법이 해결해 줄지도 모른다. 하지만 분명한 것은 그 기간 동안 마을 주민은 고통받을 것이며, 고통에 대한 법의 보상은 매우 미미할 것이다. 마을 주민을 답답하게 만든 건 당장 효과적인 보복 수단이 없다는 것이었다. 이웃은 가까운데 법은 멀었다.

한국에선 강과 저수지의 물은 공공재로 다루고 있다. 누구도 이를 사적으로 소유할 수 없다. 하지만 토지나 생수 공장의 경우는 사정이 다르다. 강물은 분명 공공재이지만, 법률은 토지를 소유하거나 생산 허가받은 자들의 편이 된다. 저수지나 강 옆에서 공장이 24시간 물을 빨아들여 강과 개울이 마르고 그 여파로 악취가 나고 모기떼가 진동한다면, 더 나아가 물이 고갈된다면 어떻게 될까. 오랫동안 별 탈 없이 오가던 마을길이 어느 날 토지 소유주에 의해 막혀 버린 사연도 흔하다.

공공의 가치와 사유재산 보호라는 가치는 이렇듯 늘 충돌하고 있다. 이 경우 많은 사람은 법을 탓한다. 하지만 그 법이라는 것 역시 사회의 보편적 가치를 반영한다. 법이 일률적으로 규제하는 세상은 언뜻 질서 있고 살기 좋아 보이지만 실제로는 그렇지 않다. 법의 빈틈은 늘 존재하기 때문이다. 법이 세세한 부분을 규율하기 시작했던 근대 이후 공동체는 점차 통제 수단을 잃어버렸다. 그리고 그 법이 다수에게 유리하게 작동한다는 법도 없다.

집단 내부의 협력 또는 갈등에 대한 단서를 얻기 위해 행동경제학자와 진화심리학자는 사람의 협력을 강화하는 조건과 이를 파괴시키는 요인에 대한 실험을 고안했다. 이른바 공공재 게임(Public Goods Game)이다.

서로 처음 보는 참가자 5명에게 모두 100달러를 준 후 익명으로 기부하게 했다. 물론 익명으로 진행되었기에 기부하지 않아도 참가자의 신원은 드러나지 않았다. 기부할 경우 3배의 돈이 공공기금으로 적립되는 방식이다. 그리고 주최 측은 이 돈을 참가자에게 균등하게 배분한다. 기부를 많이 하면 할수록 참가자들은 이익을 얻는 구조를 설계한 것이다. 전원이 100달러 전액을 기부하면 1,500달러가 기금에 적립되고, 참가자들은 300달러를 돌려받게 되므로, 참가자는 200달러의 이익을 얻게 된다. 응당 이 게임의 최대 이익은 전원이 전액을 기부하는 것이었다.

하지만 5명 중 이기적 참가자가 있었다. 그는 한 푼도 내지 않았지만 타인의 기부금으로 돈을 불려 나갔다. 이렇게 생긴 균열은 불신을 낳았고, 게임을 거듭할수록 기부 금액은 떨어졌다. 결국 기부금이 0원이 되는 현상이 반복되며 게임은 중단되었다. 소수의 무임승차자가 공동체의 협력을 저해한다는 '무임승차자(Free rider)이론'은 이렇게 탄생했다.

앞의 실험은 익명성과 불통을 전제로 했다. 하지만 콜롬비아 안데스 대학의 후안 카밀로 카르데나스 교수팀은 사람의 사회적 활동은 커뮤니케이션을 기반으로 이루어진다는 점을 고려해 실험에 '토론'이라는 장치를 설계해서 진행했다. 주최 측은 참가자를 3개의 대조군으로 분리했다. 게임의 룰은 '공공재 게임'과 같았고 총 30번의 게임을 진행하도록 설계했다. 1그룹은 기존의 방식대로, 2그룹은 10회 게임마다 토론하게 했다. 그리고 마지막 3그룹은 처음 10회가 지난 후에는 게임이 끝날 때마다 토론을 진행하게 했다.

결과는 어땠을까? 1그룹은 기존의 공공재 게임의 결과와 같았다. 2그룹은 11회부터 기부액이 늘어나기 시작했으나 일정 회수가 지나자 기부금은 다시 줄어들었다. 주목할 곳은 3그룹이었다. 3그룹에선 늘어난 기부금이 줄어들지 않고 30회 게임까지 이어졌다. 그들은 토론을 통해 신뢰와 공동의 규범을 강화해 나간 것이다. 즉 개인의 이기적 행동이 공동에 불이익을 가져올 경우 이기적 개인 역시 불이익을 얻게 된다는 사실을 확인하고, 약속 이행을 서로가 신뢰하게 된 경우다.

공공재는 정부나 공동체의 재정으로 공급된 재화를 말한다. 개인 모두가 공동으로 이용할 수 있고 특정인을 배제하지 않는다. 공공재 서비스는 개인을 차별하지 않지만, 개인의 행동에 따라 줄어들거나 붕괴할 수 있다. 마을의 공동 우물은 누구도 차별하지 않지만, 누군가 복수심을 품고 짐승의 사체를 던져 넣는 순간 오염되고 공공의 서비스는 붕괴하는 이치와 같다. 그래서 실험을 고안한 팀은 집단 내의 협력과 갈등을 추적하기 위해 공공재라는 성격을 부여한 것이다.

앞의 사례를 단편적으로 보면 토론, 즉 숙의를 거친 집단의 선한 영향력을 신뢰할 수 있을지도 모르겠다. 이런 자발적 협동과 양보는 강제할 수 없는 것이다. 따라서 법이 아닌 다른 적절한 수단을 공동체가 가지고 있지 않을 때 구성원의 삶은 불행해진다. 앞서 살펴본 하동의 마을 식수나 마을길과 같이 말이다.

공동의 선을 위해 사람의 협력을 조직하는 것과 경쟁을 위해 집단을 분열시키는 것 중 어떤 것이 더 쉬울까. 불행히도 양 집단의 적대적 감정을 증폭하는 것은 매우 쉽지만, 통합을 위해 양보하거나 협동해야 하는 상황은 어렵다.

1954년 미국에서 진행된 '로버스 동굴 공원 실험'이 대표적인 예다. 심리학자 무자퍼 셰례프(Muzafer Sherif)와 그의 부인은 '집단 동조 실험'을 진행했다. 안정적인 백인 중산층 가정의 11살 아이 22명을 두 팀으로 나누어 소집했다. 이들에겐 사회심리 실험이라는 설명을 해 주지 않았다. 첫 주에 이들은 서로 협동해 즐거운 야영 생활을 했다. 아이들은 팀 이름을 정하고 깃발을 만들었다. 아이들이 만든 팀 이름은 독수리(Eagles)와 수다쟁이(Rattlers)였다. 자발적으로 물을 긷거나 불을 지펴 밥을 할 땐 아이들 모두가 협동했다.

다음 주엔 두 팀에게 그들의 공간에 또 다른 팀이 있다는 것을 알리고 두 팀을 대면시켰다. 그리고 운동경기를 비롯해 캠프 활동 자체를 경쟁으로 전환했다. 운동 경기 결과에 따라 식사 배급의 우선권을 주는 방식이었다. 수다쟁이 팀이 연승을 이어 갔다. 분리-경쟁의 효과는 금방 나타났다. 며칠이 지나지 않아 두 팀은 같은 공간에서의 식사를 거부했다. 깃발을 찢거나 상대팀을 급습해 침대를 뒤집어 놓거나 트로피를 강탈했다.

팀 내부의 결속은 단단해졌고 규율도 생겼다. 경쟁 이전엔 쾌활하고 성격 좋은 아이가 리더 역할을 수행했지만, 두 팀으로 나눠진 후에는 더 거칠고 호전적인 아이가 리더를 맡았다. 갈등이 너무 깊어져 폭행 사건까지 발행하자, 셰레프 부부는 두 팀의 갈등을 해소하기 위해 서로 대화하게 하거나 토론과 교육을 병행했다. 하지만 효과는 없었다.

결국 셰레프 부부가 고안한 방법은 외부의 강력한 적을 만드는 것이었다. 캠프 관리자를 적으로 설정했다. 관리자는 두 팀에 공급되던 수도를 끊고 공동배관을 막은 비닐을 제거하게 하거나, 트럭을 진창에 넣은 후 아이들이 힘을 합쳐 끌어내도록 했다. 공동의 과업을 실행한 아이들은 그제야 서로 물을 건네고 악수하며 화해를 시도했다.

그는 이를 정리해 '현실 갈등 이론(realistic conflict theory)'을 발표했다. 현실 갈등 이론은 "집단 간의 적대감은 희소 자원을 얻기 위한 경쟁과 분배 과정에서 비롯된다."는 내용이다. 여기서 희소 자원이란 경제적 자원만을 의미하지 않는다. 정치적 지휘권이나 특정 경쟁에서 우월적 수단을 이미 확보한 집단이 얻는 배타적 이익 같은 것들도 포함된다.

'로버스 동굴 공원 실험'에선 인위적으로 주어진 외부의 적에 의해 아이들이 통합되었다. 하지만 우리가 발을 딛고 사는 사회는 이보다 다층적이고 다원적인 영향을 받는다. 외부의 적에 대항하기 위해 내부인이 단결해야 했던 패러다임은 구시대적이다. 내부의 모순으로 인한 사회적 갈등을 완화하기 위해 외부의 적을 인위적으로 강화시키려면 정보의 통제와 억압적인 사법제도, 민족적(종교적) 이데올로기의 구축이 필수적이다.

러시아, 중국과 같은 권위주의 국가에선 가능할지 모른다. 하지만 정보 검열이 없는 사회에선 이런 모델은 성공하기 어렵다. 사회 내부의 모순, 이를테면 극단적인 불평등, 불공평한 기회, 특정 계층에 대한 차별적 문화와 사법제도를 유지하기 위해 외부의 적을 설정해 국민 동원 체제를 유지하는 것은 생각보다 많은 자원이 투입된다. 무엇보다 사회적 모순과 갈등을 일시적으로 잠재울 수는 있지만, 완화할 수는 없기 때문에 상당히 불안정한 사회체제가 지속되는 것이다.

인간은 공동의 이익을 위해서도 양보하거나 단합할 수 있다. 사회적 통합은 일순간 게임처럼 진행되지 않는다. 경제구조와 정치 · 사회 분야에서 '통합적 가치'를 발굴하고 이를 확산 적용하는 과정은 앞의 공공재 게임의 토론처럼 지난한 소통과 교육, 실천적 모범을 통해 이루어진다. 문제 해결은 오래된 힘의 논리와 무한경쟁 문화, 서열화되고 조직화된 힘의 위계, 불공정과 일방적 희생을 당연하게 받아들이지 않는 것으로부터 시작한다.

CHAPTER

04

가치법칙과 통합가치

CIV

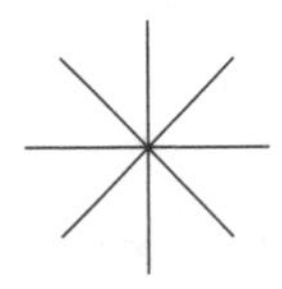

평판의 가치법칙

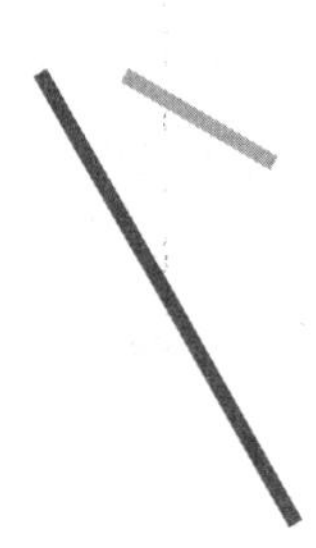

2차 세계대전의 막바지. 연합군이 오스트리아까지 진격했을 때의 이야기다. 연합군은 한 동굴에서 나치가 약탈한 세계적 명화들을 압수했다. 나치의 헤르만 괴링이 숨겨 놓은 수집품도 있었는데, 그 중엔 네덜란드 출신의 세기적 화가 요하네스 페르메이르(Johannes Vermeer)의 〈간음한 여인과 그리스도〉가 있었다. "네덜란드의 모나리자"라고 불렸던 페르메이르는 17세기 화가로 〈진주 귀걸이를 한 소녀〉로 유명하다.

괴링에게 이 그림을 팔아넘긴 사람은 한 판 메이헤런(Han van Meegeren)이라는 네덜란드 무명 화가였다. 그는 나치에 협력했기에 '반역죄'로 기소되기 직전이었다. 그런데 수사가 진척되자 놀라운 일이 벌어졌다. 메이헤런은 반역죄를 피하기 위해 그 그림이 자신이 직접 그린 위작이었음을 실토한 것이다.

문제는 그다음이었다. 그의 위작은 그것 하나가 아니었다. 그가 그린 위작 〈사도들〉과 〈엠마오 집에서의 저녁 식사〉는 이미 세기적 걸작으로 알려졌을 정도로 유명했다. 그는 17세기 무명 화가의 그림을 사서 그 캔버스에 고전화가들이 하는 방식 그대로 스케치했다. 캔버스나 안료에 대한 성분 검사를 통과하기 위한 묘수였다. 그는 페놀과 포름알데히드를 이용해 자신이 특수 제작한 오븐에 구워 말려서 균열을 만들고 갈라진 틈엔 검은 잉크를 채워 넣는 방법으로 감정사들을 감쪽같이 속였다.

그는 가치를 측정하기 어려운 추상화에 맹목적으로 가치를 부여했던 화단과 자신의 그림을 혹평했던 브레디위스 박사를 겨냥했다. 4년이라는 숙련기를 거친 메이헤런은 〈엠마오 집에서의 저녁 식사〉를 브레디위스 박사에게 가져갔고, 박사는 이 작품이 페르메이르의 진품이라 판정했다. 곧이어 협회 역시 이 작품을 인정했다.

그의 원래 목적은 진품과 위작조차 구분하지 못하는 비평가들을 조롱하기 위함이었으나, 막상 돈을 손에 쥐게 되자 생각이 달라졌다. 2차 세계대전 내내 전문 위조범으로 활약하기 시작한 것이다.

체포된 메이헤런이 살아남는 방법은 오직 하나, 자신의 그림이 자기가 위조한 위작임을 증명하는 것이었다. 이제 비평가들이 숨기 시작했다. 진품이라 평가했던 비평가들은 이미 톡톡히 망신당한 뒤였다. 그의 그림을 위작이라 판명했다가 진품으로 판결 나도 문제였고, 그 반대의 경우는 더 끔찍했다. 결국 그의 그림에서 17세기에는 사용하지 않았던 코발트블루가 발견되면서 위작 논란은 종결되었다. 그는 반역죄에서 벗어나 나치를 상대로 보기 좋게 한 방 먹인 사기꾼으로 회자되었다.

위작 논란은 종결되었지만, 이 사건은 '가치'에 대한 질문을 던졌다. 완벽히 복제되어 같은 색감과 질감까지 구현한 작품(상품)이 있을 때, 사람들은 왜 같은 심미적 효능감에도 불구하고 진품에 열광하고 위작에 냉소하는가. 복제품의 가격은 왜 떨어지는 것인가. 같은 기능임에도 불구하고 사람들이 천문학적 금액을 지불하고서라도 진품을 사들이는 이유는 당연히 상품성 때문일 것이다. 그렇다면 상품에 가치를 불어넣는 것은 무엇일까.

2020년 6월엔 역사상 가장 유명한 작품이 난데없는 봉변을 당했다. 프랑스 파리 루브르 박물관에 전시되어 있던 레오나르도 다빈치의 〈모나리자〉에 한 남성이 "지구를 생각하라"며 케이크를 던진 것이다. 강화유리 덕분에 그림은 온전했다. 고급 경매 관계자들은 만일 〈모나리자〉가 경매에 나온다면 2조 원 정도를 호가할 것으로 예상한다. 〈모나리자〉의 경제적 가치는 최대 40조 원 정도라고 하는데, 그 근거는 2018년 기준 루브르 박물관의 방문객 수는 약 1,000만 명 정도였고, 이들 대부분이 〈모나리자〉를 한 번만이라도 보고자 하는 사람들이었기 때문이다.

그런데 100년 전만 해도 〈모나리자〉는 루브르 박물관에 전시된 수많은 그림 중 하나였다. 1911년 이 그림이 도난당하고 피카소까지 유력 용의자로 몰려 체포되면서, 이 그림은 수많은 이야기를 양산하기 시작했다. 범인은 이탈리아인 빈첸초 페루자(Vincenzo Peruggia). 그는 〈모나리자〉의 도난 방지 유리벽을 시공한 업자였다. 도난 사건 이후 2년간 수많은 위작이 미국과 유럽의 대부호들에게 팔렸고 소문은 더욱 무성해졌다. 그림을 훔쳤지만 팔 길이 없었던 범인은 생활고에 지쳐 그림을 피렌체의 화랑에 내놓았다가 잡혔다.

체포된 그는 이탈리아인들의 감정에 호소했다. "우리 조국의 작품이 왜 프랑스에 있어야 하는가?" 그는 일약 영웅으로 떠올랐고, 이탈리아는 〈모나리자〉를 루브르 박물관에 바로 돌려주지 않고 6개월을 끌었다. 그 기간 〈모나리자〉는 이탈리아 전역을 돌며 전시되었는데, 세계의 이목이 이 그림에 쏠렸음은 당연했다. 세상에 단 하나뿐인 그림이기에 사람들이 열광하는 것일까?

물론 틀린 말은 아니다. 2021년, 〈THE MERGE〉라는 디지털 사진 작품은 9,180만 달러에 판매되었다. 우리 돈 1,200억 원이다. 대체불가토큰(NFT)기술로 유일함을 인증할 수 있는 디지털 기호만 부여했음에도 새로운 시장이 창출된 것이다.

얼굴 없는 그라피티 아티스트로 잘 알려진 뱅크시(Banksy)는 현재 미술계에서 가장 핫한 인물이다. 밤을 틈타 스프레이로 벽화를 그려 놓고 사라지길 반복했다. 그의 작품이 네티즌과 언론을 통해 소개되자, 그의 작품에 매료되는 사람도 늘어 갔다. 자본주의와 전쟁, 권위주의와 차별을 반대하는 그의 그림에서 영감을 얻는 사람들도 늘어 갔다.

처음엔 그의 그림을 '낙서'로 취급하고 흰 페인트로 지웠던 집주인은 얼마 지나지 않아 땅을 치고 후회했다. 그의 작품이 10억 원을 호가하기 시작했기 때문이다. 특히 2003년 팔레스타인 분리 장벽에 그린 〈꽃을 던지는 사람〉(2003)은 그를 일약 스타덤에 올렸다. 사람들이 이 분리 장벽에 몰려들어 사진을 찍었는데, 정작 주민들은 뱅크시가 팔레스타인에서 빨리 떠나길 원했다. 사라져야 할 추악한 분리 장벽이 아름다운 명소로 상징되는 것을 원하지 않았기 때문이다.

2018년, 영국 소더비 경매장에서 뱅크시의 〈풍선과 소녀(Girl With Balloon)〉는 104만 파운드, 우리 돈 16억 원에 낙찰되었다. 하지만 낙찰 순간 매장에선 경보가 울렸고 액자의 그림은 아래로 내려오며 파쇄되기 시작했다. 그림이 절반가량 파쇄되었을 때 파쇄기가 멈췄다. 뱅크시의 기획이었다. 물론 뱅크시가 원했던 것은 그림 전체를 파쇄하는 것이었다. 작품을 내놓을 때 액자 속에 소형 전동파쇄기를 장치했는데, 공교롭게 그림의 절반을 남기고 기계가 멈춘 것뿐이다.

그런데도 낙찰자는 그림을 포기하지 않았다. 잘린 부위가 절묘했다. 파쇄기 상단엔 핑크 풍선이 허공으로 날아가고 있었고, 얼굴 없는 소녀가 갈려 나가는 것처럼 보였다. 뱅크시는 작품 이름을 〈사랑은 쓰레기통으로(Love is in the Bin)〉로 정정했다. 3년 후 이 작품은 304억 파운드에 팔렸다. 뱅크시는 거품이 가득 낀 고급 현대미술 시장을 조롱하기 위해 기행을 연출했지만, 현대예술은 그의 작품을 그림과 퍼포먼스가 결합한 새로운 작품으로 만들었다.

"사람들은 자신이 이해하지 못하는 것에 비용과 가치를 부여한다. 특히 현대미술이 그렇다."는 말이 있다. 미술시장은 가치를 정량화해서 측정하기 어려운 시장이다. 이런 시장은 인위적으로 어떤 가치를 생성하고 가격을 지속적으로 올려야 유지된다. 톱클래스의 화가는 여전히 톱클래스에 머물러야 하고 그림의 가격은 매해 상승해야 한다. 에너지 자원이나 곡물과 달리 어떤 상품들의 가치는 애초 상품 안에 내재되어 고정되지 않는다. 상품의 기능이 다가 아니다. 사람의 욕망과 마음, 그 평판이 가치를 만들거나 없앤다.

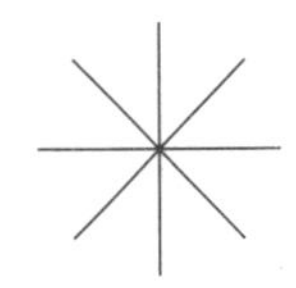

구매하는 것은 가치(Value)다

발렌시아가(BALENCIAGA)나 구찌(GUCCI)와 같은 하이엔드(high-end) 브랜드는 '품질'로 경쟁하지 않는다. 1등부터 1,000등까지의 상품경쟁이라면 품질이 중요하겠지만, 상위 1%의 경쟁에서 중요한 것은 품질이 아니라 평판 가치다. 그들의 제품은 어차피 수공 장인들이 많은 시간을 들여 한 땀씩 만든 것이고, 가죽 가공기술 역시 수백 년간 축적된 것이다.

가장 중요한 것은 최상위 계급을 암시할 수 있는 브랜드여야 한다는 것이다. 손을 뻗어 쉽게 가질 수 없는 것. 부자라고 해도 쉽게 가질 수 없는 제품이어야 한다. 중산층 여성이 쉽게 어깨에 걸칠 수 있는 핸드백이 되는 순간, 브랜드 이미지는 추락하고 만다. 대표적인 사례가 샤넬이다. 한때 구매에 성공하기만 하면 정가 제품에 수백만 원의 웃돈이 붙던 샤넬의 리셀 가격은 2020년이 되자 정가보다 훨씬 아래에 형성되기 시작한 것이다.

샤넬은 수년간 수익을 위해 오픈 런 행사를 반복해 왔다. 고객들은 밤새워 줄을 서고 매장이 오픈하자마자 달려가 산다. 시장에 제품이 많이 풀리고 샤넬 핸드백을 쉽게 볼 수 있게 되자, 브랜드 이미지가 떨어지기 시작했다. 가장 큰 변화는 최상위 그룹이 샤넬을 외면하기 시작한 것이다.

이런 현상은 우리에게 '가치'에 대한 질문을 새롭게 던지고 있다. 가치를 규정하는 핵심 요소가 바로 '사회적 평판' 또는 '대중의 인식'이라는 것이다. 기업 브랜드와 사람들의 인식에 대한 연구는 오랫동안 진행되었다. 초기 기업의 개별 상품은 사람들에게 단순한 이미지로 저장되거나 지워지지만, 일정 시간이 지나 사회적 상징성을 획득하는 순간 개인을 넘어 다중의 '사회적 기억'으로 축적된다. 해당 제품과 브랜드가 어떻게 각인되는가에 따라 기업의 흥망성쇠가 결정된다는 것이다.

이 사회적 기억이 해당 제품을 고급문화의 상징으로 인정할 때, 그 영향력은 더욱 커진다. 초기 약국에서 소화제나 건강보조제 따위로 팔렸던 코카콜라와 캘리포니아의 작은 햄버거집에서 시작한 맥도널드가 미국 자유주의 문화의 상징으로 자리 잡고 람보르기니와 벤틀리가 고급문화의 아이콘으로 성장하게 된 이유가 바로 여기에 있다.

그 제품을 소비하는 것이 특정 문화를 향유하는 것을 상징하게 된 것이다.

왜 엇비슷한 성능에도 불구하고 특정 브랜드는 더 잘 팔리는가. 제품의 성능이나 기능이 아닌, 브랜드가 왜 소비자 선택에 더 큰 영향을 미치는가. 왜 세계 스마트폰 점유율 1위의 삼선전자(366조 원)보다 2위인 애플의 시가총액(3,314조 원)이 더 많을까(2022년 7월 기준).

지금은 믿기 어려운 수치이지만, 1997년 애플의 주가는 1달러까지 떨어져 파산 직전까지 몰렸다. 마이크로소프트가 자사의 부품만을 사용한다는 조건을 걸고 긴급 수혈을 해 줘서 겨우 기사회생할 수 있었다. 실적 부진으로 쫓겨났던 스티브 잡스가 12년 만에 애플에 복귀한 것이 이때다. 그리고 역사에 길이 남을 광고 한 편이 공개되었다. 일명 'Think different' 캠페인이었다. 광고의 내레이션은 이랬다.

"여기 미친 이들이 있습니다. 부적응자, 혁명가, 문제아 모두 사회에 부적격인 사람들입니다. 하지만 이들은 사물을 다르게 봅니다. 그들은 규칙을 좋아하지 않고 현상 유지도 원하지 않습니다. 그들을 찬양할 수도 있고, 그들에 동의하지 않을 수도 있으며, 그들을 찬미할 수도, 비방할 수도 있습니다. 하지만 할 수 없는 일이 딱 한 가지 있습니다. 결코 무시할 수 없다는 사실입니다. 그들은 뭔가를 바꿔 왔기 때문입니다. 그들은 인류를 진보시켰습니다. 다른 이들은 그들을 미쳤다고 말하지만, 저희는 그들에게서 천재성을 봅니다. 미쳐야만 세상을 바꿀 수 있다고 생각하기 때문입니다."[25]

스티브 잡스의 복귀 이후 애플은 아이맥(1998)으로 다시 활력을 얻었고, 아이팟(2001), 맥북(2006), 아이패드(2010), 아이폰(2017)을 출시하면서 문화를 선도했다. 오늘날 누구도 애플을 일개의 전자제품 회사로 기억하지 않는다. 시장과 인류 문명을 바꾼 천재적 혁신기업으로 기억한다. 이후 애플은 광고에서도 타사가 넘을 수 없는 아성을 구축하며 고급스러우면서 혁신적인 광고 트렌드를 주도하고 있다. 애플이 선택한 광고 음원 역시 가장 쿨한 것으로 인정받고 있다.

고객 충성도는 말할 것도 없다. 스티브 잡스가 떠난 이후 삼성전자에 비해 아이폰은 혁신적 기술 개발 없이 마케팅에만 치중한다는 주주들의 우려가 없지 않지만, 그럼에도 애플의 시가총액은 고공 행진한다. 세상에 없던 물건, 즉 아이폰을 만들어 세상을 바꿔 왔던 애플의 가치를 공유하는 충성 고객 덕분이다. 그들은 자신의 라이프 스타일을 애플이 상징한다고 믿는다. 그래서 애플의 언팩(unpack) 행사는 록스타의 콘서트를 연상케 하고 제품 출시 당일엔 전날부터 밤을 새우며 줄을 선 고객들로 붐빈다.

만약 미래의 어느 시점에 애플이 화웨이(huawei)의 제품을 모방해 카피 상품을 출시한다면 어떻게 될까. 아마도 그날이 애플엔 사망선

• • •

25 1997년에 로스앤젤레스 광고 대행사 TBWA 사무소에서 만든 광고 문구.

고일이 될 것이다. 불가능을 꿈꿔 마침내 세상에 없던 것을 내놓는 '미친 혁신성'이라는 가치를 잃었기 때문이다. 소비자들은 화웨이의 하위 가치가 된 애플을 용납하지 않을 것이다.

자신이 추구하는 '가치'가 무엇인지 정확히 모르는 기업도 있다. 미국의 "PELOTON" 광고 사태다. 뉴욕에서 가장 핫한 스포츠용품 브랜드였던 펠로톤은 실내 운동용 자전거나 러닝머신에 모니터를 장착, 트레이너 강사가 매일 트레이닝을 시켜 준다는 콘셉트로 선풍적인 인기를 끌고 있었다. 문제는 2019년의 크리스마스 특집 광고였다. 남편이 아내에게 펠로톤 자전거를 선물해 주었고, 아내는 매일 자신이 운동하는 영상을 찍어 1년 후 남편에게 감사 영상을 보여 준다는 내용이었다.

이 광고는 즉각 여성들의 강력한 반발에 부딪혔다. "왜 아내가 살 빼는 걸 위해 남편이 선물하는 것인가, 여자는 남자의 노예인가?" "왜 아내는 자신의 운동량을 남편에게 보고하는가?" "여성은 바보인가? 왜 스스로 펠로톤 자전거를 구매하지 않는 것인가." "이미 날씬한 여성인데 왜 자전거를 주는 것인가?" 해당 광고에 대한 비난은 단 하루 만에 미국의 주요 뉴스를 장식할 정도로 거셌다. 펠로톤의 주가는 하루 만에 9% 폭락해 무려 1조 원이 증발했다.

펠로톤의 경영진이 자신 기업의 가치를 '고가의 트레이닝 운동기구 제조사'라고 규정하면 이런 참사가 일어날 수 있다. 경영진은 해당 광고가 비난받기 전엔 광고의 유해성을 인지하지 못했을 것이다.

2013년, 한국에선 남양유업에 대한 소비자 불매운동이 거셌다. 남양유업이 대리점에 상품을 강매해 온 사실이 폭로되었고, 여직원의 결혼과 임신에 대한 노골적인 차별 문화, 타사 제품에 대한 불법적 비난 마케팅, 제품 효능을 과장한 사실이 연이어 드러났다. 그해 남양유업의 매출은 9.9% 감소했다. 순손익도 전년 610억 7,200만 원 흑자에서 455억 4,000만 원의 적자로 돌아섰다. 1994년 이래 최초의 적자였다. 이후에도 소비자들의 불매운동은 지속되었다.

이미지가 추락한 남양유업은 자사의 브랜드명이 최대한 보이지 않게 디자인한 제품을 내놓았으나 네티즌은 남양유업과 관련된 제품을 모조리 찾아내 저격했다. 저격 방식도 이색적이었다. 소송을 우려한 네티즌들은 "좋은 남양 제품을 소개한다.", "남양인지 꼭 확인하시고 구매합시다."라는 제목을 달아 SNS에 남양유업의 라인업을 공유했다. 50년간 우위를 지켜 왔던 매일유업에 선두를 내준 시점도 이때부터였다.

이제 소비자들은 제품의 효능감이 아니라 제품과 기업 안에 내재한 가치를 확인하고 구매한다. 기업가치의 문제를 단순히 대외적인 브랜드이미지(BI)를 가공하는 것으로 이해해선 곤란하다. 뒤에서 다시 설명하겠지만, 기업가치가 혁신적이지 않다면 기업 내부의 문화 역시 경쟁력이 떨어진다.

소비자와 사회가 브랜드와 제품의 '가치'를 공유하고 이에 동조해 제품을 구입한다는 이론이 바로 가치 판매 이론이다. 이 가치판매와 관련해선 사이먼 사이넥(Simon Sinek)의 골든 사이클(Golden Circle) 이론을 참고할 만하다. TED에 출연한 그의 영상은 역대 TED 영상 중 4번째로 높은 조회수를 기록하고 있다. 영상은 혁신적인 기업을 창업하고자 하는 젊은이들과 광고 마케터들이 반드시 들러야 할 '성지(聖地)'로 알려졌다.

세상을 바꾸는 힘이 어디서부터 시작하는가, 그 통찰력에 대한 이야기다. 그는 원의 바깥에서부터 무엇을(what), 어떻게(how), 왜(why)를 그렸다. 그리고 그는 세상을 바꾸는 리더들의 사고방식이 일반인과는 다른 패턴을 가지고 있다는 것을 알아차렸다고 말한다.

> "아마 이게 세계에서 가장 단순한 아이디어일 겁니다. 난 이걸 골든 서클이라 부릅니다. 지구상의 모든 사람, 혹은 단체는 자신들이 하는 일이 무엇인지 100% 알고 있습니다. 어떤 이들은 그걸 어떻게 하는지 알아요. 하지만 아주 극소수의 리더들만이 그 일을 왜 하는지 알고 있습니다. 여기서 '왜'는 이윤 창출 같은 것을 의미하지 않아요. 그것은 단지 결과일 뿐입니다. **여기서 '왜'라는 것은 즉 당신의 목적이 무엇인지를 묻는 겁니다.** 당신의 이유가 무엇인지, 당신의 신념이 무엇인지를 뜻하죠. 당신의 조직은 왜 존재합니까? 왜 당신은 아침에 침대에서 일어납니까? 왜 누군가를 신경 써야 합니까? 우리가 행동하고 소통하는 방식은 (골든 서클의) 외부(why)에서 안쪽(what)으로 향합니다. 우리는 가장 명백한 것으로부터 가장 까다로운 것으로 향해 가죠. 하지만 영감 있는 지도자들이나 크기나 분야에 상관없이 모두가 안(what)에서

바깥(why)으로 생각하고 행동하고 소통합니다. (…) 많은 경우 실제 커뮤니케이션에선 이렇게 말합니다. '우리는 훌륭한 컴퓨터를 만듭니다. 그것은 매우 아름답고 쉽게 이용할 수 있고 편리합니다.' (…) 실제로 애플에선 이렇게 말합니다. '우리가 하는 모든 것들, 우리는 기존 현상에 도전하고 다르게 생각한다는 것을 믿습니다. 기존 방식에 도전하는 우리의 방식은 제품을 아름답게 디자인하며 간단히 사용할 수 있고 편리하게 만드는 것입니다. 우리는 방금 훌륭한 컴퓨터를 만들게 되었습니다. 구입하고 싶은가요?' 저는 정보의 순서를 뒤집어 놓았을 뿐입니다. **이것을 증명하는 것은 사람들이 '당신이 무엇을 하느냐' 하는 것 때문에 구매하지 않는다는 것입니다. 사람들은 당신이 그 일을 왜 하느냐(신념)에 따라 구매합니다. 사람들은 당신의 임무를 구매하지 않습니다. 당신의 신념, 당신이 하는 이유를 구매합니다."**[26]

• • •

26 Simon Sinek《How great leaders inspire action》, https://www.ted.com/talks/simon_sinek_how_great_leaders_inspire_action

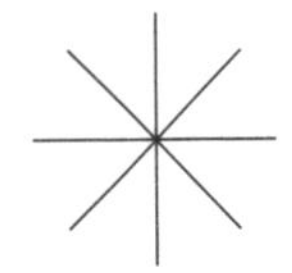

유행이 된 ESG 경영

사람은 왜 사는가? 사람의 생물학적 생존 요건은 심장 활동에 의한 호흡이다. 암으로 인한 장기 손상이든 교통사고로 인한 외상에 의해서든 인간의 마지막 생명 활동은 심정지로 종료된다. 하지만 숨을 쉬기 위해 사는 사람은 없다. 사람은 삶을 통해 가치를 추구한다. 그것이 생의 의미다.

이 질문은 역시 기업에도 적용할 수 있다. 왜 기업을 하는가? 상품을 판매해 자본을 축적한다는 발상은 1차원적이다. 물론 이런 1차원적인 목표로 살아남은 기업도 많고, 축적한 자본을 자손에게 상속해 대를 이은 가족 경영체계를 구축한 기업도 역시 많다. 천민자본주의의 전형이라 할 수 있다.

기업 활동은 필연적으로 지구 자원을 채굴해서 이루어지고 생산과 판매활동은 사회구성원의 참여로 이루어진다. 과거 주류 경제학이 사적 소유와 자본의 확장에만 집중했다면, 이제 사람들은 사회적 책임과 변화된 사회에 걸맞은 가치를 요구한다. 실제로 지난 50년간 몰락한 기업과 안정적인 성장 엔진을 구축한 기업의 사례를 분석하면, 사회적 평판이 떨어진 기업은 쉽게 몰락했다.

미국에서 진행한 성공한 기업인을 대상으로 한 통계에 따르면, 이들은 성공의 기준을 이윤이 아닌 사람들의 평판과 역사적 평가에 두고 있었다. 소비자 역시 선한 가치를 구현하는 기업의 제품은 구매하고, 사회적 병폐를 축적하는 기업에 대해선 단호히 불매한다. 글로벌 기업들은 국제적 약속을 통해서 사회적 가치를 충족시키지 못하는 기업을 공표하고, 그렇지 못한 기업은 국제 거래망에서 퇴출시킬 수 있도록 하는 '글로벌 기업가치망'에 대한 논의를 본격화하고 있다.

2019년 미국 '비즈니스라운드테이블'에 참석한 181명의 글로벌 기업 대표들은 '기업의 목적에 관한 성명'에서 기업의 다섯 가지 사명에 동의했다. '비즈니스라운드테이블'은 한국으로 치자면 전경련과 같은 단체다. 미국의 3대 로비단체로, 친기업적인 법안을 위해 로비 활동을 한다. 그래서 2019년의 서명이 더욱 주목받았다. 주주만을 위한 경영이 아니라 모든 이해관계자를 위하겠다는 뜻이다. 가치의 핵심을 ESG[환경(Environmental), 사회(Social), 지배 구조(Governance)]로 담은 것이다.

현재 약 600여 개가 넘는 평가기관이 기업들의 ESG 학점을 평가하고, 이를 등수로 매기며 많은 투자자에게 판단 자료로 제공하고 있다. '평판 경제(Reputation Economy)' 시대에 'ESG 평판 등급'의 영향력은 '신용 등급'보다 더욱 강력해질 것으로 예측된다. 최근 국내 대기업들이 'ESG 경영'을 전면에 내세우며 기업 이미지 재고에 나서고 있는 점도 이와 무관치 않다.

환경(Environmental), 사회(Social), 지배 구조(Governance)의 글로벌 기준을 충족해야만 기업 활동을 온전히 할 수 있는 국제적 규범이 형성된 것이다. 한국 역시 2024부터 ESG 보고서를 의무 제출하도록 하는 자본시장법이 국회에서 발의 준비 중이다.

ESG 경영이 재계의 화두로 떠오른 이유는 바로 ESG 투자로 인한 주가 상승 덕분이다. ESG 우수 기업에 투자하는 것을 ESG 투자라 한다. 대표적으로 국민연금은 2022년까지 전체 자산 912조의 50%를 ESG 기업에 투자한다는 방침을 밝혔다. 국민연금의 투자주식이 40조원인데, 채권과 대체투자를 제외한 직접 주식투자액만 20조 원이 움직이는 것이다.

ESG 펀드는 팬데믹 기간 동안 급성장했다. 2020년 기준으로 388조원이 ESG 펀드로 몰렸다. 한마디로 돈의 흐름이 ESG로 향했다. 물론 이것이 순전히 ESG 관련 사업의 유망함을 의미하는 것은 아니다. 팬데믹 기간 막대한 정부 자금이 풀렸고, 공장이 셧다운 되었기에 돈이 이곳에 집중될 수 있는 환경이 조성된 이유 또한 컸다.

앞서 전 세계 600개가 넘는 평가기관이 있다고 했는데, 이는 난립하고 있다는 것을 의미한다. 2022년 6월 미국 증권거래위원회(SEC)가 골드만삭스의 ESG 관련 펀드에 대한 대규모 실사에 나선 것도 이와 무관하지 않다. 국제 신용평가회사는 물론 국내 한국기업평사 한신평, 나신평 등의 3대 신용평가 회사와 삼일, 삼정, 안진, 한영과 같은 4대 회계법인 역시 ESG 채권에 대한 검증에 뛰어들었다.

토종 경영참여형 사모펀드(PEP)의 대표주자 IMM 프라이빗에쿼티(PE) 역시 ESG 실사를 도입했고, 우리나라 연기금의 사회책임투자(SRI)도 크게 늘고 있다. 일반 투자자들의 ESG 투자 역시 늘고 있기 때문이다. 수익률도 나쁘지 않다. 2020년 미국 펀드의 경우 ESG 펀드의 75%가 평균 이상의 수익을 올렸고, 이 중 42%는 아주 높은 수익을 올렸다. 투자자들은 돈을 벌기 위해서라도 ESG 투자에 몰려들고 기업은 ESG 등급을 높게 받기 위해 노력하게 되는 구조다.

2021년 국내 대기업 CEO들은 신년사에서 ESG 경영을 선포하고, ESG를 관장하는 위원회를 신설했다. ESG 채권과 ESG 펀드가 연이어 출시되었고 UN의 책임투자원칙인 PRI를 이행하겠다고 서명한 투자기관들이 늘고 있다. 이 기관들은 투자대상기업에 ESG 관련 정보를 공개할 것을 요구하고, ESG 점수에 따라 투자 기회도 달리 주게 된다.

그런데 ESG 경영이라는 것이 겉은 그럴듯한데, 내용은 별것 없고 다소 기만적이라는 우려도 있다. 물고기 남획과 부수적 어획(그물에 딸려 온 멸종 위기종 어류들로 대부분 사망한다)으로 둘째가라면 서러운 원

양기업이 판매하는 수산물이 비닐 포장을 줄이고 이력만 잘 관리하면 미국의 환경인준단체에서 인정하는 그린(GREEN) 라벨을 손쉽게 받을 수 있다거나, 공장 주차장을 대형 태양전지 그늘막으로 덮으면 높은 ESG 점수를 얻을 수 있기 때문이다. 문제는 공장 주차장의 태양전지판은 기껏해야 야간에 진입하는 도로와 주차장에만 활용한다는 점이다.

이렇게 쉬워 보이는 영역만 해 놓고 기업들은 ESG 경영을 전면에 내세운다. 특히 한국에선 지배구조와 경영권 승계 과정의 문제로 인해 ESG 기준을 충족할 수 없음에도 다소 위선적인 홍보가 난무하고 있다는 지적도 있다.

중대재해기업처벌에 대비해서 바지사장을 둔다는 이야기가 들린다. 산업재해를 예방하기 위한 투자가 비용이라는 인식이 바뀌기 전에는 산재 사망사고는 끊임없이 발생할 수밖에 없다. 국제노동기구(ILO)에 제시된 10만 명당 사망사고 비율에 대한 최근 국가통계를 보면 우리와 비슷한 수준은 우크라이나, 아제르바이잔, 몽골, 칠레 등이다.

1,000명이 넘는 종업원을 가진 대기업이 장애인은 단 한 명도 고용하지 않으면서도 기업 홍보에서 ESG를 강조하는 건 허망한 이야기다. 2016년부터 4년간 금융공공기관 9개의 장애인고용부담금은 해마다 증가했고, 총액은 60억 원이 넘었다. 전국 시도교육청은 2017년부터 2019년까지 3년간 장애인 의무고용 위반으로 93억 원을 납부했고, 이 또한 매년 증가하고 있다. 20년 넘게 육성한 임원을 창의력과 도전정

신이 부족하다고 나이 50에 내보내는 대기업에 MZ세대 인재가 모이기 어렵고 미래는 어두워질 수밖에 없다.

거버넌스와 관련해 우리나라 대기업집단의 소유 구조는 취약하다. 지주회사 체제로의 개편도 속도가 더디다. 세습경영도 문제지만, 대기업집단의 잦은 소멸로 인해 소속 기업 직원만이 아니라 해당 업종이나 지역까지 위험에 빠진다. 경영진과 지배주주를 감시하고 견제해야 할 사외이사는 '거수기' 비판에서 자유롭지 못하다. 기업 내 설치가 강제되는 수많은 위원회는 벌금과 과태료를 피하기 위해 회의록 작성에 공을 들인다.[27]

평판이 기업의 명운을 결정한다는 것은 이제 모두가 안다. 문제는 그 '가치'가 보여 주기를 위한 마케팅용 가치인지, 사회공동의 문제 해결을 위한 진정성 있는 노력인지다. 자본은 그 본성으로 인해 기후위기 대응에 실패할 것이 분명하고, 세계는 자국중심주의로 인해 인류의 과제 해결을 할 수 없을 것이라는 절망적인 무기력감을 호소하는 전문가들도 많다. 다음 장에선 이 문제를 해결하기 위한 기업가치 이론에 대해 살펴보도록 하자.

• • •

27 매일경제. 2021. 6. 15. 이영면 동국대 경영대학 교수. "[매경이코노미스트] 구호만으로 ESG 경영을 실천할 수는 없다".

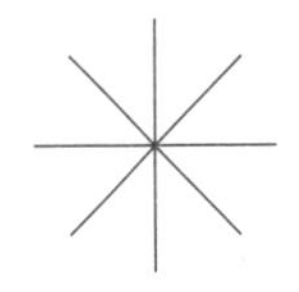

기업가치의 변화

CSR(사회적 책임), CSV(공유가치창출), 통합가치창출(CIV)을 중심으로

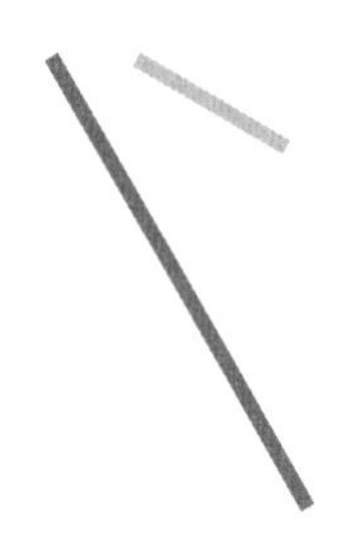

독자들에게 미리 양해를 구한다. 이번 챕터는 책장을 넘기기가 쉽지 않을 것이다. 시장경제에서 기업이 추구해야 할 가치에 대한 논의와 그 배경을 다룰 예정인데, 대부분의 용어가 영문 약어로 되어 있고 그 배경 이론 또한 방대하다. 가령 공유가치와 공유경제의 차이, 사회적 통합을 말할 때의 '통합'과 기업과 사회적 가치에서의 '통합' 간의 차이와 같이 경제 · 경영학적 범주에 익숙하지 않은 독자들은 이번 장의 내용이 건조한 건빵처럼 느껴질 수 있을 것이다. 최대한 쉽게 이해할 수 있도록 설명하고자 했으나, 일부 이론적 근거에 대해선 곡해를 방지하기 위해 이론 주창자의 주장을 그대로 따온 부분이 있다.

'씨 셰퍼드(Sea Shepherd Conservation Society)'라는 NGO 그룹이 있다. 1977년 설립 이후 포경(捕鯨)산업을 막기 위한 활동을 이어 가고 있다. 창설자인 폴 왓슨은 원래 그린피스 소속이었지만, 전투적이고 테러리즘적인 활동 방식으로 제명된 후 씨 셰퍼드를 만들었다.

그들은 고래잡이를 막기 위해 포경선에 올라타 그물을 제거하거나 포경선에 구멍을 내 침몰시키고 프로펠러에 밧줄을 걸어 망가뜨렸다. 고래 고기 가공공장에 취업해 생산공정을 마비시키는 일도 서슴지 않는다. 현재는 포경 금지를 넘어 산업화한 어업을 반대하는 운동도 하고 있다. 이들과 같이 열성적으로 활동하는 단체는 얼마나 될까? 이렇듯 기후위기에 대처하기 위한 연구기관과 활동가 단체는 셀 수 없이 많다.

당장 UN의 기구인 '기후변화에 관한 정부 간 협의체(IPCC)'만 해도 세계 195개국의 환경전문가와 공무원이 모여 기후위기를 조사한다. 'IPCC'는 2021년 보고서를 통해 서울은 지구온난화로 인한 홍수로 인해 세계에서 가장 큰 피해를 입을 도시가 될 것이며, 태풍 피해가 가장 큰 10개국 안에 한국이 들어간다고 발표한 바 있다.

현재 이산화탄소 배출로 인한 지구온난화는 정점을 맞고 있다. 다시 말해 국제적 노력과 캠페인, 활동가들의 분투에도 불구하고 전혀 개선되지 않고 오히려 악화되고 있다는 것이다. 무력감에 휩싸인 안토니우 구테흐스 UN 사무총장이 2002년, "국가와 기업이 (위선적인) 거짓말을 하고 있다."고 토로한 것은 결코 과장이 아니다. 물론 위기는 지구온난화만은 아니다. 신냉전으로 인한 전쟁 위기, 난민 문제, 불평등과 차별, 국가 간 양극화의 심화 등의 고질적인 문제 역시 여전히 산재해 있다.

현재 '지속가능한 개발'이라는 의제를 해결하기 위한 비정부 기구만 200만 개 이상이며, 2015년에 UN은 17가지의 지속가능개발 목표(UN-SDGs)와 169개의 세부 지표를 설정했다. 현재의 인류와 미래의 지구를 위해 가장 중요한 의제만을 모아 놓은 것이니, 살펴볼 것을 권한다.

불행히도 국제 활동가들의 노력에도 불구하고 과제는 실패를 거듭하고 있다. 온실 가스는 전례 없는 수준이며, 생물다양성은 58% 감소했다. 소득 불평등 지수는 더 악화되었는데, 세계 인구 상위 1%는 세계 부의 43%를 차지하고 있다. 강제 이주로 6,560만 명이 추방당했고, 그중 2,250만 명이 난민으로 전락했다. 부패와 관련해서는 사회활동 인구 4명 중 1명은 공공서비스(국가기관)에 뇌물을 준 적이 있다고 응답했다.

이제 우리는 좀 더 본질적인 문제로 다가가야 한다. 세계를 움직이는 힘에 대해서 말이다. 그것은 우리가 발 딛고 있는 자본주의에서부터 시작해야 한다. 바로 기업이다. 기업이 자본주의의 엔진이라면, 그 방향성에 일부 관여하는 쪽이 소비자이며 폭주를 관리하거나 시스템에 균열이 생기면 개입하는 주체가 정부다. 기업이 반사회적인 노동

1 NO POVERTY	Goal 1. No Poverty “모든 곳에서 모든 형태의 빈곤 종식”	10 REDUCED INEQUALITIES	Goal 10. Reduced Inequalities “국내 및 국가 간 불평등 감소”
2 ZERO HUNGER	Goal 2. Zero Hunger “기아 종식, 식량 안보와 개선된 영양 상태의 달성, 지속가능한 농업 강화”	11 SUSTAINABLE CITIES AND COMMUNITIES	Goal 11. Sustainable Cities and Communities “포용적이고 안전하며 회복력 있고 지속가능한 도시와 주거지 조성”
3 GOOD HEALTH AND WELL-BEING	Goal 3. Good Health and Well-Being “모든 연령층을 위한 건강한 삶 보장과 복지 증진”	12 RESPONSIBLE CONSUMPTION AND PRODUCTION	Goal 12. Responsible Consumption and Production “지속가능한 소비와 생산 양식의 보장”
4 QUALITY EDUCATION	Goal 4. Quality Education “모두를 위한 포용적이고 공평한 양질의 교육 보장 및 평생학습 기회 증진”	13 CLIMATE ACTION	Goal 13. Climate Action “기후변화와 그로 인한 영향에 맞서기 위한 긴급 대응”
5 GENDER EQUALITY	Goal 5. Gender Equality “성평등 달성과 모든 여성 및 여아의 권익 신장”	14 LIFE BELOW WATER	Goal 14. Life Below Water “지속가능발전을 위한 대양, 바다, 해양자원의 보전과 지속가능한 이용”
6 CLEAN WATER AND SANITATION	Goal 6. Clean Water and Sanitation “모두를 위한 물과 위생의 이용가능성과 지속가능한 관리 보장”	15 LIFE ON LAND	Goal 15. Life on Land “육상생태계의 지속가능한 보호 · 복원 · 증진, 숲의 지속가능한 관리, 사막화 방지, 토지황폐화의 중지와 회복, 생물다양성 손실 중단”
7 AFFORDABLE AND CLEAN ENERGY	Goal 7. Affordable and Clean Energy “적정한 가격에 신뢰할 수 있고 지속가능한 현대적인 에너지에 대한 접근 보장”	16 PEACE, JUSTICE AND STRONG INSTITUTIONS	Goal 16. Peace, Justice and Strong Institutions “지속가능발전을 위한 평화롭고 포용적인 사회 증진, 모두에게 정의를 보장, 모든 수준에서 효과적이며 책임감 있고 포용적인 제도 구축”
8 DECENT WORK AND ECONOMIC GROWTH	Goal 8. Decent Work and Econimic Growth “포용적이고 지속가능한 경제성장, 완전하고 생산적인 고용과 모두를 위한 양질의 일자리 증진”	17 PARTNERSHIPS FOR THE GOALS	Goal 17. Partnerships for the Goals “이행 수단 강화와 지속가능발전을 위한 글로벌 파트너십의 활성화”
9 INDUSTRY, INNOVATION AND INFRASTRUCTURE	Goal 9. Industry, Innovation and Infrastructure “회복력 있는 사회기반시설 구축, 포용적이고 지속가능한 산업화 증진과 혁신 도모”		

표 1 | UN 17가지의 지속가능개발 목표(UN-SDGs)

환경을 노동자에게 강요하거나, 자국의 환경을 황폐화하면 국가가 나서서 제지하고, 소비자들은 해당 기업을 '악덕기업'으로 규정하고 불매운동 등을 통해 기업 이미지를 타격한다.

그렇다면 국가(사법당국)가 시장에 개입할 수 있는 영역은 어느 정도 될까. 실정법으로 규정한 것을 '어기지만 않는다'면 모든 것이 허용된다. 즉, '네거티브(negative) 방식'이다. 시장경제에 대한 믿음 때문에 200년 이상 국가들은 자국의 기업이 더 공격적으로 자원을 확보하고 시장을 개척할 수 있도록 지원하는 역할을 해 왔다. 자국의 환경오염에 대해선 매의 눈으로 감시하지만, 오염산업을 수출하는 것은 '무역'이라는 이름으로 눈감아 준다.

1992년 2월 8일 〈이코노미스트〉지는 경제학자이자 하버드대 교수 출신인 로렌스 서머스의 메모를 폭로했다. 그가 국제부흥개발은행(IBRD) 수석 이코노미스트 시절 직원들에게 보낸 메모였다.

> 우리끼리 하는 말이지만, 저개발 국가의 환경오염산업 유치를 세계은행이 장려해야 하지 않을까요? 건강에 해로운 오염물질을 배출하는 작업은 가장 비용이 덜 드는 국가, 즉 가장 저임금 국가에서 처리해야 합니다. 유해 폐기물을 저임금 국가에 버리는 현상의 기저에 깔린 경제논리는 흠잡을 데 없다고 봅니다. 현실을 직시해야죠. 대기오염 물질과 폐기물의 국제교역으로 세계의 후생을 증진할 수 있습니다. 그런데, 국제교역이 불가한 부분(교통, 전력 생산)에서 너무도 많은 오염물질이

배출되고 고형폐기물의 운송비용이 너무도 비싼 점이 애석할 따름입니다.[28]

그는 오염물질과 유해물질을 저임금 국가에 넘기는 것은 경제적으로 이익이며, 세계 후생을 증진한다고 판단했다. 아마도 그가 말하는 세계 후생이란 미국과 부유한 유럽 국가들, 제1세계임이 틀림없다. 그는 미 재무장관을 거쳐 하버드대 총장, 미국 국가경제위원회 의장을 역임했다.

여기서 주목해야 할 점은 유해물질을 제3세계로 보내는 것을 "교역"이라고 표현한 점이고, 그것의 "경제논리는 흠잡을 데 없다."고 평가한 점이다. 오염과 위험은 저임금 국가에 외주화하면서, 소비하고 남은 상품 쓰레기와 부산물은 교역이라는 이름으로 다시 제3세계에 떠넘기는 것은 이제 더는 새롭지 않다. 이렇듯 시장은 모든 것을 사고 팔 수 있다. 유해물질까지도.

시장을 움직이는 핵심동력, 즉 엔진이라 할 수 있는 기업의 활동목표에 대한 인식은 조금씩 달라져 왔다. 1970년부터 제기되었던 기업이 추구해야 할 가치에 대해 정리한 [표 2]를 보자. 아래의 표는 경제

• • •

28 스티븐 A. 마글린. 윤태경 역. 《공동체 경제학_맨큐의 경제학 이데올로기를 대체하는 새로운 패러다임》 (2020). 경희대학교출판문화원. p.78.

와 경영학계에서 주류적 담론을 제시하거나 혁신적 이론을 각종 연구로 증명해 낸 기업가치 이론만을 정리한 것이다.

핵심 가치	기업 활동의 목적	주창자
주주가치	주주에 대한 재정적 수익 기업의 사회적 책임은 수익의 증진	1970. 프리드먼 (Milton Friedman)
이해관계자 가치	기업과 사업에 이해관계가 있는 그룹에 대한 혜택 분배	1984. 프리드먼 (Milton Friedman)
4가지 자본	금융, 제조, 인적, 자연자본의 확장	1992. 에킨스(Paul Ekins)
3중 기준선 이론 (TBL: Tripple Bottom Line)	경제, 사회, 환경 영역에서의 상향평준화 된 성과	1994. 엘킹턴 (John Elkington)
혼합 가치 (blended value)	사회적 가치와 재무적 가치 통합 추구	2000. 에머슨 (Jed Emerson)
핵심역량 이론 (core competence)과 피라미드 구조 이론 (The Fortune at the Bottom of the Pyramid)	핵심역량을 구축으로 지속가능 경제구조에서 포괄적인 시장에 봉사 피라미드, 즉 저소득 시장에 투자 후 선진국 시장에 역방향 수익	2002. 프라할라드 (Coimbatore Krishnarao Prahalad)
지속가능한 가치	꼼꼼한 제품 관리, 오염 방지, 청결 기술 및 포괄적인 전략	2003. 하트와 밀스타인 (Hart and Milstein)
5가지 자본	에킨스의 4가지 자본 + 사회적 자본	2007. 포트릿(Porritt)
공유가치 (Shared value)	사회문제에서 사업 기회를 찾아야 제품, 가치 사슬 및 산업 클러스터	2011. 포터와 크레이머 (Porter and Kramer)
통합가치 (Integrated value)	안전하고 스마트하며, 공유되고 지속가능하며 만족스러운	2014. 비저 (Wayne Visser)

표 2 | 기업가치 이론의 변화

위의 표에 따르면, 1970년 프리드먼의 주주가치 이론이 가장 위에 있다. 그렇다고 해서 1970년 이전에 기업이 사회적 가치를 추구해야 한다는 주장이 없었던 건 아니다. 대표적으로 1953년 보웬(Bowen)은 "기업인의 의무는 우리 사회의 목표나 가치 관점에서 바람직한 정책을 추구하고, 그러한 의사결정을 하거나 그러한 행동을 좇아야 한다." 고 촉구했다. 물론 이런 기업가치 이론은 경제학의 담을 넘어 각종 사회적 이슈가 반영된 결과다. 적어도 1990년대부터 기업인들은 사회적 가치에 대해 고민하거나 이에 대한 압력을 받아 왔다.

그렇다면 경제학계에선 왜 이런 고민을 하게 된 것일까. 고전 경제학의 원리에 따르면, 최대 수익을 통해 주주에게 배분하는 것이 기업 활동의 선(善)이 되어야 한다. 문제는 이것이 지속가능하지 않다는 것이다. 기업 활동은 인간의 사회적 활동 내에 있는 범주이며, 시장경제 역시 노동자와 소비자, 지역사회의 토대 위에서만 작동한다. 약탈적 경제활동을 통해선 기업 자체가 생존하지 못한다는 일종의 위기의식이 확산된 결과이기도 하다.

1980년대만 하더라도 지역사회에 오염물질을 배출하는 기업이 있다면 해당 기업은 지역 주민에게 배상하거나 지역민 고용을 확대하거나 복지시설 기부 등으로 보상해야 한다는 소극적 요구만을 받아 왔다. 이건 기업 입장에선 손해 보는 장사가 아니었다. 먼저 악착같이 돈을 벌고 이후에 여유 자금이 생겼을 때 지역민을 위해 선심을 쓰는 건 어려운 일이 아니었다. 사람들은 해당 기업을 좋은 기업이라고 추켜

세웠고, 지역민의 지지를 얻은 기업은 안정적으로 양질의 노동자를 공급받았으며, 노무관리도 유리해졌다. 또한 주 정부나 자치단체에게 완화된 규제와 같은 혜택을 얻을 수도 있다.

2000년, '혼합가치론'을 주장한 에머슨을 필두로 웨인 비저(Wayne Visser), 포트릿(Porritt)과 같은 선구적인 학자들은 기업의 재무적 가치와 사회적 가치 창출이라는 것이 분리될 수 없음을 통찰했다. 자원과 사람, 사회와 기업, 노동자와 상품 소비, 불평등과 시장 수요, 국제 평화와 안정적인 무역 활동 등의 모든 문제는 서로 연결되어 있다. 따라서 기업은 그 활동 자체로도 사회적 가치를 실현해야 하며, 기업의 가치 역시 사회적 문제를 해결해야 한다는 주장이 점차 호응을 얻기 시작한 것이다. 넓게 보면 '지속가능을 위한 기업 활동'이라고도 정리할 수 있을 것이다.

단적으로 세계는 러시아의 우크라이나 침공을 막을 수 없었는데, 이로 인해 국제 원유, 밀과 식용유 가격이 폭등했다. 세계는 물가 인상과 스태그플레이션이라는 진창 속으로 함께 빨려 들어갔다. 세계 인구 중 40억 정도는 아직도 인터넷에 접근하기 어렵다. 그리고 20억 인구가 휴대전화를 사용하지 않고 있고, 5억 인구는 모바일 기지국 서비스가 되지 않는 지역에서 산다. 현재와 같은 자원 갈취가 지속되면 2050년까지 세계 경제는 12조 달러의 손실을 본다(UNDP, 2016).

세계 사망인구의 70%는 예방할 수 있는 질환으로 인해 사망했으며, 암과 당뇨, 우울증을 겪고 있는 인구는 세계인구 중 10%이다. 여기에 투여되는 경제규모는 매년 1조 달러인데, 1990년과 2013년에 비해 50% 증가했다(WHO 및 World Bank, 2016). 1960년부터 지금까지 최강국과 최빈국의 평균소득 격차는 135% 상승했고, 미국의 CEO 대비 노동자의 평균 급여는 300:1 수준으로 벌어졌다(Mishel and Davis, 2015).

이 현상이 시장에 던지는 질문은 매우 단순하다. 이것은 기업과 경제에 이로운가? 물론 당뇨병 치료제를 공급하는 제약회사는 당뇨 인구가 더 늘어날 것을 기대하고, 고소득자들은 현재와 같은 분배구조가 바뀌지 않길 바랄 것이다. 하지만 전체적으로 보자면 이것은 경제에 엄청난 손실을 가져온다.

물이 고갈되어 사막화되면 대다수의 기업이 공장 문을 닫아야 한다. 세계 인구 40억 정도가 인터넷과 모바일의 혜택을 누리는 것이 미래의 산업에 훨씬 유리하다. 우크라이나 전쟁보다는 평화가 정착되는 것이 세계 모든 나라의 식량안보를 위해 더 좋은 것이다. 그리고 장기적으로 보자면 현재 상황을 역전하지 않는다면 기업의 존재 이유가 위협당할 것이 분명하다.

이렇듯 모든 것이 연결되어 있으며 모든 패턴이 연쇄작용으로 통합되어 있다는 것을 깨닫고 목적의식적으로 기업 활동이 바뀌어야 한다는 경영전략이론이 바로 CSR, CSV, CIV다. [표 2](182쪽)에는 이러한 기업이 어떤 가치를 추구해야 하는가에 대한 이론(철학)이 정리되어 있다.

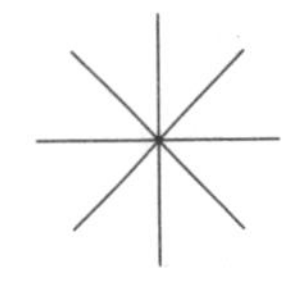

공유가치창출(CSV)과 통합가치창출(CIV)

** **가치**(VALUE)*

철학에선 주로 신념이나 중요성을 뜻하지만 경제학에서 가치는 '쓸모(재화)'를 뜻한다. 철학에선 추상적 개념으로도 논리를 정립할 수 있지만 '과학'의 영역에선 이 가치마저 정량화 내지는 정성적으로 측량할 수 있거나 실증할 수 있어야 한다. 그래서 가치라는 말은 경제학에선 무엇을 중요하게 받아들일 것인가와 세계관의 개념보다 좁은, 생성되는 유무형의 쓸모(재화)를 뜻한다. 마르크스의 '노동가치론'나 '효용가치론'과 같이 재화 또는 상품, 시장, 혁신적인 유통 시스템 등도 가치를 지닌다. 그래서 '상품의 사회적 가치'라고 했을 땐 평균적인 생산 조건에서 상품 생산에 소요되는 노동 시간에 따

라 규정되는 상품의 가치를 뜻한다. 가령 '공유가치창출'이라고 했을 때는 기업의 재무적 가치와 사회적 가치가 공유되는 지점에서 새롭게 만들어지는 사회+경제적 가치를 말하는 것이다.

기업의 사회적 책임, CSR(Corporate Social Responsibility)은 "사회가 기업에 대하여 가지고 있는 경제적, 법률적, 윤리적 및 재량적 기대"라는 개념으로 출현했다. 처음에는 사회공헌이나 투명경영 정도의 윤리 기준으로 이해되었다. 하지만 CSR이 기업 이미지를 제고하고 소비자와의 결속을 강화하는 등의 긍정적인 가치를 생산했다는 연구 결과가 이어지자, 점차 CSR을 경영 전략적 측면으로 받아들여야 한다는 주장이 대두되었다. CSR은 기업과 소비자를 연결시켜 주는, 소비자가 해당 기업을 신뢰하고 제품을 충성심 있게 재구매하게 만드는 전략적 자산이라는 것이다.

이후 CSR은 '기업의 지속가능성(corporate sustainability)'을 가능케 하는 중요한 전략 개념으로 성장했다. 즉, CSR은 기업의 이미지 제고를 위한 '비용'이 아니라 '투자'다. 기업이 솔선해서 건강한 사회규범을 지키고 선한 영향력을 확대해야 한다는 개념이다. 하지만 CSR에는 여전히 기업이 사회문제를 해결할 수 있는 주체가 아니라는 소극적 인식이 있고, 무엇보다 기업의 활동과 CSR의 교집합이 제한적이라는 한계가 있었다. 그래서 탄생한 것이 공유가치창출이다.

공유가치창출(CSV: Creating Shared value)은 하버드 비즈니스 스쿨의 마이클 포터교수와 마크 크레이머가 제시한 개념으로, 기업이 창출된 이익으로 사후에 사회공헌을 하기보다는 기업의 경영활동이 사회적 문제를 해결함으로써 사회적 가치와 경제적 이익을 동시에 추구하는 것으로 기업의 이윤 창출과 사회적 가치라는 두 가지 목표 사이의 '윈-윈(win-win)'을 추구한다는 전략이다.

공유가치창출은 프라할라드 박사가 제시한 BOP(Bottom of the Pyramid)전략, 다시 말해 저소득층의 욕구(societal needs)를 충족시킴으로써 사회적 가치를 창출해 내면서 동시에 기업의 경제적 가치도 향상할 수 있다는 주장 역시 수렴했다. 공유가치창출(CSV)은 기존의 CSR의 한계점을 극복하고자 사회문제를 기업 본연의 목적과 연관 지어 해결하려는 적극적 책임 차원의 경영전략이다.

CSV(공유가치창출)는 기업의 사회적 책임에 따른 자선활동이나 지속가능성과 같은 소극적 개념이 아니라 사회의 진보와 기업의 성공이 연계되어 있다는 전제로 효율성을 확보하고 시장을 확대해 새로운 가치를 제공하는 새로운 방식의 자본주의라고 할 수 있다. 회사가 보유한 자원과 전문성을 가지고 사회가 직면하고 있는 근본적인 문제를 해결함으로써 기업과 사회 모두를 위한 지속가능한 개발을 촉진할 필요가 있다는 주장이다.

통합가치창출(CIV)이라는 개념은 이러한 다양한 흐름을 실제 실행할 수 있는 방법론이다. 아직 국내에는 '통합가치(Integrated value)'라는 말이 생소하다. 기업의 사회적 책임경영을 뜻하는 CSR(Corporate

Social Responsibility)과 공유가치(CSV: Creating Shared Value) 이론이 요즘 경영하는 이들에겐 몰라선 안 될 경영전략이듯 머지않아 통합가치 역시 국내에서 많이 사용하게 될 것이라고 확신한다.

통합가치창출(CIV)은 웨인 비저(Wayne Visser) 박사[29]가 처음 고안한 용어다. 그 역시 사회적 책임경영(CSR)과 공유가치창출(CSV)의 적극 주창자였다. 통합가치창출에 대한 설명은 비저 박사의 논문 서론에 잘 정리되어 있다. 밑줄은 필자가 그었다.

> 통합가치 창출(CIV)은 기업의 책임과 지속가능성 운동의 중요한 발전입니다. 이는 기업의 사회적 책임(CSR), 지속가능성 및 공유 가치 창출(CSV)과 같이 이미 유통되고 있는 많은 아이디어와 관행을 결합하지만 특히 통합 및 가치 창출에 중점을 두어 몇 가지 중요한 변화를 나타냅니다. CIV는 새로운 개념 그 이상으로 기업의 사회적, 윤리적, 환경적 책임을 다루는 수많은 글로벌 지침, 규범 및 표준을 포함하여 **사회적 열망과 이해관계자 기대의 확산을 생존 가능성을 저해하지 않으면서 신뢰할 수 있는 기업 대응으로 바꾸는 방법론입니다.** 사업의. 실질적으로 CIV는 기업이 경영 시스템과 가치 사슬 연결을 통해 이해관계자 기대에 대한 응답(중대성 분석 사용)을 통합하도록 돕습니다. 이 통합은 거버넌스 및 전략적 계획, 제품/서비스 개발 및 제공, 공급 및 고객 사

• • •

29 그는 지속가능한 변화(Sustainable Transformation)의 의장이며 캠브리지 대학교의 지속가능성 리더십 연구소(Institute for Sustainability Leadership)의 펠로우다.

슬 관리와 같은 비즈니스의 중요한 프로세스 전반에 걸쳐 적용됩니다. 궁극적으로 CIV는 혁신과 변혁을 위한 도구가 되는 것을 목표로 하며, 이는 비즈니스가 문제의 일부가 아니라 글로벌 도전 과제에 대한 필수적인 솔루션입니다.

CIV(통합가치 창출)는 사회에서 기업의 역할에 대한 오랜 전통에서 나온 개념이자 실천입니다. 이는 오늘날 많은 사람이 기업(사회) 책임 또는 CSR, 기업 시민 의식, 기업 윤리 및 기업 지속가능성이라고 부르는 것에 뿌리를 두고 있습니다. 이러한 아이디어도 오랜 역사를 가지고 있지만 주로 두 가지 방향으로 진화한 것으로 볼 수 있습니다. 이를 의식의 흐름, 즉 책임의 흐름과 지속가능성의 흐름이라고 부르겠습니다.[30]

비저 박사는 남아프리카공화국에서 대학 시절을 보냈다. 그는 학창 시절 대부분을 아파르트헤이트(Apartheid)에 맞선 군중의 시위와 흑인 지도자에 대한 테러와 진압을 보며 보내야 했다. 참고로 아파르트헤이트는 분리, 격리를 뜻하는 아프리칸스어다. 1950년 남아공 정부가 전체 인구의 16%를 자치하는 백인의 지배권을 확립하기 위해 흑인 거주 구역과 백인 지역을 분리하고 흑인의 직업을 제한하거나 화장실과 버스, 공공장소에서의 흑백 분리하는 정책이다.

• • •

30 Wayne Visser. 《Creating Integrated Value (CIV) – Creating Integrated Value: Beyond CSR and CSV to CIV》(2014).

그는 아파르트헤이트가 단순한 인종차별정책을 의미하지 않는다는 것을 깨달았다. 아파르트헤이트는 소수에게 독점적 이익이 돌아가도록 설계한 경제 · 사회 시스템 그 전체를 의미했다. 오늘날 기후위기와 생물 다양성 손실, 독점과 착취, 불평등과 부패 등의 문제는 여전히 해결되지 않고 있는데, 그 이유에 대해 그는 원인이 아닌 증상에 주목하기 때문이라고 생각한다. 경제, 기술, 인간, 사회 및 생태 시스템의 상호 연결성을 보고 행동하는 시스템 사고를 적용하지 않기 때문에 세상은 변하지 않는다고 생각한 것이다.

> 내가 케이프타운대학교에 입학한 후 1988년 경영학 학위를 취득했을 때 인종차별 정책에 반대하는 학생들의 시위는 일상적이었다. 활동가와 주 경찰 사이의 폭력적인 대치가 자주 이어졌다. 내가 들었던 수업 중 하나는 노동 경제학이었는데, 나는 마치 어둠 속에서 전구가 켜지듯 "유레카!"를 경험했다. (우리 교수는 남아프리카의 이주 노동 시스템과 제도화된 방법을 보여 주었는데, 차별은 도덕적으로 비난받아 마땅할 뿐만 아니라 사회적으로 비참하고 경제적으로도 미친 짓이었다.) 처음으로 난 사회의 다양한 분열 영역 사이의 상호 연결을 명확하게 볼 수 있게 되었다. 더군다나 지금은 그것을 뒷받침할 확실한 사실과 수치를 갖게 되었다. 증거는 아파르트헤이트가 세 가지 근본적인 특징을 지닌 잔인한 통치 시스템이라는 것을 가리켰다. 그것은 배타적(권력의 소수자에게만 이익이 되는) 이익과 착취 시스템이었다. 그것은 마치 단기 농축을 위해 천연자원을 돈으로 바꾸는 것이었다. 가치는 창출되었지만 비용은 소수

에 불과했다. 아파르트헤이트의 수혜자는 자칭 엘리트였는데, 그들의 움직임은 마치 암과 같았다. 그들이 궁극적으로 의존하는 바로 그 살아 있는 시스템을 약화시키면서 자신만을 풍요롭게 하는 세포와 같았다.[31]

그는 이후 기업의 사회적 책임을 주창했고, 이 이론은 이후 공유가치 이론으로 수렴되었다. 공유가치란 기업의 재무적 가치와 사회적 가치가 통합되는 지점을 확대해 나가는 주장이다. 노인복지, 장애 가족 지원, 환경오염, 교통사고와 같은 사회적 가치와 기업의 비즈니스 활동이 통합되는 지점에서 새로운 아이디어를 얻고 실천하자는 주장이다. 공유가치와 앞서 공유경제는 다른 개념이다. 긱 경제(Gig Economy)나 플랫폼 경제(Platform Economy)와 혼동하지 말아야 한다.

※ 공유가치창출과 공유경제는 다른 개념이다.

공유경제는 협력소비와 생산된 상품의 순환을 중요한 특징으로 한다. "도시에 이렇게 많은 차가 있는데, 굳이 내가(개인이) 차를 소유할 필요가 있을까?", "전기자동차에 장착되는 배터리를 쉽게 탈장착할 수 있게 만들고, 이를 공공재로 관리할 순 없을까?", "은퇴한

• • •

31 Wayne Visser, 《Creating Integrated Value: From Systems Thinking to Sustainable Transformation in Business and Society》(2018).

목수의 재능을 지역공동체가 활용할 순 없을까?"와 같은 질문에서 시작한 것이다.

다음으로 공유경제는 자본주의 상품생산의 무계획성과 재고로 인한 낭비를 해결하고 구시대적인 방식의 판매가 아닌, 생산자와 소비자의 직접 연결을 통한 생산성 향상과 같은 것을 특징으로 하고 있다. 이것을 연결해 주는 중심축이 플랫폼이며, 이 플랫폼을 중심으로 공유경제가 활성화된다면 시장의 모습은 훨씬 협력적이며 합리적일 것으로 추정한 것이다.

또한 경재잉여를 적극적으로 활용한다는 측면에서도 각광받았다. 가령 출시된 지 오래된 TV의 재고가 각 제조사 또는 도매점의 물류창고에 쌓여 있다면 이를 모아 저임금 지역의 소비자에게 저렴한 가격에 판매하면 윈윈할 수 있다고 보았다. 이를 정리하면 이렇다. ① 상품을 소유하지 않고 공유한다. ② 상품은 최대한 오래 사용한다. ③ 남은 상품은 필요한 이들에게 공급되거나 공유되어야 한다.

공유가치이론과 기업의 사회적 책임(CSR)과 같은 주장이 널리 확산되었지만, 이것은 제한적으로만 수용되었다. 일부 기업은 이 개념을 자사의 기업 이미지 호감도 상승을 위한 마케팅의 일환으로 받아들였다. 가령 아동용품을 만들어 파는 기업은 청년 활동가들과 연대해 초등학교 앞 도로의 색을 짙은 노란색으로 칠하는 공익사업을 펼쳤고, 창호를 만드는 회사는 노후한 아파트 경비실의 창호를 바꾸거나 리모델링하는 사업으로, 에어컨 제조사는 비정규직 급식 노동자를 위해 조리실에 에어컨을 무상으로 장착하는 사업으로 수용한 것이다.

물론 이런 사회공헌은 꼭 필요하다. 하지만 기업이 얻은 이익 일부를 사회공헌사업으로 돌리는 것은 일종의 '자선적' 성격을 지니고 있음을 부인할 수 없다. 문제는 이것이 지속가능하냐는 것이다. 기업이 CSR을 기업 이미지 구축을 위한 또 다른 마케팅 비용으로 받아들이는 것과 기업의 가치를 사회적 가치로 전환하는 것과는 큰 차이가 있다.

"우리 강산 푸르게 푸르게"라는 모토를 걸고 1984년부터 숲 가꾸기 활동을 하고 있는 유한킴벌리의 경우 '지속가능경영'과 '공유가치'를 기업의 핵심 가치로 표방하고 있다. 티슈(휴지), 생리대 제작회사로 그들의 제품이 많이 팔릴수록 지구의 많은 숲이 망가지기에 그들은 지속가능경영을 위해 숲 가꾸기를 선택했다.

한국 코카콜라는 음료 생산에 사용했던 물보다 더 많은 물을 농촌과 지역에 환원하는 사업을 하고, 대형 유통업체 이마트는 플라스틱 라벨을 없애고 종이 백을 장바구니로 바꾸는 사업을 한다. 스타벅스가 텀블러를 가져온 고객에게 할인 혜택을 주는 것도 이와 유사하다.

유한킴벌리는 처음에 민둥산에 나무를 심는 것으로 시작해 이후 도심 숲 가꾸기, 학교 숲 가꾸기, 몽골 사막화를 막기 위한 숲 가꾸기 운동 등으로 확장하고 있다. 그들이 핵심 가치로 내세우고 있는 '사회적 책임'을 살펴보자.

책임. 우리는 진정성을 가지고 지속해 온 인간 존중, 투명 경영, 안전

우선, 신뢰 구축, 다양성과 포용, 공정거래와 동반 성장, 고객 만족, 삶의 질 향상, 환경 친화 및 사회공헌의 가치를 보다 책임감을 갖고 실천할 것입니다. 우리는 스스로의 역할과 성장에 최선을 다하고, 리더는 인재 육성과 성과 창출을 위해 헌신하며, 경영진은 사명감을 갖고 책임경영을 실천할 것입니다.

협업. 우리는 자율성과 다양성을 존중하면서도 함께 성장할 수 있도록 노력하며, 회사 전체적으로 더 큰 성과를 창출하는 것을 중요하게 생각하고 적극 협업합니다. 우리는 앞으로도 지역사회와 협력회사, 정부, 단체 등과 조화롭게 공존하며 상호 발전할 수 있도록 노력할 것입니다.

– 유한킴벌리 홈페이지 중 '회사 소개' 부분 발췌.

유한킴벌리가 나무를 심는 건 분명 좋은 일이다. 그들은 온실가스를 줄이기 위해 노력하고 공장 폐기물을 줄이며, 친환경적인 소재를 개발하기 위해 노력한다. 하지만 조금 더 예리한 독자라면 보다 근본적인 문제를 지적할 것이다. 유한킴벌리에서 들여오는 천연펄프는 주로 인도네시아나 말레이시아의 원목 공급업자와 펄프 기업을 통한 것이다. 국내에 나무를 심는 활동이 정말 그들 나라 밀림지대의 원목을 상쇄할 수 있을 정도의 가치일까?

그렇지 않을 것이다. 당장이라도 산업용 목재로 활용할 수 있는 남방의 활엽수에 비해 한국의 키 작은 묘목이과 침엽수림의 가치는 매우 적을 것이다. 유한킴벌리의 생리대 상품에서 발암물질이 검출된 사례나 물에 녹지 않는 물티슈로 인한 수질오염과 배관 수리에 들어가는 복구비용을 따져 보면 더욱 그럴 것이다.

이 대목에서 독자들의 오해가 없기를 바란다. 필자는 유한킴벌리의 지속가능경영과 탄소배출 저감 노력을 높이 산다. 굳이 유한킴벌리의 모델을 예로 든 이유는 '통합'이라는 가치를 설명하기 위함이다. 필자가 말하고자 하는 것은 기업의 사회적 책임을 강조한 CSR이 많은 성과에도 불구하고 기업의 생태계를 근본적으로 바꾸지 못하고 있는 이유에 대한 것이다.

오늘날 많은 기업이 기업 가치에 사회적 가치가 내재되어야 한다고 믿는다. 문제는 그것이 지속가능하며 기업에도 확실한 이익인가 하는 점이다. 아마 대부분의 기업 CEO들은 수익의 일부를 사회로 환원할 수는 있지만, 기업의 생산 활동 그 자체가 사회적 가치를 구현하는 활동인가에 대해선 고개를 저을 것이다.

국내 기업인 스타스테크(STARSTECH)는 제설제 제작에 불가사리를 이용한다. 양식장을 황폐화하고, 연안 어장을 갉아 먹는 불가사리를 활용해 제설제와 친환경 비료를 생산한다. 불가사리의 구조체를 활용한 것이다. 도로와 교량, 차량 하부의 부식을 방지하면서 연안 수상 생태계를 회복하는 한편, 토양의 산성화를 막고 토양 미생물이 살 수 있는 토양으로 바꿀 수도 있다. 토지가 탄소를 가두는 자연 청정 역할도 한다고 한다.

물론 이 불가사리 제설제는 기존의 염화칼슘보다 2배가량 비싸다.

하지만 그들은 도로의 유지 보수비용이나 환경적 가치를 종합하면 이것이 더 싸다고 주장한다. 스타스테크의 생산 활동은 사회적 가치를 실현하기에 매우 좋은 모델이다. 하지만 이런 모델을 전체 기업에 강요할 수 없다는 점에서, 무엇보다 이런 모델이 매우 제한적인 사업 기회만을 가져준다는 점을 우리는 고민해야 한다.

통합가치론의 주창자인 웨인 비저 역시 CSR의 초기 모델, 즉 'CSR 1.0'에 대해 자조 섞인 평가를 한 바 있다. 그는 자신의 구상이 아마추어가 만든 드라마와 같았다고 평가했다.

> 나는 2000년 3월 인터내셔널에서 CSR을 위해 모의 장례식을 열었다. 나는 선언했다. "세계금융위기의 또 다른 불행한 희생자인 그(CSR)는 그의 집에서 조용히 세상을 떠났다." 왜 아마추어 드라마인가? 기업의 책임과 지속가능성에 대한 우리의 오래된 모델은 실패했다. (다행히) 그 비현실적이고 초현실적인 의식에서 아기도 태어났고, 나는 그것을 CSR 2.0, 또는 수정된 CSR이라고 한다. 내가 CSR 1.0이라고 명명한 CSR는 방어적이었고 자선적 성격을 가지고 있었으며 마케팅적, 전략적 접근 방식은 모두 영향력이 없었다. 점진적이고 주변적이며 비경제적이기 때문이다. 이와 대조적으로 CSR 2.0은 웹 2.0과 유사하다. 혁신, 공동 생성, 확장에 관한 모든 것이다. 단방향 방송을 위한 채널이 아닌 창의성, 확장성, 반응성, 글로벌리티, 순환성의 원칙을 기반으로 하는 활성화 플랫폼이다. CSR 2.0은 기존 산업 시스템을 본질적으로

지속가능하고 책임감 있는 산업 시스템으로 전환하고자 한다.[32]

그가 회고하길, CSR 초기 모델이 지속가능하지 않았던 이유는 비경제적이었기 때문이라고 말한다. CSR의 접근 방식, 자선적 성격과 전략적 접근이라고 했던 것이 모두 아무런 영향력이 없었다고 말이다. 다시 말해 기업이 CSR을 통해 경제적 이익을 얻지 못한다면, 기업은 당연히 CSR을 부차적인 기부사업 정도로만 설정하게 된다는 것이다. 그는 당시 자신이 "기업에 새로운 기회를 주는 대신, 희생을 요구했고 이것은 마치 흥겨운 파티에 난입해 음악을 끄고 진지하게 말하는 것과 같았다."[33]고 회고했다.

그는 기업과 활동가가 극복해야 할 의제를 '5D'로 설명한다. 그가 설정한 5D는 시스템의 붕괴를 촉진하는 5개의 요인(원인)을 단순화(개념화)한 것이다. 현상과 원인 중 원인에 해당하는 것들이다.

- Disruption: 파괴, 멸살
- Disconnection: 분리(고립)
- Disparity: 격차(불평등 불균형)

• • •

32 위의 책.
33 같은 책.

- Destruction: 파괴, 멸종
- Discontent: 비탄

그는 '통합가치창출'이라는 개념이 완전히 새로운 것은 아니라고 밝힌다. 앞의 [표 2](182쪽)처럼 이미 1994년엔 3중 기준선 이론(TBL)에선 기업이 사회와 환경의 영역에서 상위 모범 기준선으로 상향평준화되어야 한다는 주장이 있었고, 혼합가치 이론은 기업 활동으로 인한 사회적 가치나 재무적 가치가 결코 분리할 수 없음을 증명한 바 있다. 경제적 목표와 사회적 목표를 통해 얻는 시너지를 강조한 공유가치창출(CSV) 역시 같은 흐름에 있다고 볼 수 있다고 주장한다.

하지만 UN과 OECD의 다국적 기업 가이드라인, ISO 26000[34], GRI[35], IIRC[36] 등 기업의 사회 · 윤리 · 환경 책임을 다루는 가이드라

• • •

34 국제 표준화 기구 (ISO)와 국제 전기 표준 회의 (IEC)가 2010년 11월 1일 발표한 기업의 사회적 책임(CSR: Corporate Social Responsibility)에 대한 국제 표준. 산업계, 정부, 소비자, 노동계, 비정부기구(NGO) 등 7개 경제주체를 대상으로 지배 구조, 인권, 노동관행, 환경, 공정거래, 소비자 이슈, 공동체 참여 및 개발 등 7개의 의제를 사회적 책임 이슈로 규정하고, 이에 대한 실행 지침과 권고사항 등을 담고 있다. ISO 인증은 국제 입찰이나 외국 대기업과 거래를 할 때 반드시 요구돼 사실상 강제 인증으로 통한다. 2005년부터 5년간 추진된 이 기준은 2010년 9월 77개 개발 참여국을 대상으로 실시한 투표에서 93%의 찬성을 얻어 국제표준으로 최종 결정되었다.

35 'Global Reporting Initiative'의 약자로 지속가능보고서에 대한 가이드라인을 제시하는 국제기구이다. 미국의 NGO인 Ceres와 UNEP 등이 중심이 되어 설립하였다.

36 국제통합보고위원회. 영국의 The Prince's Accounting for Sustainability(A4S)와 Global Reporting Initiative(GRI)가 2010년 8월에 설립한 위원회다. 설립 목적은 지금까지 강조해 온 재무적 성과 추구와

인이 광범위하게 제시되고 있어 이를 표준화하고 해결하기 위한 방법론으로 CIV가 필요하다고 설명한다.

> CIV(Creating Integrated Value)는 기존의 모든 아이디어의 선구자들에게서 영감을 받아 다음 단계를 시도한다. CIV는 새로운 아이디어라기보다는, 통합에 대한 오랜 추세와 보편적인 표준 포함 요구가 증명하듯이 오히려 통합의 '방법'을 해결하려는 시도다. 기업이 표준의 확산(Standards Map만으로 150개 이상의 지속가능성 표준을 설명함)과 이해 관계자의 기대치가 증가하는 상황에 직면했을 때 어떻게 현명하게 대응할 수 있을까. 나는 UN Global Compact, OECD 다국적 기업 가이드라인, ISO 26000, GRI 지속가능성 보고 가이드라인(G4), IIRC와 같이 기업의 사회적 · 윤리적 · 환경적 책임을 다루는 가장 중요한 글로벌 가이드라인, 코드 및 표준을 분석했다. 가령 통합 보고 지침, SA 8000, UN 기업 및 인권 프레임워크 및 Dow Jones 지속가능성 지수 등. 아래 우리가 보는 것은 S2QE3LCH2 문제라고 부를 수 있는 이러한 지침, 코드 및 표준에서 크게 겹치는 영역들이다.

• • •

보고 방식에서 탈피해, 환경, 사회, 지배구조(ESG) 모든 요소를 의사 결정에 반영하고 보고해야 한다는 것이다. 통합보고서는 전통적인 재무자본과 제조자본 외에도 지식자본, 인적 자본, 사회·관계자본, 자연자본 등 6가지 자본의 개념을 제시한다. 현재 네슬레, 바스프, 다농 등 70개국 2,500개가 넘는 기업이 통합보고를 하고 있다.

[S2QE3LCH2]

- S2: 안전 및 사회 문제
- Q: 품질 문제
- E3: 환경, 경제 및 윤리적 문제
- L: 노동 문제
- C: 탄소 또는 기후 문제
- H2: 건강 및 인권 문제

> 우리의 비즈니스 협력 경험에 따르면 대부분의 회사는 S2QE3LCH2 문제의 이러한 다양성과 복잡성에 부분적으로 대응합니다(줄여서 SQELCH라고 부르겠습니다). 몇몇 대기업은 관리 시스템 접근 방식을 사용하여 등록한 코드와 표준의 요구 사항을 포함합니다. 그럼에도 불구하고 그들은 사일로에서 이것을 하는 경향이 있습니다. 한 세트의 사람과 시스템은 품질, 다른 하나는 건강과 안전, 다른 하나는 환경, 또 다른 하나는 직원, 공급망 관리 및 커뮤니티 문제입니다.[37]

그는 기업에서 처음부터 기업 활동과 연관되어 있는 커뮤니티를 분석해 전략을 수립하고 이를 달성하기 위한 프로세스를 세워 이를 관리

• • •

37 Wayne Visser, 《Creating Integrated Value: From Systems Thinking to Sustainable Transformation in Business and Society》(2018).

감독하며, 무엇보다 이 활동이 지속가능할 수 있도록 리더를 발굴하고 그들과 함께해야 한다는 방법론을 제시했다.[38]

기업 활동의 본질이 주주의 이익이 아니라 사회적 과제와 인류 공동의 위기에 대처하기 위한 것이어야 한다는 주장은 '세상 물정 모르는 철학자의 비현실적이고 낭만적 발상'으로 받아들여질 수도 있겠다. 특히 4대 재벌 기업이 나라 GDP의 60% 이상을 점유하고 있는 한국에선 더욱더 그럴 수 있다. 하지만 이런 주장은 상당히 탄탄한 경제적, 철학적 근거를 토대로 하고 있다. 다음 장부터 "왜?"라는 질문에 대한 답을 찾아보자.

• • •

38 Wayne Visser, 《Creating Integrated Value (CIV) – Creating Integrated Value: Beyond CSR and CSV to CIV》(2014).

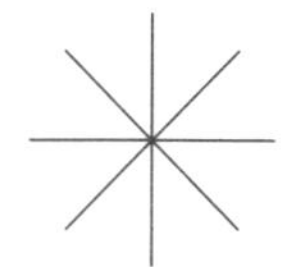

통합가치와 기업문화

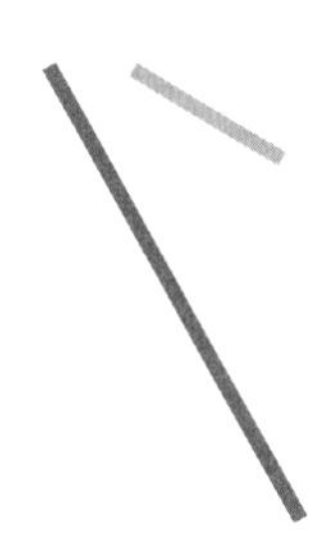

이스라엘 출신의 행동경제학자 댄 애리얼리(Dan Ariely)는 현대 경제학계에서 가장 유명한 인물 중 하나다. 그는 화상을 치료하기 위해 입원한 병원에서 사람들의 행동을 관찰하면서, 사람들이 합리적인 목적의식에 의해 행동하지 않고 엉뚱한 행동을 곧잘 한다는 것에 착안해 연구를 시작했다.

그는 소비에 대한 만족심리와 돈에 대한 사람들의 엉뚱한 감정, 협동하는 관계가 미치는 경제적 효과 등을 연구했다. 특히 그는 주류경제학의 대전제, 즉 "합리적 인간은 늘 경제적 이익을 선택한다."는 것을 실험으로 하나씩 탄핵한 인물로도 유명하다. 협동의 통합의 가치라는 것이 구두선(口頭禪)이 아닌, 실행 가능할뿐더러 특히 집단 내부에선 그 효과도 크다는 것을 뒷받침하는 그의 연구 사례를 소개한다.

이케아 이펙트(IKEA Effect)라는 말이 있다. 알다시피 이케아는 완성되지 않은 조립식 가구를 판다. 물론 완제품에 비해 가격이 저렴하다. 간단한 가구면 모르겠지만, 선반과 같은 가구의 경우 오랜 시간을 투자해야 조립할 수 있기에 품도 많이 드는 편이다. 그런데도 사람들은 이케아 가구를 마다하지 않는다.

애리얼리(Dan Ariely)는 학생 52명을 두 그룹으로 나누어 실험했다. 같은 제품의 목재 가구 52개를 준비해서 A그룹엔 직접 가구를 조립하게 했고, B그룹엔 완제품을 주고 관찰하게만 했다. 그리고 그 가구를 산다면 얼마를 지불할 용의가 있냐고 물었다. 기존 경제학의 개념이라면 당연히 완제품이 더 높은 호가를 받아야 했다. 하지만 직접 조립한 A그룹은 평균 0.78달러를 적어 냈지만, B그룹은 0.48달러만 적어 냈다.

하버드 경영대학원의 마이클 노턴(Michael I. Norton)은 가구가 아닌 종이접기를 통해 유사한 실험을 했다. A그룹은 종이를 접게 하고, B그룹엔 완성된 종이 공작물을 주고 이후 경매에 부쳤는데, A그룹은 자신이 품을 들여 만든 종이 공작물을 사기 위해 웃돈까지 부르며 열성을 보였다. 사람이 만약 효율만을 추구한다면, 가구나 공작물을 조립하기 위해 쏟은 시간은 손해라고 인식해야 한다. 동일한 제품을 만드는 데 노동 시간을 제공한 것이니까. 하지만 사람은 자기 창조물에 대해 큰 애착을 느꼈다.

필자는 경연인을 만날 때마다 사훈(社訓)을 물어보곤 한다. 의외로 '책임'과 '주인정신'을 강조하는 기업인들이 많았다. 그러면 다시 질문을 던진다. "책임성을 높이고 주인정신을 높이기 위해 회사에선 직원들에게 하는 조치가 무엇인가요?" 대부분은 교육을 통해 매뉴얼 준수를 강조하고, 단체 활동을 통해 단합심을 높이며, 우수사원 포상과 성과급으로 근로 의욕을 고취한다고 한다. 하지만 경영자 대부분은 그 조치가 정말 창의력과 생산성을 향상하고 있다고 믿고 있진 않았다. 의외로 많은 경영자가 소통과 참여를 통한 시너지 효과에 대해선 잘 모르고 있었다.

미국의 한 금융회사의 직원들을 상대로 한 인터뷰 연구 결과가 있다. 연봉 협상 이후 회사를 떠난 그룹과 회사에 잔류한 그룹을 대상으로 심층 인터뷰를 진행했다. 당연히 이직을 결심한 이들은 연봉에 대한 불만족 때문에 떠났을 것으로 짐작했지만, 실제로는 그것이 다가 아니었다.

떠난 그룹은 모두 소통의 문제를 들었다. 자신의 업무 성과와 노력에 대해 상사가 왜곡된 보고를 하거나 그 위의 상사 역시 실상을 잘 모르고 있다는 사실에 절망감을 느꼈다고 했다. 단절감으로 인해 이 회사에선 아무리 노력해도 나를 알아주지 않을 것이라는 판단이 가장 컸다는 응답자가 많았다. 공정의 문제 역시 제기되었다. 공동의 작업물이 특정인의 공으로 돌아가거나, 명료하지 않은 인사평가로 인해 평소 미운 짓만 골라 하는 이가 승진의 기회를 얻었을 때, 이 조직에 미래가 없다고 생각했다고 답했다.

반대로 낮은 연봉을 제시받았음에도 회사에 잔류했던 이들은 공통으로 자신이 제출한 좋은 아이디어는 바로 반영되었고, 비록 부족한 아이디어라 할지라도 상사는 다양한 피드백으로 리액션해 주었다는 점을 들어 잔류를 희망했다. 언제든 회사의 중요한 결정에 참여할 수 있고, 회사가 나의 활동에 대해 정확히 알고 있다는 사실로 인해 그들은 조직에 대한 귀속감이 높아졌다고 한다. 이것이 바로 기업 내에서 소통과 참여가 주는 효과다.

이케아 실험에 이어 애리얼리 박사는 이스라엘의 한 반도체 공장에서의 실험을 진행했다. 직원 207명을 3그룹으로 나눈 후 CEO의 명의로 메일을 발송했다. 실적이 과거 평균 실적보다 좋아지면 보상하겠다는 내용이었다. A그룹엔 하루 30달러의 성과급을 제시했고 B그룹엔 피자 한 판, C그룹에겐 직속 상사에게 격려 메시지를 받을 것이라고 했다.

일반적 통념으로는 당연히 A그룹의 실적이 가장 뛰어났을 것으로 생각한다. 하지만 결과는 정반대였다. 고작 피자 한 판을 약속받은 B그룹이 가장 뛰어난 성과를 보였고, A그룹의 생산성은 13.2%나 하락했다. 같은 실험을 매일 5주째 반복하자 A그룹은 평균 6.5% 하락했고 C그룹은 2.1% 하락했다. 유일하게 B그룹만이 향상된 생산성이 고르게 유지되었다.

A그룹에 속한 직원들은 "더 열심히 일하면 성과급을 주겠다."는 회

사의 메시지를 "당신의 업무 성과는 현재 충분하지 않으니 더 열심히 하라."는 메시지로 받아들였다. 즉 자신의 노동이 평가절하되고 있다고 느낀 직원들의 스트레스는 올라갔고, 인정받지 못하는 노동의 성과는 낮았다.

잭 웰치(Jack Welch)는 제너얼릴렉트릭(GE)에 화공 엔지니어로 입사해 46세의 나이로 CEO 자리까지 오른 입지전적 인물이다. 그는 공격적인 경영으로도 유명한데, 가장 대표적인 것이 높은 성과급과 하위 그룹에 대한 가차 없는 해고였다. 그는 늘 직원을 3등급으로 나누어 관리했는데, 높은 성과를 보인 직원에겐 승진 기회와 함께 많은 성과급을 주었고, 하위 그룹은 해고했다. 기업 내에 자연스러운(?) 경쟁 풍토를 형성해서 우수한 직원만 남기겠다는 전략이었다.

경쟁을 통해 우수 직원만 남기고, 열등한 직원은 해고해서 기업 경쟁력을 강화하겠다는 전략은 1980년대 글로벌 금융기업들의 트렌드였다. 하지만 그 결과는 만족스럽지 못했다. 직장은 전쟁터로 변했고, 직원들은 성과를 독차지하기 위해 정보를 공유하지 않았다. 투서가 횡횡했고 부서 간의 칸막이는 더욱 높아졌다. 이런 3분위 경쟁방침은 2005년에 경영진에 의해 '낡은 방식'이라는 이유로 폐기되었다.

이와 관련해선 복합계 네트워크 이론의 창시자인 앨버트 라슬로 바라바시(Albert Laszlo Barabasi)의 공식을 살펴보는 것이 도움이 될 듯하다. 그는 저서 《성공의 공식 더 포뮬러(The Formula)》를 통해 성공의 방정식을 공개했다. 그의 작업이 흥미로운 이유는 '성공'과 같이 과학적으로 측정하기 어려운 영역의 공식을 밝혀내기 위해 수많은 인터뷰를 통해 자료를 수집하고 이를 수학 공식으로도 재현했다는 점이다.

닭을 사육하던 윌리엄 뮤어(William Muir)는 슈퍼 유전자를 선별해 우수한 닭들만이 자신의 농장에 남길 원했다. 그래서 그는 알을 많이 낳고 건강한 암컷 슈퍼 닭들만 선별해 따로 사육하기로 했다. 몇 세대만 지나면 양계장에 달걀이 산더미처럼 쌓일 것이라고 기대했다. 그는 비교를 위해 생산성이 높은 닭과 평범한 닭들을 적절히 섞은 대조그룹 B도 만들었다. 과학적 검증을 위해 6세대에 걸쳐 그들을 교배시켰다. 그리고 그는 그 결과를 과학 학회에 공개했다.

6세대가 지나자 슈퍼 닭들과 적절히 교배한 B그룹의 생산성은 16% 정도 늘었다. 그리고 슈퍼 닭들의 6세대 손자들만 모아 놓은 닭장을 공개하자 객석에선 탄식이 나왔다. 자손들은 전혀 슈퍼스타처럼 보이지 않았다. 털은 죄다 빠져 있었고 꼬리는 부러진 것으로 보였다. 피부는 온통 상처투성이였다. 그나마 암탉 아홉 마리 중 겨우 3마리만 살아남았는데, 죽은 여섯 마리는 동료들에게 살해당했다. 닭장은 말 그대로 전쟁터로 변해 있었다. 생산성은 최하를 기록했다. 끊임없이 싸우는 데서 오는 스트레스에 시달렸고, 언제 자신과 알을 공격할지 모르는 동료의 위협으로 닭들은 알을 낳지 않았다.

라슬로 박사는 지적한다. "재능 있는 사람을 채용할 때 팀의 성과

보다 개인의 성과를 우선시하면 원하는 결과를 얻기가 힘들다는 점이다. 실제로 팀워크에 대한 이런 접근 방식은 동물종을 불문하고 한결같이 파괴적이다. 집단을 주도하려는 욕망에 눈이 멀어 아무도 해야 할 일에 집중하지 못한다."[39]

BBC 기자 출신이자 여러 신생 IT기업의 CEO를 맡으며 강한 기업으로 키워서 유명해진 마거릿 해퍼넌(Margarte Heffernan) 역시 자기 경험을 기반으로 조언한다. "기업은 생각을 하지 못한다. 사람만이 한다. 그리고 사람들을 움직이는 것은 서로 같이 발전시킨 의리, 유대감, 믿음이다. 중요한 것은 벽돌 하나가 아니고 서로를 잇는 회반죽이다." "경쟁은 비밀 유지를 유도하고, 투명성을 저해하고, 정보의 흐름을 막고 공유하고 협력하려는 욕구를 꺾어 놓으며 결국 범죄를 부추긴다."[40]

경쟁이 더 이상 경제와 사회를 성장시키는 원동력이 아니라는 것은 다양한 사례를 통해 입증되고 있다.

영국의 진화생물학자 존 메이너드 스미스(John Maynard Smith)는 〈볏짚 들쥐 생식 모형〉을 통해 개인선택과 집단선택의 과정을 반복하면 결국 이타적인 집단의 생존 확률이 더 높다는 것을 증명했다.

2010학년도 연세대학교 논술에선 이타적 행동에 대한 과제가 출제

• • •

39 앨버트 라슬로 바라바시. 《성공의 공식 더 포뮬러》(2019). 한국경제신문.

40 마거릿 헤퍼넌. 김성훈 역. 《경쟁의 배신》(2014). 알에이치코리아.

되었다. 개체의 이타심을 규율로 강제한 집단과 주고받는 방식의 행동, 그리고 이타적인 집단과 이기적인 집단의 생존모델(들쥐 생식 모형)을 제시한 후 그 차이를 논술하라는 문제가 나왔다. 아래는 그중의 〈볏짚 들쥐 생식 모형〉에 대한 설명문이다.

"어느 가을 들녘을 상상해 보라. 한 해 동안 땀 흘려 추수하고 나서 볏짚들을 들판에 쌓아 놓았다. 볏짚 더미는 들쥐들에겐 더할 나위 없는 보금자리다. 각 볏짚에 두 마리의 들쥐가 서식을 시작했다고 가정하자. 쥐들은 두 부류로 나뉜다. 한 부류는 같은 볏짚 내에 사는 다른 쥐들을 돕는 이타적인 쥐들이며, 다른 부류는 남을 도울 줄 모르는 이기적인 쥐들이다. 그림에서 세모는 볏짚을 나타낸다. 그 속에 그려진 동그라미는 볏짚 속에 서식하는 쥐들이다. 검은색은 이타적인 쥐를, 흰색은 이기적인 쥐를 각각 나타낸다.

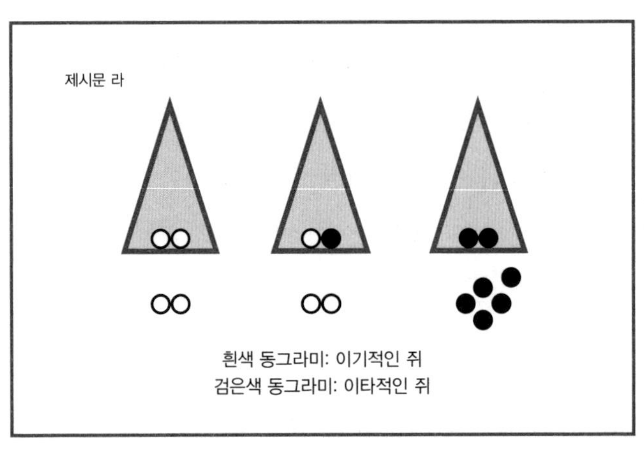

그림 14 | 볏짚 들쥐 생식 모형. 연세대학교. 2010.

그리고 밑에 그려진 동그라미들은 일정한 시간이 지난 후 볏짚을 제거했을 때 각 볏짚에서 나온 쥐 중 1세대인 부모 세대를 제외한 번식 결과를 나타낸다. 두 마리의 이기적인 쥐들에 의해 점유되었던 첫 번째 볏짚에서는 두 마리의 이기적인 쥐들이 나왔다. 한 마리의 이기적인 쥐와 한 마리의 이타적인 쥐에 의해 점유되었던 두 번째 볏짚을 제거하자 거기에서도 두 마리의 이기적인 쥐들만 나왔다. 반면 두 마리의 이타적인 쥐들이 서식하던 볏짚에서는 올망졸망 많은 수의 이타적인 쥐들이 나왔다."

요약하면 이렇다. 단기 경쟁에선 이기적 개체가 이타적 개체를 물리치고 생존하지만, 개체가 모인 집단에서 이타적 개체가 우세를 점유하면 장기적으로 기하급수적인 생존율을 보인다는 것이다. 이기적 개체들은 먹이를 독차지하기 위해 경쟁하거나 동료 쥐의 새끼를 물어 죽이며 당장의 번식에 성공할지는 모르겠지만, 이런 번식을 거듭할수록 이기적 개체는 고립되고 이타적 개체가 다수를 점하게 된다.

해가 지나 이타적 개체들과 함께 겨울을 보내는 것이 더 유리하다는 것을 깨달은 이기적 개체는 이타적 개체 무리의 볏짚으로 이사하려 할 것이다. 하지만, 진화를 통해 이기적 개체의 위험성을 학습한 이타적 집단이 생존을 위해서라도 이들을 받아들이지 않을 것이다. 즉 이타적 개체가 집단에서 얼마큼 차지하는가에 따라 번식률이 결정되는데, 이것이 바로 집단선택의 과정이다.

물론 이 모델은 들쥐에게만 적용될 수도 있다. 그렇다면 들쥐를 인간으로 상정하고, 번식률을 집단의 경쟁력, 즉 집단지능으로 치환해서 보면 어떨까?

실제로 카네기 카네기멜론대학교의 아니타 윌리엄스 울리(Anita Williams Woolly)는 MIT의 동료 학자들과 함께 공동의 과업을 수행하는 팀의 능력을 포착하는 집단지능(collective intelligence)에 대한 측정 시험을 했다. 지능 높은 그룹부터 낮은 그룹까지 서열화해서 분리한 다음, 그룹마다 간단한 업무를 하도록 했다. 벽돌의 용도를 나열하거나, 장보기를 위한 최선의 계획을 세우는 것과 같은 것이었다. 그리고 울리와 동료들은 그들의 행동을 모두 녹화했다.

지능이 높은 팀이 집단지능 검사에서 승리할 것으로 예상했지만, 결과는 그렇지 않았다. 개인의 지능은 집단이 공동성과를 내는 데 큰 영향을 미치지 못했다. 중요한 요인은 서로 간의 소통이었다. 개인의 감정적 단서를 빨리 읽어 내는 팀이 좋은 성적을 보였고, 몇 사람이 대화를 독점하는 집단은 집단지능이 낮게 나타났다.

그리고 가장 의외의 결과가 나온 팀이 있었는데, 여성이 포함된 팀이 가장 높은 집단지성을 기록했다. 이것이 여성의 포용적 태도로 인한 것이었는지, 여성에게 잘 보이기 위해 남성들이 고무되었기 때문인지는 분명하지 않다. 다만 분명한 것은 개인의 지능은 집단지능에 크게 기여하지 못했다는 점이다.

생태학에선 종 다양성이 풍부할수록 더 강하고 적합한 개체로 진화할 수 있다고 보는데, 경제학에서도 역시 이러한 원리는 적용된다. 진화경제학에 따르면, 다양한 형태와 다른 가치를 지닌 기업이 도태와 경쟁을 반복하는 과정에서 '애플'이나 '테슬라'같이 매우 혁신적인 돌이변이 지식(기업)이 탄생한다. 경제 진화가 생물 진화와 구조적으로 유사성을 갖고 있다고 보고, 경제의 주체인 인간과 기술의 바탕이 되는 '지식의 진화'에 초점을 맞춘 경제이론이다.

무엇보다 기업은 미래에 일어날 모든 가능성을 예지할 수 없기에 개선을 위한 선택을 하는 과정에서 성공하는 기업이 탄생하고, 경제는 발전한다는 논리다. 진화경제학에선 특정 기업의 독주나 독점이 종 다양성을 파괴하고, 결국 도태되게 만든다고 본다. 특정 개별 기업이 승승장구하는 것이 아니라 다양한 기업이 성공과 몰락을 반복하면서 지식의 총량, 혁신의 파괴력이 점차 커지며 더 뛰어난 기업이 탄생한다.

이 말은 달리 말해 천재가 탄생하기 위해선 수만 명의 범재와 둔재가 섞인 시장이 필요하다는 말이며, 그 한 명의 천재가 평생 승리만 하는 구조에선 혁신이 정체된다는 이야기다. 이 원리를 잘못 이해하면 한 명의 천재가 만 명을 먹여 살린다는 그릇된 철학을 내세우게 된다. 즉, 건강한 생태계에 주목하는 것이 아니라 한 명의 천재만이 소중하다는 '영재 선발식 경제구조'가 정착되는 것이다.

CHAPTER

05

협력하는 인간들

CIV

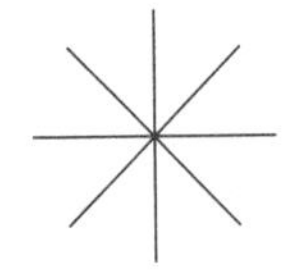

'같이'의 가치, 협력하는 공감사회

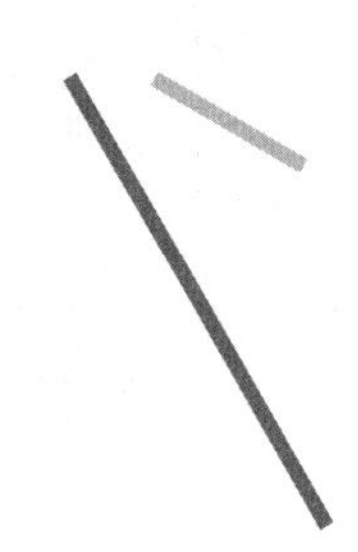

2020년 갤럽 인터내셔널은 세계 50개국 5만 명을 대상으로 12개국 지도자와 프란치스코 교황에 대한 호감도를 조사했다. 1위는 프란치스코 교황으로 53%의 호감도를 기록했다. 2위는 독일 메르켈 총리(이후 '메르켈')로 46%였다. 프란치스코 교황의 경우 남미를 비롯한 가톨릭 국가에서 압도적 지지를 얻었고, 한국에서도 호감도 1위를 기록했다. 3위는 프랑스 역대 최연소 대통령인 마크롱이었다. 호감도 순위는 2017년 조사 이후 한 번도 바뀌지 않았다. (참고로 푸틴과 트럼프는 2017년 조사에서 호감도 조사에서 꼴찌를 기록했고 이후에도 하위권이었다.)

호감도 2위를 기록한 메르켈은 2022년을 끝으로 16년간의 총리직을 마감하였으며, 국가 지도자로서는 독특한 기록을 가지고 있다. 독일 최초의 여성 총리이자 최초의 동독 출신 총리, 최장기 연임 총리, 가장 높은 지지율 속에 퇴임한 총리, 무엇보다 자발적으로 총리직을 사임한 최초의 총리였다.

국민들은 그를 '무티(Mitti: 엄마)'라고 칭했고, 그의 리더십을 굳이 다른 사물이나 인물에 빗대지 않고 'Merkeln(메르켈스러움)'이라 표현했다. 외신 역시 그를 서구 자유주의와 인권의 보루라고 평가했다. 특히 "트럼프 대통령 집권 이후 글로벌 리더십의 핵심축이 독일로 이동했다."는 평가가 많았다. 리더십의 본질은 강함이 아니라 사람의 마음을 움직이는 힘이라는 것을 메르켈은 입증했다.

그의 리더십이 가장 빛난 순간을 꼽으라면 필자는 대연정과 리먼 브러더스 사태의 대처, 난민 허용정책, 반역죄로 무리하게 기소당한 2명의 기자를 옹호하며 강성 검찰총장을 해임한 사건을 들겠다. (물론 난민 정책은 메르켈 내각을 뿌리째 흔드는 대사건이었다.)

2018년 총선, 3선을 앞둔 메르켈의 집권당은 과반 의석에서 5석이 부족했다. 기독연합(기독민주연합+기독사회연합)이 311석, 사회민주당이 193석, 녹색당 63석, 좌파당 64석이었다. 그는 사민당과의 대연정을 통해 504석을 확보하며 3번째 연합정부를 구성했다. 중요한 점은 그가 연정을 성공시켰다는 것이 아니다.

정치에서 아군의 힘을 키우려 연합하는 모습은 쉽게 볼 수 있다. 그가 사민당에 양보한 자리는 부총리, 외교장관, 법무장관, 노동사회부장관, 환경부장관, 가족부장관이었다. 이것은 의석 비율에 의한 것도 아니고 구색 맞추기를 위해 비교적 덜 중요한 부처를 내준 것도 아니었다. 핵심적인 요직을 내주면서 그는 사민당의 핵심 정책을 수용했다. 최저임금 법제화, 양육수당의 신설, 연금수령 63세 상향, 독일 태생 이민자 자녀의 이중국적 허용 등 기독연합이 수년간 반대했던 정책을 대연정을 통해 수용한 것이다.

과정도 투명했다. 그는 1박 2일의 마라톤 회의를 제의했고, 기민연합과 사민당의 핵심 정책통들은 쉬지 않고 토론했다. 1박 2일의 마라톤 회의를 거치고 발표한 내각과 정책에 대해 국민들은 놀라움을 감추지 못했다.

힘이 강한 세력이 요직을 차지하고, 그나마 의석 비율에 따라 나누는 고루한 정치 행태와 대비되는 신선함이었다. 메르켈 덕분에 집권기간 기민연합은 사민당을 위해 좌측으로 이동했다. 메르켈이 실천한 '양보'와 '소통'의 리더십으로 인해 오래가지 못할 것이라는 예상을 깨고 연정 내각은 높은 지지율 속에 순항했다. 사민당 대변인이 메르켈을 가리키며 "그녀는 어떤 계층에도 상처 주지 않고 노력하며, 어떤 결정도 독단적으로 결정하지 않는다. 그는 경청하며 인내하며 토론한다."라고 평가한 것이 그저 정치적 수사만은 아니었다.

물론 메르켈을 성공한 총리로 만든 토대는 '제2 라인강의 기적'이라 불리는 경제 성과였다. 메르켈 이전 독일의 별명은 '유럽의 병자'였다. 막대한 통일비용으로 인한 국가부채와 실업률은 역대 최고치를 기록했다. 메르켈은 유럽의 '원톱' 국가로 독일의 번영을 이끌었다. 2019년 독일의 실업률은 3.1%로 사실상 완전고용을 달성했다. 물론 유로화 통용으로 무역수지 개선이라는 행운도 따랐다.

메르켈의 굵직한 행보 때문에 많은 사람이 놓치는 지점이 있는데, 그건 바로 조용하면서 체계적인 산업구조 개편 준비였다. 1장에서 언급한 바 있는 '독일 인더스트리 4.0'을 통해 전통 제조업을 ICT 기반의 하이테크 기술 산업으로 전환해 품질과 공정의 혁신을 국가가 지원하는 산업 전략을 성공시켰다. 메르켈 이전과 이후를 살피면, 독일의 주력 산업이 탄소배출을 줄이는 친환경적이고 고부가가치 산업으로 탈바꿈했음을 확인할 수 있다. 메르켈의 탈원전 결정과 탄소저감산업으로의 전환은 러시아로부터 파이프를 통해 러시아의 천연가스를 공급받는 노르드스트림(NordStream) 프로젝트가 있었기에 가능했다. (러시아의 원유와 천연가스를 공급받는 사업으로 인해 메르켈과 미국 트럼프 대통령은 내내 극한 갈등을 빚었다.)

그녀에게 위기가 없었던 것은 아니었다. 2015년 시리아 내전, 아프가니스탄 전쟁으로 난민들이 대거 유럽으로 넘어오자 그녀는 난민 인구의 3분의 1을 수용하겠다고 밝혔다. 첫해에만 47만 명, 3년간 140만 명의 난민이 독일로 쏟아져 들어왔다. 반대 여론이 들끓었지만 그는 국민을 설득했다. "전쟁으로 어쩔 수 없이 고향을 떠나야 했던 사람을 국경에서 막는다면, 그건 더 이상 나의 조국이 아니다. 우리는 할 수 있다. 독일은 강한 나라다. 우리는 이미 이루었고, 앞으로도 할 수 있다."

하지만 2016년 12월 난민 캠프에서 봉사 활동하던 19세 소녀가 아프가니스탄 이민자에게 성폭행당하고 살해당하는 사건이 발생했다. 이어서 베를린의 브라이트 샤이트 광장에서 트럭 폭발 테러가 일어났다. 12명이 사망하고 48명이 사망한 이 사건의 범인은 튀니지 이민자로 밝혀졌다. 총선 전해에 일어난 사건이었다.

난민정책과 연이은 사고로 인해 독일에서 극우당이 약진하게 되었는데, 메르켈에겐 뼈아픈 일이었다. 하지만 그의 퇴임 시점 다수의 국민은 그의 난민정책이 "어렵지만 옳은 가치를 선택했다는 점에서 그를 존경한다며 그의 정책을 통해 독일 사회가 충분히 이 문제를 극복할 수 있다는 자신감을 얻었다."고 평가하였다.

그의 리더십을 '경청과 중재의 리더십'이라고 한 것을 주목하자. 메르켈을 오랫동안 연구한 맷 크버트랩 영국 코번트리대 교수는 그녀의 업적에 대해 "오랫동안 남자 정치인들의 싸움이었던 독일의 정치판을 정책토론의 무대로 바꿔 놓았다."[41]며 메르켈 이후에 독일 정치인들은 상당히 높은 수준의 도덕성과 리더십을 요구받게 되었다고 지적했다. 이것이 그녀가 남긴 독일 사회에 남긴 유산이다.

경제적 지표는 언제든 달라진다. 나라를 둘러싼 안보환경 역시 변한다. 중요한 건 한 시대를 함께 사는 공동체가 어떤 가치를 학습하고

• • •

41 조선일보. 손진석. 2021. 09. 27.《유럽의 메르켈 사랑 "이젠 EU 위해 일해 주오"》

실천해 왔느냐는 것이다. 사회가 공동의 문제를 놓고 시간이 다소 걸리더라도 토론하고 숙의를 통해 결정된 것에서 배려하는 미덕, 승자가 모든 것을 독식하는 것이 아니라 모든 계층이 상처받지 않게 양보하고 협력하는 문화. 이 통합의 유산이 결국은 사회의 문제해결 능력으로 성장할 것이 분명하다.

아직 한국의 정치 풍토에선 기대하기 어려운 이야기일까. 한국사회의 역동성은 이미 자타가 공인하고 있다. 나라가 작고 자원이 없는 나라의 국민일수록 놀라운 적응력으로 지식자원을 갈고닦아 성공할 수 있다는 주장이 있다. 이스라엘과 한국, 대만, 싱가포르의 성장을 본 석학들이 하는 말이다.

하지만 필자는 한국 사회가 앓고 있는 문제를 직시하지 않고서는 우리 후대들이 매우 고통스러운 환경 속에서 살게 될 것으로 우려한다. 승자독식, 부동산 불패로 대변되는 왜곡된 경제구조, OECD 최고의 청년 자살률. 자신의 몫이 위태롭게 된 사회에서의 끝없는 '인정(공정)투쟁'과 혐오 확산이 바로 그것이다.

10년 성실히 근로해도 집 한 채 장만할 수 없었던 청년이 부동산 거래 몇 번으로 평생 모아도 만져 볼 수 없는 돈을 동료가 거머쥐는 것을 보았을 때 어떤 생각이 들까. 한국 사회에선 언제부터인가 '경제 독립일'이라는 개념을 "근로소득에서 해방되어 금융소득으로 여유로운 생활을 할 수 있는 날"로 인식하고 있다. 이 말은 많은 함의를 담고 있다.

불로소득인 금융소득이 근로소득보다 좋은 삶을 보장하며, 그 이익 또한 확실하다는 뜻이다.

3억을 주인에게 보증금으로 지불하고 매해 2천만 원의 월세를 꼬박꼬박 내는 무주택 근로자가 있고, 반대로 5명의 세입자를 통해 얻은 돈 15억을 자본금으로 대출을 껴서 집을 사고팔아 1년에 5억 이상의 시세차익에 더해 매해 1억씩의 수익을 안정적으로 얻는 금융소득자가 있다. 후자인 금융 소득자가 되는 날이 경제 독립의 날이라는 말이다.

언젠가 30년간 기업을 꾸려 온 경영인이 필자에게 하소연했다. "30년 동안 전 직원이 열심히 일해서 번 돈보다 지난달 회사 연수원 땅이 개발로 용도 변경되면서 번 돈이 훨씬 많습니다. 이걸 만약 젊은 사업가들이 겪는다면 그들이 굳이 창업하고 제품을 개발할 이유가 있을까요?"

한국은 세계에서 GDP보다 가계 부채가 많은 유일한 나라다. 2021 세계 가계부채(Global Debt)보고서에 따르면 세계 36개국의 GDP 대비 가계부채 비율은 한국이 104.3%로 가장 높다. 1년 동안 나라가 번 돈을 모두 가계부채 갚는 데 사용해도 다 못 갚는다는 이야기다. 이 가계부채 상당 부분은 주택 전세자금으로 사용되었다.

2020년 거세게 타올랐던 소위 '인국공 논란'은 무한경쟁에 내몰린 청년들의 처지를 잘 반영한다. 그해 6월, 인천국제공항공사에서 비정규직 중 일부인 2,143명(공항소방대 211명, 야생동물 통제 30명, 보안 검색요원 1,902명)을 자사 정규직 '청원경찰'로 직고용으로 전환한다고 밝히면서 일어난 논란이다.

처음엔 취업준비생들이 들고일어났고, 여기에 야당 의원들과 언론이 논쟁에 가세하면서 사회적 논란은 걷잡을 수 없이 커졌다. 취준생들은 "이것은 결코 평등도 공정도 아니다."라며 청와대 국민청원 등을 통해 즉각적인 중단을 요구했다. 인천국제공항 정규직 노조 역시 반대 의사를 표명했다.

취준생들의 반대 사유는 간단했다. 한마디로 노력이 동반되지 않는 로또라는 것이다. 운 좋게 인천국제공항 보안요원으로 일하던 사람들이 대통령을 비롯한 정치권의 요구에 의해 하루아침에 연봉 5천만 원의 정규직 로또에 당첨되었다는 것이었다. 인천국제공항은 공기업 중에서도 가장 취업이 어렵고 토익 만점 수준을 맞아야 겨우 취업할 수 있다는 정보도 돌았다.

물론 보안요원 채원과 일반적인 사무직 공채 기준은 전혀 다르다. 또한 연봉 5천만 원 역시 일부 언론에 의한 과장보도였다. 실제로는 3,800만 원 정도다. 이에 비해 인천국제공항 공채 근로자의 초임은 4,600만 원이다. 물론 이것 역시 한국 노동시장의 38%를 차지하고 있는 비정규직 평균임금인 월 177만 원에 비해선 높다. 무엇보다 비정규직의 직고용을 발표한 2017년 이후의 입사자들(47%)은 별도의 공채시험을 다시 거쳐야 하는 관문이 남아 있었다. 하지만 굵직한 논쟁에서 이런 것들은 부수적인 정보로 취급되었다.

이 기간 반대 명분을 강화하기 위한 여러 논리가 생산되었지만 가장 큰 흐름은 '파이의 축소'에 대한 것이었다. 2천여 명의 비정규직을 한꺼번에 정규직으로 채용할 경우, 공사는 이후 채용의 문을 닫아 버릴 것이며 이것은 취업준비생들의 기회를 박탈한다는 주장이었다. 또한 새로 들어온 직원들이 노동조합의 주도권을 쥐고 회사를 흔들 것인데, 이것은 기존의 정규직이나 취준생에게 결코 유리한 상황이 아니라는 것이었다.

물론 인천국제공항이 사기업이라면 애초 이런 논란이 일지 않았을 것이다. 삼성 계열의 이마트에서 비정규직 청소노동자를 직고용하겠다고 발표했다면, 하나의 미담으로 남았을 것이다. 압력이 가해진 풍선은 늘 약한 지점에서 터지기 마련이다. 청년들이 공기업을 향해 인정투쟁에 나섰다는 건 그만큼 청년 고용 문제가 심각하기 때문이다.

한국 스타벅스는 직원을 직고용하는 사업장이다. 처음에 인턴 바리스타로 취업해도 나중에 슈퍼바이저를 거쳐 부점장, 점장까지 승진할 수 있다는 꿈을 품고 젊은이들이 입사한다. 문제는 직고용이지만 다수의 근로자는 시급제 무기 계약직이라는 점이다. 바리스타 직급의 경우 하루 5시간 근무에 월급 110만 원. 슈퍼바이저의 경우 7시간 근무에 월급 162만 원이다.

청년들이 그런 처우를 받을 것을 알고도 입사하는 것이 이상하게 보이지만, 스타벅스에 입사하려는 청년들은 늘 붐빈다. "언젠가는 나도"라는 희망 고문이 진입로에 장치되어 있기 때문이다. 실제 슈퍼바이저를 거쳐 부점장으로 승진할 수 있는 확률은 5%도 채 되지 않는다.

> “미래의 한국의 젊은이들은 작은 빵 하나를 두고도 서로 싸우려고 할 것이다.”
>
> “파이를 피자에 비유하자면, 유용자산을 가진 장 · 노년층이 가운데 부분을 모두 차지하고 젊은이들은 둥그런 빵 테두리를 조금이라도 얻기 위해 경쟁할 것이다.”

누군가 2002년, 외환위기를 졸업한 한국 사회를 두고 이런 경고를 했다면, 다수의 사람은 어떻게 반응했을까. 지나친 비관이라고 했을 것이다. 현재 한국의 비정규직 비율은 OECD 평균 비율의 갑절을 넘었다.

진화심리학자들은 인간이 자신의 운명에 대해선 낙관하고 타인에게 닥칠 불행은 비교적 쉽게 받아들인다는 것을 발견했다. 다시 말해 자신에게 벌어진 불행한 미래라는 설정은 뇌가 쉽게 받아들이길 거부하는 반면, 재난 상황에서 다른 이들이 모두 죽어도 자신은 살아남을 것이라는 막연한 낙관을 한다는 것이다. 물론 이것은 인류가 진화하는 과정에서 과도한 죽음에 대한 공포와 불행감을 뇌가 사전에 차단하여 스트레스를 줄이고 활동력을 높이기 위한 작용이라고 한다.

문제는 사람에게 작동하는 이런 기제가 사회의 미래를 예측하는 데도 동일하게 적용된다는 점이다. 우리는 서로 연결되어 있고 불행한 시스템으로 인해 ‘우리’가 고통받을 수 있다는 우려 대신 ‘나만은’ 성공할 수 있다고 믿는 세계관은 때로 협동과 연대를 무가치한 것으로 받아들이게 한다. 우리에게 20년 전으로 돌아가 사회시스템을 재구성할 기회를 준다면 우리는 어떤 선택을 하게 될까.

'혐오'라는 감정은 휘발되기 쉽고, 동원하기에도 좋기에 정치인들은 이것을 정치적 감정으로 변환시킨다. 정치가 군중에게 가장 빨리 소구하는 방법은 적을 설정하고 분노를 유발해 진영을 구축하는 것이다. 하지만 '통합'은 어렵다. 가령 사회적 부의 80%를 20%의 사람만이 점유하고 있고, 나머지 다수인 80%의 사람이 20%의 자원만을 소유하고 있는 시스템이라고 치자(물론 이것은 지금 세상의 부의 편중 비율과 일치한다).

이때 누군가 "강한 사람이 조금 더 양보하고, 100을 얻은 사람이 40 정도는 내어 줄 수 있는 사회"를 제안하며 사회적 대타협을 제안했을 때 어떤 일이 벌어질까. 80%가 여기에 동조할까? 단정하기 어렵다. 상위 30~50%의 부자들은 자신에게 곧 차려질지도 모르는 대박의 기회를 박탈당한다고 느낄 것이고, 나머지 하위 30%의 빈자들조차 자신이 가진 성공의 사다리를 허물지도 모른다고 생각할 수 있다. 경쟁과 소유라는 가치관의 뿌리는 그만큼 오래된 것이다.

다만 우리는 앞서 살펴본 것과 같이 옳은 가치를 토론을 통해 공유할 수 있다. 볏짚 들쥐의 생존모형과 같이, 통합가치를 구현하려는 사람들의 수가 늘어날수록 변화된 패러다임을 추구하는 목소리는 더욱 강력해질 것이며 사회적 영향력도 커질 것이다. 양보와 배려를 통한 통합사회를 구축하기 위해 혁신적이고 대담한 사회실험을 지지하고 실천하는 사람들. 지금 인류에게 필요한 이들은 그런 사람들이다.

이 책을 읽고 새로운 세상과 가치에 대한 영감을 얻었으면 한다. 처음엔 상상하고 다음엔 설계하고 종국엔 함께 손잡고 실천하는 것. 세상은 그렇게 바뀌어 왔다. 다행히 협동으로 공생하고 이해관계를 통합하는 호모 심비우스(Homo Symbious)로의 전환을 꿈꾸는 이들은 점차 늘어 가고 있다.

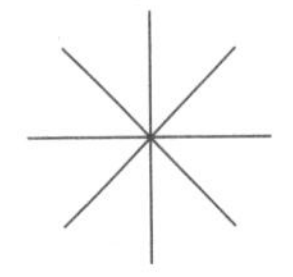

동양철학에서 찾은 상보성

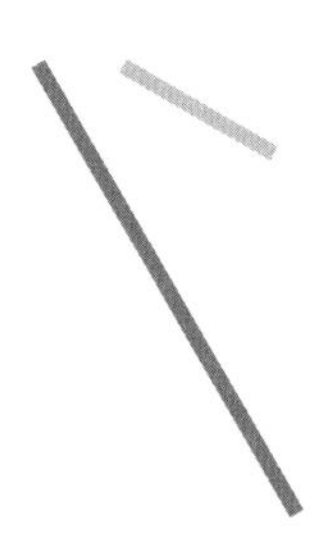

이번 편에서부터 필자는 동양철학의 핵심 사상과 방법을 소개할 예정이다. 학문이 서로 통할 때 보완하며 발전하는 것과 같이 4차 산업시대를 준비하는 데 있어 동서양의 철학적 전통을 살펴보는 것도 의미 있을 것이다. 필자는 동양철학을 연구하는 학자지만, 동서양 철학 중 어느 것이 더 우월하다고는 단연코 생각하지 않는다.

가령 동양철학이 공동체적인 데 반해 서양철학이 자유주의에 기초한 개인주의를 강조해서 지금 개인주의 물결이 만연해졌다는 주장과 같이 실증할 수 없는 주관적 해석을 경계한다. 실제로 불우한 이들에 대한 공동체의 봉사와 기부금, 영유아에 대한 입양률, 난민에 대한 호혜적 자세, 가난한 이들에 대한 사회적 배려와 같은 실증 지표들은 국가의 경제력과 관련 없이 유럽 대부분의 국가가 한국보다 압도적으로 우월하다. 또한 한국은 세계에서 유래 없는 민사소송 제기율을 기록하고 있다. 소송 대비 조정에 의한 합의율은 최하 수준이다. 갈등자들은 합의나 중재와 같은 해법을 믿지 않는다. "법대로 하자"며 법원을 찾는다.

동양철학의 열등함으로 인해 조선이 근대화에 뒤처지고 식민지가 되었다는 주장 역시 또 다른 사대주의라고 보는 편이다. 이 관점은 일제강점기 식민주의 학자들이 유포한 학설의 편향이기도 하다. 이런 관점이라면 고루한 신학적 전통을 통치이념으로 삼았던 서구권 나라들의 약진을 설명할 길이 없다. 어떤 사상과 철학이든 지배계급이 그것을 가혹한 통치이념으로 변질시켜 가렴주구를 일삼을 때 생명력을 잃는다.

연구자들은 오히려 신대륙 발견으로 인한 노예 노동력과 자원의 확보, 노동인구의 증가와 생산성 향상, 국가를 넘은 교역의 확대와 전쟁 비용을 충당할 수 있는 자본의 등장, 체제의 안정성에 기반한 개방성이 근대화의 성패를 갈랐다고 본다. 식민지 경영의 시대엔 강한 해군력과 철강 생산력이 모든 것을 갈랐다. 다만 조선의 사대부 문화가 문필을 중시한 나머지 기술자를 천대하고, 조정이 임진왜란 때 참전했던 노비를 면천하겠다는 약속을 전쟁 후에 헌신짝처럼 버린 것과 같은 문약한 계급구조가 나라를 약화했다는 생각을 가지고 있다.

어떤 사상이든 그 생명력은 서가가 아닌 현실에서 부여받는다. 그

래서 필자는 특정 철학의 우위성보다는 그 적용력이 더 중요하다고 본다. 무엇보다 지금은 동서양의 문화적 구분이 쉽지 않다. 산업화와 세계화는 상품의 무제한적 이동만을 의미하지 않는다. 자본과 자본을 숭상하는 물신주의의 기반은 강하고 광범위하다. 그러기에 산업화를 겪은 모든 나라에선 문화의 획일화와 물신주의와 공동체 해체, 계급 간의 위계 증폭과 같은 문제를 겪고 있다. 그래서 오히려 지금은 '철학'이 세계를 분석하는 것을 넘어 현실에 영향력을 행사할 수 있느냐는 문제가 더욱 절박하다고 생각한다. 세계 공동의 문제인 것이다. 그래서 독자들도 '통섭'의 관점에서 살펴봐 주었으면 한다.

1922년, 양자역학의 문을 연 닐스 보어(Niels Bohr, 1885~1962)가 노벨 물리학상을 받았다. 그는 오랫동안 미해결 과제였던 원자모형 연구에서 새로운 돌파구를 열었다. "모든 원자는 안정 상태로 있을 수도 있고 불안정 상태에 있을 수도 있다. 각 상태의 에너지는 양자(양성자 · 陽性子)로 나타난다." 다시 말해 하나의 성질을 가진 사물(원자) 안에 두 개의 서로 다른 성질이 공존하며, 이것들의 조화로 인해 개별 원자가 안정될 수도, 불안정할 수도 있다는 것이다. 원자 내부엔 두 가지 성질이 존재하고 그로 인해 원자엔 안정성과 불안정성이 교차한다는 주장은 당시로선 획기적이었다.

하지만 당시 최신 물리학에 정통하지 못한 이들은 이 발상 자체를 비과학적인 것으로 오해하기도 했다. 아인슈타인은 닐스 보어의 업적을 찬양했지만, 이후 보어의 연구가 진척됨에 따라 그는 보어의 주장이 '상대성이론'의 대전제에 위배된다고 생각했다. 전자가 파동이자 입자이기도 하고, 확률적으로 두 곳에 모두 존재할 수 있다는 주장은 상대성의 기초 전제인 '광속불변의 원칙'을 정면에서 탄핵하고 있었기 때문이다.

전자의 중첩(Superposition)과 불확정성(Uncertainty)에 대한 주장은 아인슈타인의 심기를 긁었다. 아인슈타인의 이론에 따르면 모든 물체는 위치와 운동량의 정확한 값을 동시에 확정할 수 있어야 하지만, 양자물리학자들은 물체는 확률적으로 두 곳에 동시에 존재할 수 있다고 주장했다. 이후에 '전자의 이중 슬릿 통과 실험'을 통해 아인슈타인이 틀렸음이 증명되기까지 이 논쟁은 지속되었다. 당시 아인슈타인이 "신은 주사위를 던지지 않는다."라며 양자역학의 불확정성을 공격하자, 닐스 보어가 "신에게 이래라 저래라 하지 마시오."라고 받아친 사건은 유명하다.

'전자의 이중슬릿 실험'을 보자. 실험자들은 빛의 성질을 파악하고자 했다. 당시 빛(전자)은 광양자, 즉 입자로서의 성질을 가졌다는 주장과 입자이지만 파동처럼 움직인다는 주장이 대립하고 있었다. 전자총을 쏘자 전자는 물결처럼 분산되어 2중 슬릿 모두를 통과해 곳곳에 물결 문양으로 찍히는 '파동성'을 보였다. 하지만 막상 카메라로 관측을 시작하니 정확히 슬릿의 구멍을 직선으로 통과하여 찍히는 '입자성'을 보였다.

이 결과를 이해하지 못했던 과학자들은 실험 장치에 오류가 있는지 여러 번 확인했고, 오류가 없음을 확인하고도 이 결과를 받아들이기 어려워했다. 하나의 존재가 동시에 두 곳에 존재할 수 있으며, 그것이 확률적으로 가능하다는 뜻이었다. 이것을 '관찰자 효과'라고 부른다. 당신이 관찰을 시작하는 순간 없었던 존재가 눈앞에 나타날 수도 사라질 수도 있다는 것.

이후 양자역학의 원리를 활용한 양자컴퓨터가 등장했다. 기존의 반도체는 0과 1이라는 두 값 중 하나만을 받아들여야 했지만, 양자컴퓨터는 하나의 기호가 0과 1이라는 두 값 모두를 가질 수 있다. 일반 컴퓨터로 30년 걸려도 풀지 못한 문제를 양자컴퓨터는 1초 만에 풀어낸다. 이 실험 결과를 전해들은 아인슈타인은 "내가 달을 관찰하지 않으

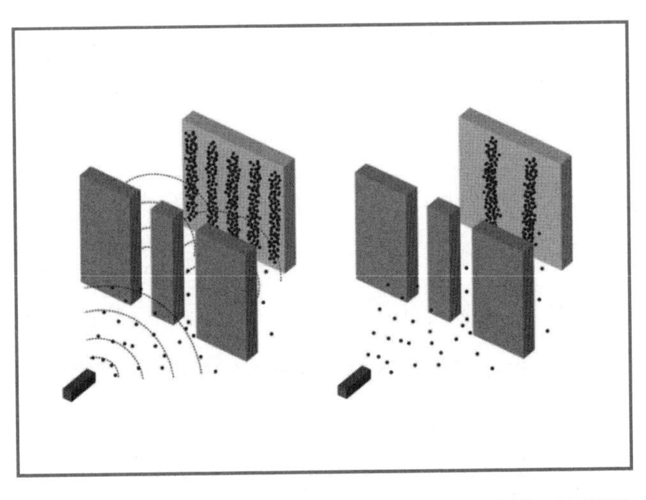

그림 15 | 관측 전, 전자는 파동의 성질을 보인다(왼쪽).
관측하자 전자는 입자의 성질만을 보였다(오른쪽).

면 달은 존재하지 않는가?"라며 실험 결과를 인정하지 않았다.

아직도 양자역학의 '신비'를 이해할 수 있는 사람은 극히 소수다. 양자역학은 기존에 인류가 사용했던 언어와 개념을 넘어서야 설명할 수 있다고 한다. 그래서 이해에 앞서 이 현상을 물리법칙으로 받아들이는 것이 먼저라고도 한다. 중요한 건, 인류가 수천 년간 쌓아 왔던 과학 지식이 한순간의 발견(실험)으로 인해 붕괴하는 순간이 여전히 많이 존재한다는 점이다. 닐스 보어는 이후 그의 업적으로 덴마크에서 귀족 작위를 받은 후 귀족의 전통에 따라 자신 가문의 휘장을 정했다.

"ontraria sunt complementa."

"대립적인 것은 상보(相補)한다."

그림 16 | 닐스 보어의 가문 휘장.

닐스 보어의 문장은 '대립물(Opposites)은 투쟁(Confict)한다'는 헤겔과 마르크스의 변증법 철학과는 다르다. 한국인이라면 휘장의 가운데 그림에 눈이 갈 것이다. 바로 '태극(太極)'이다. 세계는 음과 양으로 구성되어 있고 음과 양의 조응에 의해 세상 만물이 끝없이 변화한다는 주역의 원리를 그림으로 표현한 것이 바로 태극이다.

한국에서는 주역(周易)이라는 학문에 대해 운명을 맞히는 점괘, 도심지 골목 어귀 어디쯤의 사주 철학관에서 하는 것이라고 인식하는 사람이 많다. 하지만 주역의 내용을 한 번이라도 공부한 사람이라면 주역이 사람과 사회의 조화와 도리에 관한 인(仁)의 학문이라는 데 이견을 달지 않을 것이다. 2천 년 동양사상의 핵심이며, 공자(孔子)가 노년에 "그 원리를 미처 다 깨치지 못함이 통한이다."라고 했을 만큼 높은 가치를 인정받아 온 학문이다.

다산(茶山) 정약용은 유배 기간 《주역사전(周易四箋)》과 《역학서언(易學緖言)》을 집필했는데, 이 책은 주역에 대한 새로운 해석으로 조선과 중국의 학자들에게 충격을 전했다. 흑산도에서 유배 중이던 정약전은 초고를 받아 보고 너무 기뻐 덩실덩실 춤을 추었다고 하며, 유배 기간 교우했던 승려 혜장 선사는 "나의 20년 주역 공부가 말짱 헛것이었다."고 탄식했다고 전해진다.

'상보성(相補性)'이라는 개념은 음양사상의 전통적 개념이다. 달이 차면 기울고, 일 년 중 가장 어둠이 길다는 동지(冬至)에 비로소 밝음의 세력이 싹터 강해진다는. 사물 안에는 상보하는 변화의 씨앗이 이미

태동하고 있다는 사상이다. 그래서 우리 민족은 가장 어둡고 추울 때 봄의 기운을 예견하며 이날을 축복했다. 이렇듯 음양사상을 기본으로 자연과 사람, 사회의 변화를 설명한 것이 바로 주역이고 동양철학의 전통이라 할 수 있다. 그 핵심은 관계성과 관계의 조화에 있다.

이렇듯 서로 다른 학문이라 할지라도 그 안에 진리가 있다면, 서로 적극적으로 받아들여 탐구해야 한다고 닐스 보어는 생각한 것이다. 참고로 닐스 보어는 1935년 중국을 방문했을 때 주역을 접하고 꽤 진지하게 그 철학적 원리에 대해 탐구했다고 한다. 이런 학문적 유기성, 서로 간의 통합을 우리는 통섭이라고 한다.

'통섭(統攝)'이라는 개념은 19세기 영국의 자연철학자 윌리엄 휴얼(William Whewell)이 만든 용어 'consilience'를 우리말로 번역하는 과정에서 새롭게 태어난 개념이다. 그는 학문 간의 '넘나들기'를 도모하기 위해 '함께 솟구침(jumping together)'을 제안했다. 학문의 동반성장이라고 볼 수 있다.

그런데 이 통섭이라는 개념이 한국에 수입되어선 '융합 학문'으로 변질되었다. 융합 학과가 대세가 된 이유엔 아이러니하게도 애플의 창업자 스티브 잡스의 회고도 한몫했다. 그는 리드 대학을 다닐 때 들었던 '철학 강좌'가 사유 방식의 원천을 제공했다고 했다.

그는 2010년 애플 이벤트에서 아이패드를 발표하면서 "아이패드는 인문학과 기술이 만나는 교차로입니다. 애플은 언제나 이 둘이 만나는 교차점에 존재해 왔지요."라고 말했다. 그는 자신의 "도구는 사람의 눈에 띄지 않아야 한다."고 말했다. 당시 그의 말을 이해하는 사람은 많지 않았다. 그는 기술의 산물인 도구란 인간의 눈에 띄지 않을 만큼 익숙한 것이어야 하고, 도구가 인간에게 자신(생활)의 당연한 일부로 받아들여졌을 때 효과적이라는 철학적 명제를 이야기한 것이었다. 구조주의 기호 철학자 하이데거의 "보이지 않을 때 가장 효과적이다."라는 명제를 상품에 그대로 적용했다는 의미였다.

스티브 잡스가 말한 '인문학과 기술의 교차점'이라는 것은 한국 대학에서 요란하게 진행했던 학과 통폐합과는 거리가 먼 것이었다. 하지만 이후 국내 대학에선 인문학과와 이과 분야(물리학, 공학 분야)를 합치기 시작했다. 말이 융합이지, 그 본질은 돈 되는 학문에 인문학이 병합되는 방식이었다. 디자인학과는 IT 전자기기 개발을 위한 산업디자인 학과로 개편되었고, 생태학과는 동물산업을 위해 통폐합되었으며, 언어학과는 디지털 번역 시스템을 위해, 화학과는 바이오제약을 위해 통합되었다.

원래 통섭이란 두 학문이 고유의 연구를 향해 매진하면서 서로 간의 학문적 성취를 공유하자는 뜻이었지만, 융합이라는 이름으로 인문학과가 다른 학문을 위해 사라지는 방식으로 이루어졌다. 그것이 당시 정부의 '창조경제 정책'에 부합하는 방식이었고, 교육부로부터의 재정 지원은 물론 학과 운영 예산을 절감할 수 있는 효과적인 방법이었다. (필자는 한국에서 과학 관련 노벨상이 나오지 않는 것을 한탄하기 전에 노벨상이 나올 수 없는 단기 실적 위주의 학문적 풍토를 개선해야 한다고 믿는 사람 중 하나다.)

닐스 보어의 양자역학은 이후에 원폭의 개발로 이어졌다. 원자폭탄을 만들기 위해 독일과 서방의 물리학자들을 한데 모아 연구했던 미국의 맨해튼 계획(Manhattan Project) 이야기를 전해들은 그는 윈스턴 처칠과 프랭클린 D. 루스벨트에게 면담을 신청했다. 나치 독일을 패망시키기 위해 핵무기는 필요하다고 생각했지만, 나중에 세계 각국이 핵무기 개발 경쟁에 뛰어들 것을 우려했다. 그래서 원자력의 평화적 이용을 위해 원자력의 비밀을 공개하면서 한편으로 공동 관리 시스템이 필요하다고 역설했다.

하지만 핵무기 패권을 통해 일극 체계를 희망했던 루스벨트는 공산주의 기지 소련에 그와 같은 제안을 하는 것을 비현실적이라고 생각했다. 윈스턴 처칠 역시 마찬가지였다. 처칠은 닐스 보어를 비꼬며 이렇게 말했다. "그 사람이 과학을 하려는 것인지 정치를 하려는 것인지 모르겠다."

닐스 보어는 그 자신의 이론과 마찬가지로 자기 자신을 한 명의 물리학자로만 규정하지 않았다. 과학자이자 미래의 세계에 영향을 미칠 수 있는 세계 시민이자 인류애를 가진 아버지로서 행동하고자 한 것이다. 그는 만물이 연결되어 있으며 존재는 다층적 차원에서 존재할 수 있다는 것을 일찍이 알았다.

상보성은 대상으로 인해 나 역시 존재할 수 있다는 철학적 원리를 뜻한다. 상보의 세계에선 양립할 수 없는 존재도 양립할 수 있으며, 양립으로 인해 조화로운 안정을 유지하고 있다. 또한 전자의 이중슬릿 실험의 결과처럼, 대상에 대한 시각을 조금만 달리하며 그 존재의 성질이 달리 보인다는 것을 의미한다.

상대를 인정하고 상대의 처지에 자신을 대입해 생각하라는 역지사지(易地思之)는 지금까지도 한국에선 중요한 덕목으로 받아들인다. 역자사지는 《맹자(孟子)》 8편(編) 〈이루하(離婁下)〉 29장에 나오는 '역지즉개연(易地則皆然)'에서 유래한 말이다. '처지를 바꾼다 해도 하는 것이 서로 같다'는 뜻이다.

공자 역시 이와 관련한 말을 했다.

> 子貢問曰 有一言而可以終身行之者乎?
>
> 子曰 其恕乎! 己所不欲,勿施於人
>
> 자공이 물었다. "평생을 지니고 다닐 한마디가 있다면 무엇이겠습니까?" 공자가 말했다. "그것은 서(恕)이다. 네가 원하지 않는 바는 남에게도 행하지 말라는 것이다."

여기서 '서(恕)'란 관용을 뜻한다. 너그러움과 인자함, 용서의 의미다. 처지를 바꿔 상대의 입장을 헤아리고 이것을 넘어 행실로도 그가 원하지 않는 것을 하지 말라는 뜻이다. 물론 영어에서도 같은 표현이 있다. “Put yourself in someone else's shoes!” 다른 이의 입장이 돼서 생각해 봐.

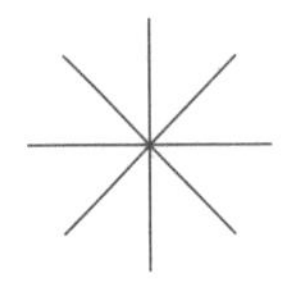

조화와 상보의 관계론

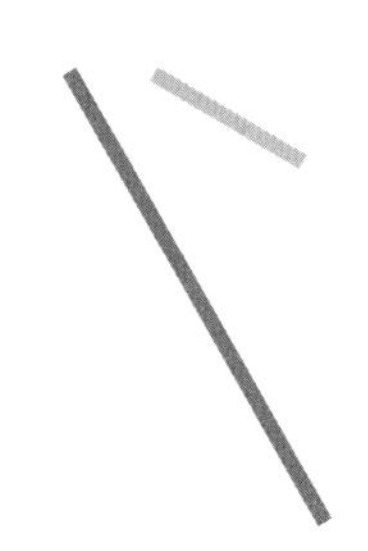

행동 심리학자들의 재미난 실험이 있다. 동 · 서양인을 대상으로 판다, 침팬지, 바나나를 보여 주고 어떻게 묶겠냐고 물었다. 동양인은 침팬지와 바나나를 묶었다. 침팬지가 바나나를 좋아하니까. 하지만 서양인은 판다와 침팬지를 묶었다. 둘이 같은 종(種)이니까. 관계를 통해 세상을 바라보는 동양인과 범주를 통해 분리해 바라보는 서양인의 차이다. 서양인은 각기 분리되어 독립한 명사를 발전시켰고, 동양인은 상호작용, 관계와 연관된 동사를 발전시켰다.

서양 학문의 핵심이 '존재론'이며 동양이 '관계론'이었다는 故 신영복 선생의 주장은 매우 설득력 있다. 흔히 동양은 자연을 중심으로, 서양은 인간 중심의 예술관을 발전시켜 왔다는 말이 있다. 하지만 엄밀히 보자면 사실이 아니다. 신과 인간이라는 범주로 보자면 동양의 인간이 하늘과 땅의 중간자로 존재했던 반면, 서양의 경우 신의 의지에 따라 구원받거나 시련당하는 복종자, 피지배자로서의 인간이라는 성격이 강했기 때문이다.

특히 가톨릭과 이슬람이라는 유일신 사상이 유럽을 지배한 기간에 인간 중심의 예술관이 발전한 곳은 동양이었다. 동양의 불교에선 신을 인정하지 않고 깨달은 자로 규정한다. 부처의 유훈은 “자신을 믿고 진리를 향해 정진하라.”였다. 유교에선 신앙(信仰)을 잡스러운 것으로 보았다. 인간의 도리가 가장 성스러운 경지였다. 심지어 도교에서의 신선(仙) 역시 인간이 수양하면 신선이 된다는 세계관에 기반하고 있다. 동양철학은 학문의 본질을 주변 세계에 대한 탐구에 앞서 자신의 욕심을 버리고 본심을 회복하는 노력이라 보았다.

> “하늘마음을 회복하고 싶은 사람은 선을 골라 그 선을 굳건히 붙잡는 사람이다. 그러기 위해서는 널리 배워야 하고, 자세히 물어야 하며, 신중하게 생각해야 하고, 명확히 분별해야 하며, 독실하게 수행해야 한다.”[42]
>
> – 《중용(中庸)》 제20장

맹자께서 말씀하시길 인(어짊)은 사람의 마음이오, 의(옳음)는 사람의 길

• • •

42 이기동 · 신정근 공저, 《공자 인, 세상을 구원할 따뜻한 사랑》(2015), 21세기북스.

이라. 그 길을 버리고 좇지 아니하며 그 마음을 잃고 찾을 줄을 알지 못하니 슬프도다. 사람이 닭과 개를 잃어버리면 곧바로 찾아 나서지만 마음을 잃고는 찾아 나서지 않는다. 학문의 길은 별다른 것이 아니라 잃어버린 마음을 찾을 뿐이니라.

仁人心也義人路也 舍其路而不由 放其心而不知求 哀哉 人有鷄犬放則知求之 有放心而不知求 學問之道 無他 求其放心 而已矣

–《맹자(孟子)》〈고자 장구(告子 章句)〉上

국가가 중시했던 학문에서도 이러한 차이는 나타난다. 서양은 과학기술, 동양은 형이상학이라는 오해가 있다. 근대과학이 서양에서 시작되었기 때문에 지금도 많은 사람이 그렇게 생각하는 듯하다. 하지만 필자는 이 차이가 신학과 인간학의 차이에서 비롯되었다고 본다.

오랜 기간 서양의 탐구 주제는 신의 존재와 신이 형성한 세계에 대한 것이었다. 신에게 가까이 가기 위해 기하학을 공부했고, 신의 섭리를 파악하기 위해 원소를 공부했다. 많은 이들은 갈릴레오 갈릴레이가 '지동설'을 주장했고 이것이 전통적인 교리인 '천동설'에 위배되었기 때문에 교황청이 과학적 신념을 박해했다고 믿는다. 이것은 절반만 사실이다. 오히려 당시 교황청은 천체 운행에 대한 신비를 과학적으로 규명하기 위해 많은 예산을 투입했고, 연구자와 수도사를 격려했다. 우주의 신비를 푸는 것은 신의 진리에 한 걸음 더 가까이 다가가는 것이었다.

갈릴레이는 '지동설'을 발표한 후 로마에서 환대받았다. 교황 바오로 5세가 그를 각별히 맞았고, 당시 가톨릭의 중심 권력이었던 예수교 신부들도 갈릴레이를 지지했다. 그가 종교재판에 회부된 건 이단 심문으로 교세를 확장하려던 도미니코회의 극단주의 신부들의 공격 때문이었다. 실제 그가 처음 종교재판에 회부되었을 때, 교황청은 이 회부를 기각시켰다. 이후 재판 중에도 신임 교황이었던 우르바노 8세는 갈릴레이에게 각별한 신임을 표현했다.

중세의 많은 학자가 연금술(鍊金術)에 매달린 이유는 황금을 얻기 위해서도 있었지만, 신의 원소를 찾기 위한 노력의 일환이기도 했다. '현자의 돌'로 불렸던 이른바 제5원소는 지상에 없던 새로운 근원물질로서, 모든 물질을 가열해서 남은 것이 물질의 기본요소라면, 이 기본요소를 합치면 새로운 물질이 탄생할 것으로 믿었다. 황금을 만들어 주겠다며 군중을 현혹한 사기꾼도 많았지만, 이 연금술이 근대 화학과 물리학의 시초였다는 것을 부정하는 사람도 없다. 철, 인, 납, 수은과 같은 원소기호가 이로부터 탄생했고, 뉴턴이 발견한 프리즘을 통과한 빛의 분리 또한 이 과정에서 발견한 것이다.

이와 달리 동양의 탐구 주제는 사람이었다. 사람은 무엇을 위해 살아야 하는가. 사람다움(사람의 본성)이란 무엇인가. 즉 사람의 길에 대한 질문이 철학의 시발점이다. 조선 영남학파의 거목 퇴계 이황과 기호학파의 젊은 학자 기대승이 나이를 따지지 않고 서한을 통해 예를 갖추며 8년간 논쟁했던 주제가 바로 사단칠정론(四端七情論)이다.

사단(四端)은 맹자가 말한 사람의 착한 본성으로 불쌍히 여기는 마음, 부끄러이 여기는 마음, 남에게 양보하는 마음, 옳고 그름을 가릴 줄 아는 마음이다. 칠정(七情)은 인간의 본성이 발현되는 감정으로 기쁨(喜), 노여움(怒), 슬픔(哀), 두려움(懼), 사랑(愛), 미움(惡), 욕망(欲)이다. 우주의 운행 원리인 음양(陰陽)과 오행(五行)이 착종한 것이 이(理)이며, 우주의 소자(에너지)가 기(氣)인데 이것은 사람의 심성과도 같다고 보았다. 이것의 발현 원리를 두고 논쟁한 것이라 이기(理氣)논쟁이라고도 볼 수 있다.

동양에선 사람만큼 중요한 탐구 주제는 없었다. 그렇다고 동양에서 과학이 뒤처졌다는 것이 아니다. 18세기까지 세계의 중심은 유라시아를 포함한 동양이었다. 동양의 세계관은 하늘과 땅, 사람이 하나라는 천인합일(天人合一)의 생명주의 사상인 반면, 서양의 세계관은 신의 선택을 받은 인간과 그렇지 않은 자연과 분리된 이원주의 세계관이다.

문학예술은 인간의 가장 고차원적인 정신 활동이다. 사회의 가장 첨예하고 아픈 지점을 건드는 것이 문학이며, 시대의 가장 결핍된 요소를 드러내는 것 또한 문학예술이다. 현대철학과 예술, 대중문화를 다루는 전문가들은 팬데믹 이후 철학자와 예술인, 영화인들이 건드리는 주제가 변하고 있다고 지적한다. 그것은 '우리는 서로 연결되어 있다'는 것이다. 바로 관계성(relationship)이다.

서양의 철학도 전통적으로 관계성을 다루었다. 하지만 그 관계성은 주로 원인과 결과라는 인과성(因果性)과 주동과 피동, 주체와 객체라는 이분법적 사고방식으로 이어져 왔다. 서구의 이원적 사고방식은 신과 인간, 인간과 자연이라는 고대철학에 기반한 것이다. 이는 예술과 주거 형태에도 그대로 구현되었다. 동양에서 화폭에 담긴 집은 집 자체가 아니라 산과 강 그 어디에 안겨 있는 모습이다. 서양에선 집의 조형적 특성을 그대로 담아 집만을 보여 준다.

전체 속의 부분으로서의 동양, 쪼개어질 수 있는 범주로의 서양과 차이다. 동북아에서 2천 년 넘게 연구되어 왔던 주역(周易)이 바로 하늘과 인간의 운명에 대한 학문이라면, 서양에선 사람과 자연을 관찰해 그 독립적 본성을 연구하는 학문을 발전시켰다.

이런 세계관은 건축에서 특히 두드러지게 드러났다. 서양 건축미학의 시작은 기하학(Geometry)이다. 신의 숨결이 자연에 부여되어 있고, 이것을 옳게 '측량'해서 '파악'할 수 있다면 인간은 신의 진리, 그 아름다움에 근접할 수 있다고 믿었다. 플라톤이 세웠던 학당 아카데미아의 정문엔 이런 말이 박혀 있다.

"기하학을 모르는 자는 이곳에 들어오지 마라."

플라톤만 이런 주장을 한 것이 아니다. 기하학은 그리스 시대 이후 건축가와 철학자, 조각가, 화가들에겐 가장 중요한 화두였다. 기하학과 비례에 영향받은 서양 예술은 20세기를 넘어 지금까지도 계속되고 있다. 레오나르도 다빈치, 세잔, 피카소, 몬드리안, 샤넬에 이르기까지 단적으로 기하학을 빼고선 서양 예술을 말하기 어렵다. 그 시대부터 지금까지도 아름다움의 기준은 기하학이 되었다.

나일강이 범람한 이후 토지를 다시 측량하기 위해 시작한 토지측량법이 기하학의 원류다. 이 학문이 그리스로 넘어와선 도형의 개념을 형성, 비례의 정식과 피타고라스의 정리로 발전했다. 건축엔 축성술이었던 화법 기하학(畵法幾何學)이 사용되었고, 유클리드 기하학과 해석 기하학으로 발전한 이후 미적분이 발견되자 미분 기하학으로 발전되었다. 이후 비유클리드 기하학, 위성 기하학 등….

기하학은 점, 선, 면, 공간 등의 상관관계에 대한 학문이다. 즉 우주 만물의 모든 공간을 측정하고 재구축하는 학문이다. 이는 놀랍도록 복잡해 보이지만 연역적으로 추론 가능한 질서의 세계다. 이탈리아와 스페인에 가면 과거의 성당을 비롯한 건축물, 심지어 궁전의 정원까지 완벽한 비례에 기하학적 배율을 고집하고 있음을 확인할 수 있다.

우리 한옥은 어떨까. 한옥에선 완벽한 배율이나 비례와 대칭을 찾아볼 수 없다. 왜 그럴까. 바로 온돌의 문제다. 불을 지피는 부뚜막은 부엌에 있어야 했고, 부엌이 있는 이상 한옥은 대칭일 수 없다. 아니, 그럴 필요조차 없었다. 이에 비해 난방이 필요 없던 종묘(宗廟)와 같은 곳은 후대 왕이 죽어 신위가 더해지면 정전을 서쪽으로 새로 증축했고, 그 결과 삼도가 향한 새로 증축한 정전 앞의 기단, 즉 월대(月臺)를 옮겨서라도 대칭을 맞추고자 했다.

하지만 애초 한옥의 집터를 잡는 일이 뒷산과 내, 동네 길의 방향 등을 고려한 풍수(風水)의 영역이었기에 비례가 중요한 것이 아니라 자연을 담을 수 있는 위치와 어울림이 더욱 중요했다. 서양철학의 전통이 신의 선택을 받은 인간은 '독단자'로서 자연 위에 우뚝 서야 했고, 세계는 인간을 중심으로 구성돼야 한다는 것이었다면 동양에서의 인간은 자연의 한 부분으로 기능했고 그랬기에 인간의 활동은 자연과 조화로워야 했다.

필자가 다소 길게 동서양의 학문과 문학예술의 전통을 이야기하는 이유는 초연결 사회라고 하는 지금 시대야말로 통섭과 보완의 가치가 빛을 발할 수 있다고 믿기 때문이다. 과학기술혁명은 분명 좋은 일이다. 하지만 앞서 여러 편에서 살펴본 것처럼 과학기술 그 자체로는 세상을 좋게 만들 수 없다. 오히려 자본은 과학기술과 상품의 유통 과정에서 인간의 가치와 공동체의 행복을 거추장스럽게 만든다. 지금도 많은 학문이 더 많은 이윤을 생산하기 위해 투자되거나, 자신의 존재를 정당화하기 위해 사용된다.

불과 20년 전까지만 해도 지구온난화를 둘러싸고, 이것이 인간이 배출한 탄소 때문이 아니라 자연스러운 지구의 주기라거나 각종 환경단체가 발표한 지표들이 과장되고 비과학적이라는 공격이 많았다. 특히 원유 추출 과정에서 발생하는 오염과 같은 영역에선 두 진영의 대립이 더욱 컸다.

만약 인류가 과학기술에 매진하는 것의 10분의 1이라도 시장 시스템을 움직이는 인간의 가치문제나 나와 타자 간의 관계성에 대한 부분에 집중했다면 어떻게 되었을까. 적어도 동양철학에서 말하는 인간의 길이 오늘날처럼 가볍게 취급되지 않았을 것이다. 타인의 불행을 나의 것으로 받아들이고, 어떤 사회적 작용이 전체 구성원에게 미칠 영향을 측은지심으로 살피는 보편적 가치가 정착되어 있다면 지금과 같이 무력하지 않았을 것이다.

필자는 전술했듯 동서양의 가치 중 어떤 것이 더 우월하다고 생각하지 않는다. 다만 지금이야말로 통섭을 통한 상보가 이루어질 수 있지 않을까 생각한다. 사람의 마음, 다시 말해 옳은 길을 위해 사람이 자신을 수양하고 타인을 배려하며 성장하는 그 사회가 가져다줄 혜택을 생각해 보라. 그것은 매우 구체적이고 실질적인 행복으로 돌아온다. 그리고 그러한 인간관계가 형성한 강력한 네트워크와 그로 인한 사회적 영향력은 지금까지 어떤 사회학자도 하지 못했던 놀라운 성취를 가져다줄 수 있다. 사람의 마음 역시 과학이며, 사람의 길을 탐구하고 성찰하는 것은 미래를 위한 가장 값진 투자다.

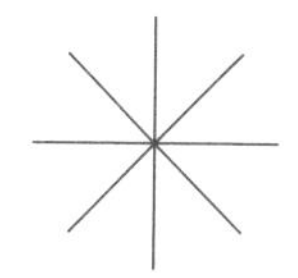

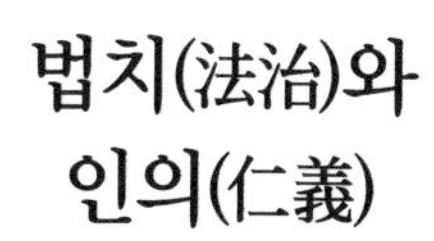

법치(法治)와 인의(仁義)

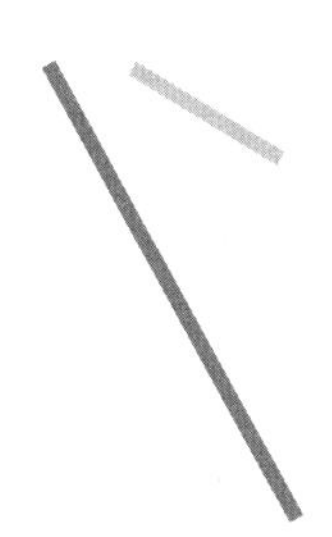

동양철학에서 '역지사지'나 서(恕)라는 개념은 그저 상대의 처지를 배려하라는 개념만은 아니다. 사람의 윤리와 추구해야 할 도(道)는 모두 '인(仁)'으로 수렴된다. '인(仁)'은 하늘(세계)이 준 것이며, 이것은 사람이 사람일 수 있는 본성이다. 타인에 대한 동정과 연민, 공감과 정감, 안타까움과 같은 감정은 바로 보고 느낄 수 있는 인간의 감정이라고 보았다.

맹자는 이 감정이 둔화되지 않게 갈고 닦아 자신의 선한 마음을 간직해 맑은 기운을 유지하는 것만이 '동물과 다르지 않은' 사람의 본성을 지킨다고 보았다. 그런데도 사람이 악을 행하는 이유는 '욕심' 때문이라고 보았다. 따라서 욕심을 없애거나 그런 마음조차 들지 않게 매사 욕심의 싹을 없애며 생활하는 사람을 군자(君子)라고 본 것이다.

《논어》의 한 대목이다. 공자에게 제자 재아(宰我)는 삼년상(三年喪)이 너무 길다고 했다. 이유는 그동안 다른 일을 할 수 없다는 것이었다. "군자가 3년간 예를 행하지 않는다면 예가 필히 흩어질 것이고, 3년간 음악을 돌보지 않는다면 음악이 필히 무너질 것입니다." 자연이 1년에 한 바퀴씩 도는 데 맞춰 복상하는 사람도 1년이 지나면 일과 놀이, 그리고 다른 예를 행하는 일로 돌아와야 한다고 그는 주장했다.

공자가 물었다. "상중에 쌀밥을 먹고 비단옷을 입으면서 네 마음이 편안하겠는가?" "네, 편안합니다." "그렇다면 말리지 않으마. 상중인 군자는 좋은 음식을 먹어도 맛을 모르고 음악을 들어도 즐거운 줄 모르며 자기 집에 있어도 편안함을 모른다. 그래서 쌀밥을 먹지 않고 비단옷을 입지 않는 것이다. 그런데 너는 아무렇지 않다면 마음대로 하려무나."

공자는 재아가 나가자 제자들 앞에서 이렇게 탄식했다. "재아의 불인(不仁)함이여! 아이가 세 살이 지나야 부모 품을 나오는 것이니, 삼년상은 천하 사람들이 함께 지키는 것이다. 그런데 재아는 부모에게 3년간의 사랑을 받지 않은 사람이란 말인가?"

역지사지는 타인의 입장에서 생각해 보라는 것이지만, 인(仁)의 개념은 애초 타인이 느끼는 고통을 숨을 쉬듯 자연스레 느껴야 한다는 것이다. 그것은 규범이 아니고 특정한 상황에 걸맞은 매뉴얼도 아니다. 우물에 빠진 아이를 발견할 때의 그 마음처럼 예민하게 느끼는 것이 사람의 본성이라고 본 것이다.

재아는 영민한 사람이었다. 때로 낮잠을 자며 게으름을 피웠지만, 비유에 강했고 제자들과의 논쟁에선 발군의 실력을 보였던 자다. 하지만 공자는 재아의 영특함 저변에 있는 '둔감함'을 불인(不仁)이라 본 것이다. 이런 유가(儒家)의 방법론은 법치(法治)와 거리가 있다.

여기에서 법치란 오늘날 우리가 법치주의(法治主義)라고 하는 것과는 다른 개념이다. 법치주의란 타인의 권리를 마음대로 빼앗지 못하도록 국가가 보호하는 것을 뜻한다. 또한 위정자가 권세를 이용해 타인의 재산과 권리를 침해하지 못하도록, 국가원수라 할지라도 법에 따라야 한다는 것이었다.

근대에 들어서도 법치(法治)는 시민에 대한 강력한 통제 수단이었다. 창문이나 굴뚝 숫자에 따라 세금을 부과하는 데에도 법이 동원되었고, 명분 없는 전쟁을 위해 장정을 강제로 징집할 때도 법의 이름으로 시행되었다. 거리의 부랑아나 정신 병력이 있는 자, 열심히 일하지 않고 결근하는 자, 선천적으로 기형을 지니고 태어난 사람, 성소수자나 주거가 불분명한 자도 법의 이름으로 강제 수용할 수 있었던 것이 근대의 법률이었다.

미셸 푸코(Michel Foucault, 1926~1984)가 《광기의 역사》나 《비정상인들》, 《감시와 처벌》이라는 저작을 통해 비판하려고 했던 것은 "권력은 근대의 '이성'과 '표준'을 따르지 않는 자를 법과 형벌 제도를 통해

'격리'한다."는 것이었다. 근대적 표준이란 효율적 통치를 위해 사회적으로 설계해 놓은 표준행동이다. 오늘날 우리가 줄을 서거나 군대에서 제식에 따라 행군하는 것, 우측 보행을 하는 등의 일련의 사회적 표준들은 불과 100전 년만 해도 매우 부자연스러운 행동이었다.

학교에서 50분 수업하고 10분 휴식을 주었던 것은 산업화시대 근로자들의 노동 패턴을 청소년에게 사전에 학습시키기 위해 영국에서 시행되었던 전통을 따라 한 것이다. 과거 고등학교에서 7시 등교, 자정까지 야간 자율학습을 강제할 수 있었던 이유 역시 공장에서의 근로행위가 이와 다르지 않았기에, 노동자가 야근하고 학생이 야간학습을 하는 것은 전혀 이상하지 않았다. 이렇듯 근대의 특징은 국가권력이나 산업자본이 사람의 몸과 행동까지 통제한다는 것이다.

공자는 춘추전국 시대 주나라가 강한 형벌을 집행하며 외견상 건재함을 과시하고 있었지만, 그 속은 썩어 가고 있다고 보았다. 공자는 법치가 아닌 덕치(德治)가 나라의 근간이 되어야 함을 역설했다.

> "정치를 함에 있어 덕(德)으로 다스리는 것을 비유해 말한다면, 마치 북극성(北極星)은 그 자리에 그대로 있는데, 모든 별이 북극성을 중심으로 돌고 있는 것과 같다."
> "정치로써 인도하고 형벌로 다스리면 인민들은 그저 형벌을 면하려고만 하며 수치심을 잃게 된다. 덕으로 인도하고 예절로 다스린다면 백성들이 수치를 알아서 자연히 자격을 갖추게 될 것이다."
>
> – 《논어(論語)》 〈위정(爲政)편〉

물론 공자가 살았던 시대는 지금과는 다른 철저한 신분제 사회였고 왕의 정치에 따라 백성과 나라의 운명이 좌우되는 시절이었다. 공자는 심지어 사형제(死刑制)도 반대했다. 바람이 불면 풀이 따라서 자연스레 눕듯이 임금이 덕을 보여 모범을 실행하면 백성들도 자연히 그 덕을 좇아 그리되리라고 주장한 것이다.

공자가 말한 덕(德)의 실체는 제자 자장(子張)과의 대화에서 확인할 수 있다. 자장이 다섯 가지 미덕에 관해 묻자 공자가 답한다.

> "① 은혜를 베풀며 낭비하지 않고, ② 수고롭더라도 원망하지 않으며, ③ 무엇을 하고자 할 때 탐욕스런 마음을 가지지 않고 ④ 태연하되 교만하지 않고, ⑤ 위엄이 있으나 난폭하지 않아야 한다." 자장이 4가지 악덕에 관해 묻자 공자가 답했다. "① 가르치지는 않으면서 죄만 적용해 죽이는 것을 잔학하다고 말한다. ② 미리 훈계(訓戒)하지 않고 일을 완성하라고만 재촉하는 것을 난폭하다고 말한다. ③ 명령을 소홀히 하고 시기를 재촉하는 것을 해친다고 말한다. ④ 마땅히 다른 사람에게 주어야 할 것을 주는 데 인색한 것은 관리(官吏)와 같다."
>
> – 《논어(論語)》 〈요왈(堯曰)편〉

물론 오늘날의 국가 지도자의 역할과 공자 시대 왕의 역할은 달랐다. 국가 원수가 할 수 있는 것은 법으로 규율되어 있고 범죄에 대한 처벌 역시 일반 시민과 다르지 않다. 다만 공자는 그 시절에도 인간의 자율성을 믿었다는 점이 특별하다. 군주와 군자가 인(仁)을 실천하면

만백성이 이를 따르거나 감히 크게 어긋나지 않을 것이라고 보았다.

한비자(韓非, BC 280~233)와 같은 인물은 공맹의 인과 덕의 정치를 이상적인 것으로 보았지만, 현실에선 불가능하다고 보았다. 군주가 자애롭기만 하면 신하가 반란을 일으킬 것이고, 전쟁에 대비해 국방 물자를 비축해도 백성들은 수탈한다고 비난하며 동요할 것으로 보았다.

> 지금 정치를 모르는 자는 반드시 말하길, '민심을 얻으라'고 한다. 민심을 얻는 것으로 치세가 될 수 있다면, 이윤이나 관중은 쓸모가 없는 것이며, 다만 민심에 귀를 기울이고 있으면, 그만일 것이다. 백성의 지혜는 쓸 수 없으니, 마치 갓난아기와 같다. 대저 어린애는 뼈를 발라주지 않으면 복통을 일으키며, 고름을 짜 주지 않으면 점점 (병세가) 더해진다. (생선의) 머리를 발라 주고 고름을 짜는 일은, 반드시 한 사람의 품에서 자애로운 어머니가 할 일이나, 오히려 아기가 울음을 그칠 줄 모르는 것은, 갓난아기가 그 작은 고통을 당하는 것이 (나중에) 커다란 이익이 된다는 것을 알지 못하기 때문이다.
>
> 지금 윗사람이 밭을 갈고 풀을 뽑으라고 재촉하는 것은 백성들의 생산을 늘리기 위해서이지만 (백성들은) 윗사람을 가혹하다고 여기고, 윗사람이 형벌을 엄중하게 고치는 것은 사악을 금지하기 위해서이지만 백성들은 윗사람을 지독하다고 여기며, 세금과 곡식을 거두어서 창고를 채우는 것은 또한 기근을 구하고 군대를 준비하려는 것이지만 백성들은 윗사람이 탐욕스럽다고 여기고, 경내에는 반드시 본분을 알아 사사

로움이 없음을 설명하고 아울러 신속한 싸움에 힘쓰는 것은 종들을 관리하기 위해서이지만, 백성들은 윗사람이 포악하다고 여긴다. 이 네 가지는, 나라를 편안케 하기 위한 것인데도, 백성들은 기뻐할 줄 모른다. 대저 성인(聖人)에 통하는 선비를 구하더라도, 백성들의 지혜를 참고하는 것은 기준으로 쓰기에 부족함이 있는 것이다.

옛날에 우(禹)임금은 양자강의 물을 틔어서 황하로 통하게 하였으나 백성의 무리들은 기와나 돌을 던졌으며, 자산(子産)은 밭을 개간하여 뽕나무를 심었는데도 정나라 사람들은 그를 비난하였다. 우는 천하를 이롭게 했으며, 자산은 정나라 사람을 보살폈는데도, 모두 백성들에게 비방을 받은 것이다. 대저 백성의 지혜는 쓰기에 부족하다는 것이 또한 명백하다. 그러므로 선비를 천거하여 어질고 지혜로운 자를 구해 놓고선, 정치를 할 때 백성들에게 맞추기를 기대하는 것은, 모두 난리의 실마리가 되니, 그와는 함께 정치할 수 없다.

– 《한비자》 〈현학(縣學)편〉

물론 한비자가 차가운 법치만을 주장했던 것은 아니다. 한비자의 관심은 강한 나라를 지탱할 수 있는 제도의 정비에 있었다. 그의 시대는 전국시대였다. 해가 지나면 전쟁으로 나라가 사라지고 친족들이 노예로 끌려갔던 시대, 그는 평화를 위해 강한 나라를 꿈꾸었다. 또한 당시 신분제 사회에서의 교육 수준을 고려한다면 한비자가 공자의 덕치(德治)가 백성들에게 도덕적 해이를 불러올 수 있다고 우려한 점 또한 공감이 가지 않는 것은 아니다.

그는 또 법은 신분고하를 가리지 않고 적용되어야 한다고 주장했다. 이것은 오늘날의 근대법 정신과 무척 닮아 있다. 최초로 중국 통일이라는 대업을 완수한 진시황이 한비자의 정책을 따랐던 이유 역시 넓은 대륙을 통치하기 위해선 통일된 도량형과 예외 없는 법 적용이 필수였기 때문이리라. 신분제 사회였기에 당대 철학가들은 통치(統治)를 매우 중요하게 다루었다.

노자(老子)는 아예 공자보다 한술 더 떠, 군자와 제왕이 백성들을 훈육한답시고 내리먹이는 인위적 가치규범 자체를 거부했다. 진정한 도(道)를 구현하기 위해서는 사회가 형성해 온 통속적 가치관을 먼저 제거해야 한다고까지 주장한 것이다. 왜냐면 전국시대 정통성을 주장하며 남의 나라를 침략하거나 세력을 굴복시키려 한 자들이 공통으로 들었던 가치가 바로 인(仁)과 의(義)였기 때문이다. 인간이 내세운 어떤 철학적 관념도 변질되어 대중을 기만하기 때문이라고 보았다.

> "성스러움(聖)을 끊고 지혜(智)를 버리면 백성의 이로움이 백배나 될 것이고, 인(仁)을 끊고 의(義)를 버리면 백성이 효성과 자애로움을 회복할 것이고, 기교(巧)를 끊고 이로움(利)을 버리면 도적이 없게 될 것이다. 이 세 가지는 마음에 새길 글(文)로는 부족하다고 생각되므로 속하는 바가 있게 하였다. 바탕을 보고 소박함을 품으며, 사사로움을 줄여 욕망을 적게 하고, 배움을 끊어 근심을 없게 한다."
>
> **–《도덕경(道德經)》 19장**

유가와 불교, 도가와 법가 등에서 이상사회를 실현할 수 있는 방법론은 저마다 달랐다. 하지만 공통으로 정의는 믿음에 기초하고, 그 믿음이란 공동체를 위해 헌신할 수 있는 사람이 되기 위한 수양에서 나온다고 보았다. 자신을 수양해서 백성을 편하게 하는 것이 삶의 목적이라고 보았다.

오늘날 법이 규율하는 내용은 과거에 비할 바 없이 촘촘해졌다. 국회는 국회법에 따라, 정당과 후보자들은 선거법의 적용을 받고 정부의 행정은 정부조직법과 행정절차법, 형사사건은 형사법, 민사는 민사법의 적용을 받는다. 젊은 남성 청년은 병역법과 예비군법, 사업가들은 국세기본법과 부가가치세법 등으로 규율당한다. 어떤 행위가 범죄인가 아닌가는 오직 법에 있는 내용으로만 판단하고 형벌할 수 있기 때문에 주로 법은 과거엔 법망을 빠져나갔던 행위를 범죄로 규정하거나 처벌을 강화하기 위해 법을 신설하고 개정한다.

사회가 복잡해질수록 법은 더욱 조밀해질 것이다. 사람의 모든 행위를 법으로 변별할 수 있는 사회에서 개인의 수양은 어떤 의미가 있을까. 중요한 점은 법은 의도를 물을지언정 양심을 판단하지 않는다는 점이다. 나쁜 행동에 대한 처벌은 법에 빽빽하게 적혀 있다. 그렇다면 선한 행동에 대한 보상은 어떻게 될까? 법의 한계는 이와 같다.

대한민국 헌법에는 국가의 행위 범위가 명시되어 있다. 〈2장 국민의 권리와 의무〉에 그것이 드러난다. "2장. 모든 국민은 인간으로서의 존엄과 가치를 가지며, 행복을 추구할 권리를 가진다. 국가는 개인이 가지는 불가침의 기본적 인권을 확인하고 이를 보장할 의무를 진다." 국가의 의무는 국민의 기본적 인권을 보장하는 것이다.

많은 사람이 오해하고 있는 조문 "행복을 추구할 권리를 가진다."를 유심히 볼 필요가 있다. 국민 개개인은 "행복을 추구할" 권리를 가질 뿐, 국가가 개인의 "행복을 보장할 의무"까지는 적시하지 않았다. 헌법재판소 역시 이 〈행복추구권〉에 대해선 미국의 자유주의 철학을 끌어와 해석한다. "국가권력의 간섭 없이 자유롭게 할 수 있다."는 포괄적 자유권이며 "인간의 존엄과 가치를 위한 부수적 내용으로서의 하나의 기본권에 불과"하다고 판시했다.

핵심은 국가의 개입과 간섭으로 '행동자유권이 침해'되었을 때와 같이 개인의 기본권이 심각하게 훼손되었을 때 작동하는 헌법적 개념이라는 뜻이다. 그래서 일부 헌법학자들은 전문가들은 모호하고 추상적이며 주관적으로 해석할 수 있는 표현인 '행복을 추구할 권리'라는 문구가 헌법에 실린 것을 비판하기도 한다.

덤프트럭에 5살 아들을 잃은 외과 전문의가 어느 날 황망한 심정을 토로했다. 처참하게 상한 아들의 육신을 마지막으로 씻기고 한 점의 재로 날아갈 때까지 그를 찾아온 사람은 가해자가 아니라 보험회사 직원들이었다. 가해자가 구속되고 나서도 가해자에게선 편지 한 통이 없었다. 형사합의금과 배상금 역시 보험회사 직원들이 와서 처리해주었다. 심리를 위해 참석한 재판에서 그 외과 의사는 판사의 책상 위에 수북하게 쌓인 가해자의 반성문을 보게 된다. 유족을 향했어야 할

반성문은 모두 판사에게만 향했다.

재판이 끝나고 가해자가 집으로 돌아간 후, 그 외과 의사는 이 사회의 시스템이 어딘가 잘못되었다는 것을 느낀다. 단 한 번도 가해자의 진심 어린 사죄와 눈물을 보지 못한 것이다. 그는 금전을 피해자 유족에게 주며 가해자의 처벌 불원서를 작성하게 하는 〈형사합의제도〉의 문제를 지적했다. 우리 사회가 계량할 수 없는 가치들, 이를테면 생명과 유족의 슬픔과 추억과 텅 빈 아이의 방과 여전히 남아 있는 아이의 옷과 장난감과 같은. 이 가치의 무게와 바꾸기 위해 고작 생각해 낸 것이 바로 '돈과 수감 몇 개월이라는 처벌'이었다.

앞서 독일의 철학자 프레히트가 《의무란 무엇인가》라는 책을 통해 지적했다. 국가가 개인의 권리를 보장해야 한다며 세세하게 법률로 규율해 온 역사가 바로 자유주의 철학 100년의 역사였다고. 공동체에 대한 헌신과 타인에 대한 배려라는 가치는 다루지 않은 결과, 천박한 사회와 해체된 공동체를 맞이하게 되었다는 것이다.

필자는 서양철학 전공자 모임과 동양철학 연구자 모임에서 이 책을 토론한 바 있다. 서양 철학자 모임에선 자유주의 철학의 결핍과 변화에 대해 심도 깊은 토론을 했다. 하지만 동양철학 연구자 모임에선 무척 싱겁게 토론되었다. 동양철학 연구자들의 반응은 크게 두 가지였다. 하나는 너무나 당연한 이치를 길게 설명했다며 정말 이것이 독일 사회에서 논쟁거리가 되냐는 것이냐는 반응. 그리고 사람의 사회적 도리에 대한 교육은 동서양을 막론하고 점차 약화되고 있다는 것이었다. 교육현장에서도 민주시민의 권리와 인권 침해에 대한 저항, 헌법적 가치를 교란하는 세력에 대한 경각심은 중요하게 다루지만, 생활과 사람에 대한 도리에 대해선 다루지 않는다는 지적이었다.

앞서 밝혔듯 한국인의 민사소송 비율은 세계 최고 수준이다. 또한 형사고발조차 기소율은 35%밖에 되지 않는다(2015년 기준). 재판 과정에서 조정 절차에 합의하는 비율 역시 최하위 수준이며, 항고 비율 또한 최고를 기록하고 있다. 다시 말해 사회적 갈등 모두를 법정으로 가져간다는 뜻이며, 승리하지 않으면 승리할 때까지 싸운다. 우리 사회에 화가 가득하다는 방증이기도 하다. 어떤 이는 교육 시스템의 개혁으로 이 문제를 점차 완화할 수 있다고 믿는다. 필자는 그렇게 생각하지 않는다. 중요한 것은 사회 일반에 통용되는 보편적 가치와 그 가치의 힘으로 만들어 내는 문화다.

제주도에서 비행기를 타고 출발하는 사람과 여객선과 자전거를 타고 출발하는 사람들이 있을 때, 어떤 조건 없이 먼저 서울역에 도착해서 테이프를 끊는 이들만 합격시키는 시스템이 있다고 치자. 합격의 기준점이 투명하고 계측 방법도 분명하다. 능력주의와 수월성을 기반으로 한 사회 시스템이 바로 이것이다. 승자독식이 당연시되고, 금권을 숭상하고, 자신보다 좀 못하다 싶은 이는 막 대하는 망가진 가치체계가 사회 전반에 작동하고 있다면 교육도 형식에 불과할 것이다.

성인을 어떻게 교육할 것인가? (물론 전 인민을 개조하겠다는 헛된 야망을 진짜 실행에 옮긴 사람도 있었다. 신중국을 건설했던 마오쩌둥의 대약진운동과 문화대혁명이 그랬다.) 필자가 생각하기에 권리와 의무라는 개념보다 훨씬 강력한 동기는 사랑과 연민과 같은 것이다. 타인의 처지를 안타깝게 생각하기에 법을 만들고, 타인을 불행에 빠뜨린 이에 대한 미움도 생겨난다. 맹자는 진실로 사랑하는 자만이 미워할 수도 있다는 '사랑의 원리'를 말했다.

과거 1970년대 일부 철학자들은 동양철학에서의 수신(修身)과 수양(修養)이라는 방법론을 왜곡해서 전파했다. 가령 수신제가치국평천하라는 말을 "자신과 가정부터 돌보고 사회나 나라 걱정을 하라"거나, 도(道)의 구현을 산속의 절집에 들어가 마음공부 하는 것으로 곡해한 것이다. 하지만 동양철학에서의 인(仁)과 덕(德)과 수양(修養)이라는 개념은 모두 실천성을 이미 담지하고 있는 개념이다.

> 완전한 사람(成人)이란 개인적인 이익이 생기면 정의로 따져 보고(見利思義 견리사의), 위태로움을 보면 목숨을 바치고(見危授命 견위수명) 평소에 했던 약속을 헌신짝처럼 잊어버리지 않는다면(久要不忘平生之言 구요불망평생지언) 완전한 사람이라고 일컬을 만하다.
>
> – 《논어(論語)》 〈헌문(憲問)〉

그리고 공자라는 인물이 당대에 어떻게 비쳐졌는지를 보자.

> 공자의 제자인 자로가 노나라 성문의 하나인 석문(石門)에서 묵게 되었

는데, 신문이 "어디서 오셨는지요?" 묻자 자로는 "공자 문하에서 왔소이다." 답했다. 그러자 신문이 말하길 "안 된다는 것을 알면서도 끝까지 해 보는 그분 말이군요."

– 《논어(論語)》 〈헌문(憲問)〉

당대에도 공자는 몽상가 취급을 받았는지 모른다. 중요한 것은 그가 안 될 줄 알면서도 했다는 점이다. 2500년 전, 공자가 말했던 인간형이 오늘날 어떻게 보이는지 보자. '이익이 생기면 이것이 합당한지 따지고, 공동체가 어려울 때 목숨을 바치고, 약속했으면 끝까지 지키는 인간'.

한비자가 말했듯 모두가 이렇게 살 순 없을 것이다. 하지만 우리 사회가 이런 인간형을 양성하고 있는지, 무엇보다 우리는 이러한 가치를 위해 살아가는 사람을 사회의 중심으로 세우고 있는지는 돌아봐야 한다. 시스템과 법이 알아서 해 주는 변화란 없다. 법은 최소한의 상식일 뿐이다. 결국 법이 하지 못하는 영역에서 빛나는 건 사람의 정치와 협력이다.

앞서 필자는 통합가치 창출(CIV)의 개념을 소개하며 기업을 주축으로 한 실천을 강조했다. 하지만 기업활동도 결국 사람의 활동이며, 사람의 활동은 공동체의 보편적 가치가 강제하기 마련이다. 필자는 통합가치는 개인과 공동체 모두에 적용할 수 있는 보편적 가치가 될 수 있고 본다. 그렇다면 개인이 통합가치를 실현한다는 것은 어떤 것을 의미할까.

통합가치를 내재화(內在化)한다는 것은 '나'라는 존재를 원자화된 개별 개체가 아닌, 사회적 관계 속의 자아, 공동체의 구성원, 지구 생물체 중 하나의 존재로 인식함을 의미한다. 나와 지구, 자연과 사람, 사람과 사람이 서로를 살리는 관계여야 한다는 사상은 오래전부터 존재했던 보편적 철학이었다. 공자와 맹자, 주자 모두 사회적 인간으로서의 도(道)와 하늘의 뜻(天道)이 다르지 않고 보았다. 측은지심과 자비심이 원래 인간의 본성 안에 내재하고 있다고 보았는데, 이는 전혀 이상한 일이 아니다. 대지가 인간을 키우고, 부모가 동료와 함께 일해 양식을 구하며, 어미가 아이에게 젖을 물렸던 그 원초적인 행동 안에 이 놀라운 통합과 사랑의 원리가 이미 구현되고 있었으니까. 맹자는 아이가 우물에 빠졌을 때 놀라고 안타까워하며 구하려는 행동은 인간의 본성으로 보았는데, 이는 사실 진화론적 관점에서 봐도 과학적인 주장이다. 인류가 공동체를 구성한 그 순간부터 이런 본성은 내재되어 있었다.

통합가치를 일상에서 구현한다는 것은 자신의 좁은 울타리, 그 벽을 넘어서는 것을 의미한다. 사람의 사고와 행동은 반드시 타인에게 영향을 미치게 된다. 그래서 자신의 선택이 타인에게도 선하고 공동체에게 이익인가 하는 기준은 도덕관의 마지막 기준이 되어야 한다. 오늘날에도 공동의 선은 보편적 가치로 인정받고 있지만, 법과 제도,

정부는 이 공동의 선을 확장하려는 목적으로 작동하지 않는다. 자본의 법칙이 관철되는 시장에서 이런 가치관은 더욱 희박하다.

통합적 사고가 내재화된 사람은 자기 기준을 절대화하지 않는다. 사유(事由)와 행동에서 타인의 공간을 남겨놓을 줄 아는 사람이다. 그래서 자신의 양보가 타인과 공동체에게 이익인 줄 알아 실행할 수 있는 사람이다. 동양철학에서 매일 수신(修身)해서 자신의 행실을 살펴 결국 숨 쉬듯 자연스럽게 행동해도 흠이 없는 자를 군자(君子)라 했고, 이를 인(仁)이라 한 것도 결국은 통합적 가치관을 내재화하라는 뜻이다. 그것의 가장 쉬운 사유방식이 바로 역지사지(易地思之)였다.

나침반이 항상 정북(正北) 방향을 찾기 위해 흔들리는 것처럼 우린 늘 자기 생각과 행동이 타인과 공동체에게도 이익인가를 살피며 성찰해야 한다. 그리고 독선을 경계해야 한다. 이것을 할 줄 아는 사람은 유연한 사람이다. 모든 것은 변하기에 그 어떠한 생각도 흐름에 따라 바뀔 수 있다는 것을 아는 사람이다. 자신의 처지 또한 사람과의 관계에 따라 다른 관점에서 살필 수 있는 사람이다.

이 통합가치가 확장되었을 때 가족과 기업, 지구 생태도 순방향으로 흐르게 된다. 통합가치가 기업운영에서만 아니라 조직화된 사회와 국가에 모두 적용될 수 있는 상생의 철학이 될 수 있는 이유다. 세상을 움직이는 힘은 집단화된 인간의 사유(事由)에 있다. 그 사유를 공유하는 사람이 다수를 차지할 때 통합적 철학이 사회 공동의 행동기준으로 정착됨은 물론이다.

미래를 인식하는 방법

지금까지 필자는 미래에 닥칠 세상의 급격한 변화와 그 방향성을 살폈다. 하지만 이 글의 목적은 그 변화의 양상을 분석하는 데에만 있지 않다. 오히려 역사의 주체였던 사람의 역할에 주목하고자 했다. 역사학자들은 역사를 공부하는 이유는 과거를 살펴 현실에 조응하고, 미래를 대비하기 위함이라고 한다. 이와 마찬가지로 현실은 미래 변화의 씨앗을 내포하고 있다. 이 변화는 복잡하고, 무엇보다 인간이 인지하기 전에 닥칠 것이다. 섣부른 진단에 따른 예측은 4차 산업혁명이 몰고 온 현실이 탄핵할 것이다. 다만 변하지 않는 원칙이 있다면 "인간의 가치를 어떻게 지킬 것인가"이다.

1차 산업혁명 시기 인류에게 지구의 자원은 무한한 것이었다. 무한대의 자원 채굴을 통한 무한 생산 무한 소비는 그 자체로 선한 것이었다. 3차 산업혁명 이후에도 인류는 이 오래된 믿음을 버리지 못했다. 지난 200년의 기간과는 비견할 수 없을 정도의 속도로 지구를 혹사시켰고 양극화의 누각을 쌓아 올렸다.

2022년 7월 현재, 유럽은 섭씨 42도의 폭염에 시달리고 있으며, 그린란드의 빙하와 알프스 지대의 만년설은 형체도 없이 녹아내렸다. 러시아의 우크라이나 침공으로 세계질서는 중 · 러와 미국을 중심으로 한 경제 · 안보 협정국으로 쪼개졌다. 중국은 대만의 영해를 에워싸 사실상 봉쇄에 가까운 해상군사훈련을 전개하고 있다. 소비자물가는 40년 만에 다시 정점을 찍었다. 금리인상과 유가 · 식량 수급 불안으로 인해 전문가들은 향후 2년간 인류는 팬데믹 기간보다 훨씬 가파른 양극화에 고통받을 것으로 경고하고 있다.

기후변화와 양극화, 사회갈등과 공동체적 가치의 약화, 패권적인 국제질서, 수월성 위주의 가치가 인류의 삶을 불행하게 만들고 있다는 지적은 지난 50년간 끊이지 않았다. 하지만 인류는 '냄비 속의 개구리'처럼 지금 당장 '아포칼립스(apocalypse)'가 오지 않았다며 시간이 남았다고 생각했다. 사람들은 지구 온도가 1.5℃가 상승하면 멈출 수 없는 재앙이 닥치고 이것을 멈추는 데는 엄청난 시간이 필요하다는 사실을 알고 있다.

그러나 2022년, 지금 이 재앙이 시작되었고, 인류가 비상 행동에 돌입해야 한다는 경고의 목소리를 잘 들리지 않는다. 인류는 타인의 미래에 닥칠 불행을 쉽게 예측하지만, 자신에게 닥칠 불행에 대한 정보는 사전에 차단하는 DNA를 지니고 있다. 이런 유전자의 기능은 극단적인 스트레스로부터 마음을 보호하고 활동력을 보장해 준다. 문제는 당장 무릎까지 차오른 위기의 홍수 앞에서도 인류가 '낙관 바이러스'에 감염된 좀비처럼 행동한다는 점이다.

필자는 동양철학과 경제학, 경영학과 기업가치 이론을 연구하며 사회적 위기를 고찰해 왔다. 위기의 원인은 간단하지 않았다. 모든 것은 씨줄과 날줄이 엉킨 것처럼 연결되어 있어 하나의 원인을 짚기는 어려웠다. 가령 앞서 언급했던 미국 총기사고 문제만 하더라도 다양한 계층 간의 가치 충돌과 역사적 연원을 가지고 있다.

아메리카 대륙을 점유하는 과정에서의 전투와 독립전쟁, 남북전쟁, 서부개척 시대를 경유하며 미국은 공권력의 공백을 조직된 민병대와 무장한 민간인에게 의지했다. 미국 독립의 정신이 시민권과 연결된다는 것은 누구나 쉽게 이해하지만, 자유를 쟁취하기 위해 무장한 민병대들이 휴대했던 그 총이 독립을 가져왔다는 사실 앞에선 당혹스러워한다. 미국 헌법에서 보장하고 있는 총기 소유권은 분명 민병대의 무장을 옹호하기 위한 법안이었지만, 이것이 일반 시민의 총기 소유까지 인정하자는 취지였는지는 수십 년째 논쟁 중이다.

한국인의 높은 민 · 형사 소송률은 사실은 오랜 권위주의 시절을 거치면서 숨죽여 왔던 권리에 대한 욕구가 분출하고 있는 것이라는 사회학자의 주장이 있다. 사법기구에 대한 불신과 평등주의적 가치관, 공적 가치보다는 사적 권리에 힘을 실어 주었던 사법부의 경향성으로 인한 것이라는 것이다. 임금은 또 어떠한가. 동일한 형태의 노동을 하면서도 계약직이나 비정규직으로 채용되면 훨씬 낮은 수준의 임금을 감내해야 하는데, 결국 이것을 가르는 기준은 토익점수와 공채시험 점수다.

이렇게 묵시적으로 고착된 사회가치 아래에서 어른들은 청년들에게 4차 산업혁명 시대가 요구하는 '변화에 조응하는 능력'을 심어 줄 수 있을까. 그리고 이것이 일제강점기부터 뿌리내려 온 사회질서가 원인일 때 문제는 더 복잡해진다. 입시제도와 대학 서열화 문제, 교실 붕괴와 사교육 시장의 문제 모두 사회의 주류적 가치와 사법제도에 따른 결과물일 수밖에 없는 것이다.

이렇듯 이 위기의 근원을 따라가다 보면 결국 지금까지 인류의 사유 방식을 만들어 왔던 어떤 가치의 결핍과 마주하게 된다. 그 결핍된 가치의 핵심은 '더불어 같이'라는 것이다. 이것을 기업가치 이론으로 발전시킨 것이 바로 통합가치 창출(CIV)이며, 종교인들은 이를 사랑과 자비라고 부른다. 사회학적 용어로는 공정과 정의, 공동체적 가치라 부를 수 있다. 생태학자들은 공생의 가치라 할 것이고 정치학자들은 이를 배려의 리더십, 함께하는 지도력이라고 부를 수도 있겠다.

필자에게 좋은 영감을 자주 주었던 한 식물학자가 있다. 그는 식물의 생존과 진화를 연구하며 새로운 관점을 얻게 되었다고 한다. 그것은 다름 아닌 '종이 가진 시간'이라는 개념이다. 식물의 세계는 인간과 달라 수십 년, 수백 년을 살펴야 비로소 그 생태의 본질을 알게 되는 경우가 많다. 그들은 매시간 움직이고 있지만, 인간과 대비해 너무나 느린 속도로 생장하기 때문에 그 변화가 잘 보이지 않는다. 하지만 이 장구한 시간을 통해 식물은 생존의 방법을 익혀 지구에서 주인의 지위를 확고히 했다. 문제는 인간이다. 인류는 시각과 행동은 자신의 세대에만 국한되는 특성이 있다고 한다. 인류의 판단은 빗나가기 일쑤였고, 위기를 막기 위한 실행은 쓸모없을 때가 많다.

또 한 가지는 종에 대한 인식이다. 식물은 특정 상황을 빼곤 미생물과 곤충과 수만 년이 넘는 기간 동안 동맹을 구축했다. 미생물로 인해 유기물질을 흡수하고, 곤충으로 인해 번식할 수 있었다. 그래서 곤충과 미생물은 자기 종이 번식하고 살아남을 수 있었던 동반자였다. 이를 너무나 잘 알고 있기에 식물은 유전자에 깊이 각인해 후대에 물려준다. 이를 거스르는 종은 오직 스스로 만물을 이해하고 모든 역사를 굽어볼 수 있다는 인간밖에 없다. 인류가 어느 순간 인간 개별의 가치를 스스로 숭상하면서 인류 공동체와 지구 생물과 함께 살아야 한다는 것을 망각했다는 것이다.

통합가치는 자연스러운 공생의 가치관이다. 누구를 위함이 아니고 모두를 위함이며, 궁극적으로는 '나'라는 존재의 기반을 살리기 위함이다. 혹자는 이론과 현실의 괴리를 말할 줄 모르겠다. 또 누군가는 "급변하는 경제 질서 속에서 가치(價値)의 힘이 과연 작동할 것인가?" 라고 반문할지도 모른다. 하지만 이 역시 인류의 역사를 미시적으로만 인식한 결과다. 인류의 역사도, 사회제도와 작동원리 모두 인간이 만든 것이고 그것을 형성한 힘은 기계가 아닌 사유의 힘, 가치관의 힘에 있었다. 인간은 자신의 가치관에 따라 살며 이의 구현을 위해 노력한다. 다른 생명체와 유일하게 다른 점이 바로 이런 역동적인 인간의 능력이다. 인류가 지구와 사회를 이 지경으로 황폐하게 만들었다면, 복원할 수 있는 유일한 주체 역시 인류일 수밖에 없다.

4차 산업시대의 '초연결'이라는 개념은 어쩌면 필자가 주창하는 통합가치의 확산에 날개를 달아 줄지 모른다. 어떤 철학과 가치에 현실을 바꿀 수 있는 아이디어가 있고 그것이 진실하다면, 그것이 확산되는 것은 시간문제일 것이다. 필자는 이 책을 읽은 구독자에게 이 가치를 전파하는 '메신저'가 되어 주길 소망한다. 이 길에 함께할 도반(道伴)이 바로 당신이었으면 좋겠다.

평문(評文) 1

마중물이 넘치는 강물이 되기까지

곽수근

서울대 경영학과 명예교수

노스캐롤라이나대 대학원 박사

전) 서울대 부총장 · 경영학회회장 경영학과 명예교수

전) 한국경영학회 회장

어릴 적 동네 마당엔 낡은 펌프가 있었습니다.

땅에 관정을 박아 지하수를 퍼 올려 마을 사람 모두가 나눠 먹었습니다. 그리고 펌프 옆엔 한 바가지의 물이 놓여 있었습니다. 마중물이라고 하지요. 마중물이 없이는 아무리 힘차게 펌프질을 해도 물이 올

라오지 않습니다. 마중물이 펌프 패킹과 관정 사이의 공간을 채워야 물이 올라옵니다. 물이 물을 부르는 격이지요. 그 물을 마중하러 간다고 마중물이라는 이름이 붙었는지도 모릅니다. 아무리 물이 부족해도 마중물만은 남겨 놓아 뒷사람이 다시 새 물을 퍼 올릴 수 있도록 했습니다.

세상에 새로운 질문을 던지는 학문도 마찬가지입니다. 새로운 가치를 전하는 연구자는 다소 고독한 새벽을 견뎌야 합니다. 그렇게 세상 밖으로 나온 책은 마치 동녘 산등성이에 걸린 여명처럼 좌표와 희망을 선사합니다.

이 책이 그렇습니다. 이 책의 가치는 무엇보다 국내엔 다소 생소한 '통합가치 창출(CIV)'이라는 개념과 운영 원리를 최초로 소개한 책이라는 데 있습니다. 세계적으로도 통합가치와 관련한 연구 성과는 아직 소논문 정도로만 발표되었습니다. 이런 시기에 통합가치 이론이 대중서로 출판된 것은 큰 의미가 있습니다.

장윤선 박사는 그간 국제 CIV 세미나를 개최하면서 통합가치 이론을 확산시켰으며, 통합가치 경영연구소의 Global AMP 과정을 도맡아 새로운 기업 가치와 리더십을 강의해 왔습니다. 그의 열정을 익히 알고 있었기에 통합가치 창출과 관련한 대중서가 출간된다는 소식을 듣고 "역시 장 교수"라며 탄복했습니다.

이 책은 세 가지 미덕을 갖추고 있습니다. 우선 쉽고 재미있습니다.

자칫 현실과 동떨어져 보일 수 있는 경제학의 개념과 기업 가치 이론을 다양한 사례를 들어서 설명하고 있습니다. 그래서 경제학 이론을 잘 모르는 독자도 쉽게 접하고 금방 빠져들 수 있을 것입니다.

그리고 깊은 통찰력입니다. 암울한 지구적 문제와 사회문제를 하나씩 짚으면서도 인류에 대한 희망의 끈을 놓치지 않습니다. 협력으로 상생하고 공존하는 인간에 대한 가치를 농밀하게 파고들고 있습니다. 특히 4차 산업혁명 시대를 맞이하며 새로운 사회시스템을 기획해야 한다는 대담한 주장에 이르러서는 필자 역시 무릎을 칠 수밖에 없었습니다.

마지막으로 이 책은 실용적입니다. 새로운 기업 가치와 리더십에 대해 고민하는 전국의 수많은 연구자와 리더가 현장과 강단에서 바로 응용할 수 있을 정도로 실용적입니다. 기업인들은 자신의 기업 활동을 돌아보고, 청년들은 지구적 가치와 사회 · 경제적 가치의 통합 지점을 새롭게 고민할 것입니다.

4차 산업혁명 시대는 인류에게 기회가 될 수도, 출로 없는 깊은 터널이 될 수도 있습니다. 탄소 배출은 마침내 인류가 감당하지 못할 수준으로 치솟았고, 러시아 · 우크라이나 전쟁으로 탄생할 신냉전 질서와 사회적 갈등과 양극화 문제 등 아직은 희망의 징표를 많이 확인할 수 없는 것도 사실입니다.

하지만 함께 꾸는 꿈은 이루어진다고 했지요. 우리 인류는 이제 조금씩 자신의 행적을 돌아보기 시작했습니다. 소비자는 사회적 가치를 실현하고 탄소배출을 줄이기 위해 생활을 바꾸기 시작했으며, 이러한 가치 기준을 기업에도 요구하고 있습니다. 변화는 늘 소수의 목소리에 호응한 다수의 참여로 이루어집니다. 통합가치 창출이라는 새로운 모델은 분명 새로운 시대를 열 수 있는 단서를 주고 있습니다.

이번 책은 큰 변화를 실현하기 위한 작은 걸음이자 첫걸음에 불과합니다. 장윤선 교수의 집념 어린 연구가 잉태할 새로운 결과물이 다시 기다려집니다. 이번 출간을 마중물 삼아 생신하고 맑은 물이 가득한 강물이 흐르길 기원합니다.

평문(評文) 2

새로운 전환점에 서서

이창길

인천대학교 동북아경제통상대학교 교수

서울외국어대학원대학교 초빙강사

전) 인천대 교수, 현) 대한상사중재원 중재인

저자 장윤선 박사는 통합가치경영연구소 대표로서 국제 CIV 세미나와 글로벌 AMP 과정을 열정적으로 이끌어 왔습니다. 국내에선 세계 최초로 통합가치창출(CIV: Crerating Integrated Value)의 개념을 소개해 온 학자입니다.

이번에 출간한 『CIV(Creating Integrated Value: 통합가치창출)와 리더

십』은 저자가 그동안 교육 현장에서 강의해 온 '통합가치창출'의 이론적 구조와 그 실천적 과제를 체계적으로 완성한 눈부신 역작이라 할 수 있습니다.

통합가치창출이론은 4차 산업혁명이 '쓰나미'와 같은 빠른 속도로 사회 변화를 일으키면서 필연적으로 노정할 사회 갈등과 모순 요인에 대한 새로운 해결 대안으로 제시되고 있습니다.

통합가치창출은 기존의 사회적 책임(CSR) 또는 지속가능성(Sustainability) 및 공유가치창출(CSV)의 관념을 뛰어넘어 통합(Integration)과 가치창출(Creating Value)에 방점을 두는 새로운 진화된 개념입니다. 현재 전 인류가 안고 있는 글로벌 과제에 대한 사회적 열망(responsibility)과 이해관계자의 기대치의 확산(sustainability)에 대한 요구를 전면으로 받아 안은 새로운 방법론으로 부각될 것입니다.

많은 경영학 서적이 주로 과거의 경험을 통계적으로 분석하고 있습니다. 이러한 방법론은 사회와 역사에 대한 이해를 높일 수는 있지만, 미래를 대비하지는 못합니다. 이런 측면에서 이 책이 의미 있다고 봅니다.

이 책은 지금까지의 낡은 패러다임을 버리고 새로운 관점으로 미래를 기획하자고 주장합니다. 그리고 그 새로운 전환점을 기업의 경영에서부터 시작하자는 주장은 매우 반갑습니다. 우리 사회의 작동 원리를 간파하고 사람들의 연결 지점에서 변화의 동력을 얻을 수 있다는 저자의 고찰이 현실적이며 적합하다고 생각했기 때문입니다.

책을 읽은 독자는 아마도 사회 전반의 문제에 대한 저자의 폭넓은 인식과 통섭을 통한 학문적 융합에 이르는 전개 과정을 주목할 것입니다. 무엇보다도 저자는 통합가치의 창출 없이는 사회적 분열과 갈등 현상을 해소할 수 없다는 신념에서 이 책을 저술했을 것입니다. 예리한 분석력과 미래에 대한 혜안을 가졌기에 가능한 일이기도 합니다.

모쪼록 본 저서가 우리 사회가 앓고 있는 사회, 문화, 계층, 외교, 지역적 갈등의 해소는 물론 기업 문화의 발전에도 새로운 이정표가 되기를 간절히 기원해 마지않습니다.

평문(評文) 3

의문하는 사람, 철학하는 장윤선

김병호

오스트리아 빈(Wien)대학교 철학박사

전) 주 덴마크왕국 대사 주 키르기즈공화국 대사, 경희대학교 국제대학원 겸임교수

모든 학문의 시작은 철학이었다고 합니다. 철학에서부터 자연과학, 예술론, 기하학, 논리학, 사회학, 언어학과 같은 학문이 분화되었으니까요. 요즘엔 철학을 대중의 시선으로 풀어내고 설명해 주는 친절한 철학자들이 많습니다. 하지만 철학은 아직까지도 '실존'과 같은 문제를 탐구하는 관념적 학문으로만 알려져 있습니다.

하지만 철학의 시작은 언제나 "왜?"로부터였습니다. 사람은 왜 사는가. 사람은 어디에서 왔고 어디로 가는가. 왜 사람은 사회적 지위를 추구하는가. 왜 빈자와 부자의 간극은 더 커지기만 할까. 새로운 질문에는 새로운 대답이 있었습니다. 그리고 그 대답은 늘 바뀌어 왔습니다. 그래서 철학자들은 기성의 질문 대신 새로운 질문을 던지거나 기존에 답이라고 여겨졌던 것들에 대해 의심합니다. 네. 철학자는 의문하는 사람들입니다.

나는 장윤선 박사가 놀랍도록 예리한 질문을 포착했다고 생각합니다. 우선 근본 질문은 기계기술이 압도할 미래에 인간의 실존적 가치란 무엇인가라는 것입니다. 저자가 지적했듯 호흡을 위해 사는 사람은 없습니다. 기계 알고리즘의 하위 범주로 전락해 또 하나의 상품 또는 포육당하는 동물적 존재로 전락하는 시대 인간의 가치, 행복의 근원에 대한 질문이 바로 그것입니다.

그리고 의문을 던집니다. 많은 철학자와 혁신적 기업가, 활동가들의 노력에도 불구하고 세계와 지역, 사회의 갈등, 모순은 더욱 심대해지고 있는가. 저자는 그것을 연결성과 관계성에서 찾아야 한다고 의문을 던진 것 같습니다. 진단을 잘못하면 처방도 그릇됩니다.

세상 만물은 모두 연결되어 있고, 그 연결고리는 우리가 생각하는 것 이상으로 복잡합니다. 애초 모든 것이 연결되어 있었으나 이를 분절하고 무시하며 살아온 후과를 우리는 톡톡히 치르고 있습니다. 저자의 설명대로 인간의 탄소배출이 가져온 연쇄반응이나 로봇의 도입으로 인한 사회경제적 구조의 변화는 결코 순리가 될 수 없습니다. 이 문제는 시스템적으로, 또 통합적으로 고찰해야 합니다.

사람의 생각 역시 마찬가지입니다. 생각의 힘은 생각 외로 강력하고, 그 생각이 연결되어 합쳐질 때 집단지성이 탄생하고 집단지성은 언제나 답을 제시해 왔습니다. 저자는 초연결성이라는 사회적 환경에 지배당할 것인가, 아니면 주도적으로 활용할 것인가에 있어 후자를 선택했습니다. 이것들을 통합가치창출이라는 새로운 개념으로 풀어냈습니다. 그 목소리에는 울림이 있습니다. 그럴듯한 언어로 포장하지 않고 실체를 온전히 드러내는 설득력이 있기 때문입니다.

특히 동양의 관계 중심 철학과 서양의 실존 철학의 통섭을 시도한 것은 놀랍습니다. 인간의 실존(Existenz)에 대한 질문은 오직 관계성(연결성)에서만 확보할 수 있으며 그 방법론 또한 이와 맞닿아 있다고 보는 관점은 탁월합니다. 세상엔 근원을 찾아 그 중심에 서야지만 보일 수 있는 것들이 있습니다. 이번 서적에서 묻고 답한 것들이 모두 근원적 주제에 대한 것들입니다. 무엇보다 철학자로서 현실을 해석하는 데 그치지 않고, 새로운 질문을 던져 함께 손잡고 바꾸자고 하는 목소리는 무척 소중합니다.

철학(哲學)은 인간과 세계의 근본적인 문제에 대해 탐구하는 학문입니다. 그 궁극(窮極)을 탐구합니다. 저자 장윤선 박사는 철학이라는 무기를 들고 경제학과 사회학, 인류학, 문학예술을 넘나들며 그 궁극의 질문에 대한 답을 하나씩 찾아가고 있습니다. 저자의 두 번째 책이 벌

써부터 기대되는 이유입니다.

이 책은 청년들이 많이 읽었으면 좋겠습니다. 세상이 움직이는 원리와 인간의 가능성에 눈이 밝아질 수 있을 듯합니다. 청년이야말로 새로운 시대를 창조할 주역입니다. 습관화되고 낡은 시선이 아닌, 새로운 눈으로 근원적인 질문을 던질 줄 아는 세대이기 때문입니다.

경영인에겐 필독을 권합니다. 경영과 기업 활동을 단지 돈을 벌고 자본을 축적하는 방법론으로만 치부하는 비루한 관점을 일거에 흔들 수 있는, 맑은 죽비의 울림을 발견할 수 있을 것입니다. 끝으로 저자의 정진(精進)에 끝없는 찬사를 보냅니다. 이 책으로 필자 역시 특별한 영감을 선사받았습니다.

✦ 참고문헌 ✦

출판물 ▶

- 도리모 노리오. 『행동경제학_ 경제를 움직이는 인간 심리의 모든 것』(2019). 지형.
- 스티븐 A · 마글린. 『공동체 경제학_맨큐의 경제학 이데올로기를 대체하는 새로운 패러다임』(2020). 경희대학교출판문화원.
- 김경일 외 6명. 『코로나 사피엔스』(2020). 인플루엔셜.
- 김재호 · 이경준. 『인공지능, 인간을 유혹하다』(2017). 제이펍.
- 닉 보스트롬 · 다니엘 코엔 외 3명. 『초예측』(2019). 웅진지식하우스.
- 대니얼 서스킨드. 『노동의 시대는 끝났다』(2020). 와이즈베리.
- 로버트 액설로드. 『협력의 진화 : 이기적 개인의 팃포탯 전략』(2009). 시스테마.
- 롤랜드버거. 『4차 산업혁명 이미 와 있는 미래』(2017). 다산.
- 리처드 탈러 · 캐스 선스타인. 『넛지』(2018). 리더스북.
- ————. 『행동경제학_마음과 행동을 바꾸는 선택 설계의 힘』(2021). 웅진지식하우스.

- 리하르트 다비트 프레히트 저. 『의무란 무엇인가』(2021). 열린책들.
- 마거릿 헤퍼넌. 『경쟁의 배신』(2014). 알에이치코리아.
- 마이클 루이스. 『생각에 관한 생각 프로젝트』(2018). 김영사.
- 마커스 드 사토이. 『창조력 코드 : 인공 지능은 왜 바흐의 음악을 듣는가?』(2020). 북라이프.
- 마화텅. 『공유 경제』(2018). 열린책들.
- 매트 리들리. 『이타적 유전자』(2001). 사이언스북스.
- 박찬홍 · 우광식 외 2명. 『사람 중심으로 만들어 가야 할 4차 산업혁명』(2017). 책과나무.
- 베른트 하인리히. 『생명에서 생명으로』(2015). 궁리.
- 새뮤얼 보울스 · 허버트 긴티스. 『협력하는 종』(2016). 한국경제신문사.
- 스티븐 A · 마글린. 『공동체 경제학_맨큐의 경제학 이데올로기를 대체하는 새로운 패러다임』(2020). 경희대학교출판문화원.
- 슬라보예 지젝. 『팬데믹 패닉』(2020). 북하우스.
- 알렉산드리아J · 래브넬. 『공유경제는 공유하지 않는다』(2020). 롤러코스터.
- 앤드루 맥아피 · 에릭 브린욜프슨. 『제2의 기계시대』(2014). 청림출판.
- 앨버트 라슬로 바라바시. 『성공의 공식 더 포뮬러』(2019). 한국경제신문.
- 엘리자베스 콜버트. 『여섯 번째 대멸종』(2014). 처음북스.
- 유발 하라리. 『21세기를 위한 21가지 제언』(2018). 김영사.
- ————. 『호모데우스_미래의 역사』(2017). 김영사.
- 이기동 · 신정근. 『공자 인, 세상을 구원할 따뜻한 사랑』(2015). 21세기북스.
- 이노우에 도모히로. 『2030 고용절벽 시대가 온다』(2017). 디온북스.

- 이완배. 『경제의 속살 3(불평등 편)』(2020). 민중의소리.
- 임동욱. 『소통과 협력의 진화』(2015). 커뮤니케이션북스.
- 재레드 다이아몬드. 『대변동 : 위기, 선택, 변화』(2019). 김영사.
- 제니 챈 · 마크 셀던 · 푼 응아이. 『아이폰을 위해 죽다』(2021). 나름북스.
- 최재천. 『손잡지 않고 살아남은 생명은 없다』(2014). 샘터.
- ———. 『호모 심비우스』(2016). 이음.
- ———. 『통섭의 식탁』(2015). 움직이는서재.
- 케이티 마튼. 『메르켈 리더십 : 합의에 이르는 힘』(2021). 모비딕북스.
- 클라우스 슈밥. 『제4차 산업혁명 더 넥스트』(2018). 메가스터디북스.
- 클라우스 슈밥 · 티에리 말르레. 『클라우스 슈밥의 위대한 리셋』(2021). 메가스터디북스.
- 피터 브래넌. 『대멸종 연대기』(2019). 흐름.

논문 ▶

- 김성규. 『기업의 글로벌 CSR 현황과 공유가치창출(CSV)』(2014). 한국국제협력단.
- 김세중 · 박의범 · Jsog Khulan. 「한국기업 CSR활동의 공유가치창출에 관한 실증연구」 로고스경영연구 10권 4호. (2012). 한국로고스경영학회.
- 문성준. 『기업의 공유가치창출(CSV)활동에 대한 사회적 지지론적 고찰』(2015). 홍익대학교.
- 문희창, Martin Neureiter. 『사회책임과 공유가치창출의 혼동, 기업은 무엇을 어떻게 할 것인가?』(2014). 국회CSR정책연구포럼.

- 박수정 · 민선형 · 임정빈 · 김홍석. 『생물다양성을 고려한 기업 공유가치창출전략의 소비자가치 측정』. 자원 · 환경경제연구 제24권 제2호. (2015. 6).
- 임채원외 1명. 『글로벌 위기의 대응으로서 공유가치 성장과 관계국가모형』(2012). 서울대학교 한국행정연구소.
- 하야타 유리. 『기업의 윤리문화 형성을 위한 공유가치창출(CSV)에 관한 연구 – 한국의 유한킴벌리와 일본의 리코를 중심으로』. 한국학중앙연구원.

- Wayne Visser. 『Creating Integrated Value(CIV) – Creating Integrated Value: Beyond CSR and CSV to CIV』(2014).
- ————. 『Creating Integrated Value: From Systems Thinking to Sustainable Transformation in Business and Society』(2018).

언론보도 ▶

- 매일경제. 2021. 6. 15. 이영면 동국대 경영대학 교수. 「구호만으로 ESG 경영을 실천할 수는 없다」.
- 조선일보. 2021. 09. 27. 손진석. 「유럽의 메르켈 사랑 "이젠 EU위해 일해주오"」.
- 한겨레신문. 2020. 11. 14. 임재우. 「'조용한 학살', 20대 여성들은 왜 점점 더 많이 목숨을 끊나」.